『헤비』에 쏟아진
리뷰와 찬사

솔직함으로 가득차 있으면서도 양가적인 감정으로 가득한, 눈부시게 아름답고 가슴을 후벼 파는 책. _뉴욕 타임스

미국 남부에 바치는 찬가이자, 몸에 대한 혐오 문화를 고발하는 눈부신 작품. _NPR

이 책의 제목이 말하는 '무게'란 단지 저울 위의 숫자가 아니다. 그것은 끝나지 않은 노예제의 역사와 자신들을 파괴하려는 나라에서 살아남아야 하는 흑인들의 숙명적인 짐을 의미한다. 누가 감히 그 거대한 무게를 마주할 수 있을까? _가디언

작가는 대담한 친밀함과 날카로운 정직함을 무기 삼아, 미국이 흑인을 대하는 방식을 고발한다. 개인의 서사를 사회 비평의 정점으로 끌어올린 기념비적인 작품. _타임

폭력과 사랑이 공존하는 가정에서 자란 과체중 흑인 소년이, 작가이자 교수가 되기까지의 이야기. _워싱턴 포스트

『헤비』는 어두운 이야기를 내밀하게 다루기에 외면하기 어렵다. 날것의 감정을 정제된 문장으로 담아낸, 따뜻하고 시적인 작품이다. 작가의 정직한 고백은 눈물을 자아내고, 현재의 삶을 통해 과거의 깊은 트라우마를 보여준다. _보스턴 글로브

흑인의 몸에 대한 가슴 아픈 기록. 우리가 그 몸을 어떻게 다뤄왔는지를 보여준다. _Elle.com

'무게'는 피할 수 없는 신체적 현실이자, 감당해야 할 은유다. 레이먼은 이 회고록을 십대 싱글맘으로 시작해 교수가 된 어머니에게 바친다. _뉴욕 매거진

유머와 자기애로 고통을 견디는 힘을 보여준다. 독자도 자기 두려움과 마주하게 된다. _퍼블리셔스 위클리

탁월한 회고록. 문장 하나하나가 울림을 지니고 노래한다. _디 애틀랜틱

제목처럼 묵직하다. 탁월한 문장력과 고통이 결합해, 한 문장 한 문장이 감정의 강도로 깊이 파고든다. _엔터테인먼트 위클리

가장 이상적인 방식으로 독자를 불편하게 만드는 역동적인 회고록.
_커커스 리뷰

『헤비』는 미국에서 흑인 남성의 몸으로 산다는 것에 대한 기존의 모든 기대를 허물어뜨린다. 단호하고, 독창적이며, 지독히도 가슴 아픈 방식으로 그 진짜 현실을 드러낸다는 점에서, 이 책은 올해 가장 중요하고 강렬한 작품 중 하나다. _로스앤젤레스 타임스

1980년대 미시시피에서 성장한 그의 삶은 그 자체로 흑인 도시의 병리학의 보고이며, 자아를 탐색하는 대서사시다. _스타 트리뷴

그는 표준 영어에서 벗어나 변형된 언어가 새로운 의미를 만들어내는 방식을 즐긴다. 레이먼의 능숙한 손을 거치면, 단어와 문장은 강력한 힘을 지니게 된다. _뉴 오하이오 리뷰

정교하고 기적처럼 개인적이며, 글쓰기의 힘을 증명하는 책. _북리스트

진실, 화해, 사랑이 개인과 사회 속에서 더 인간적인 미래를 가능케 한다는 믿음을 담은 깊은 성찰. _맥아더 재단(2022 펠로십 선정 이유)

용감하고 정직하며, 가슴 아프고 눈부시게 탁월하다.
_제스민 워드(『묻히지 못한 자들의 노래』 작가)

오 마이 갓. 『헤비』는 놀랍다. 심오하다. 강렬하다. 겹겹이다. 와, 그냥 와.
_록산 게이(『헝거』『나쁜 페미니스트』 저자)

HEAVY

헤비

미국인의 회고록

키에스 레이먼

장주연 옮김

교유서가

할머니가 지으신 현관을 위해

일러두기

- 본문 하단의 모든 각주는 옮긴이와 편집자가 달았다.
- 국내에 번역, 출간된 작품은 가급적 그 제목을 따랐고, 그 외엔 역자가 우리말로 옮겼다.

한국어판 서문

몇 주 전 금요일, 나는 졸업을 앞둔 영문학과 학생들과 함께 1년 과정의 장편소설 쓰기(Writing Longer Fiction) 수업 마지막 학기를 진행하고 있었습니다. 수업 도중 창밖을 내다보니, 고등학생들과 그 부모들이 머리부터 발끝까지 라이스대학교 로고가 박힌 옷차림으로 캠퍼스를 거니는 모습이 보였습니다.

그들은 라이스대학교의 모자와 선글라스, 손목밴드, 책가방까지 풀 세트로 갖추고 있었습니다. 그 모습을 보고 나도 모르게 웃음이 났습니다. 아마 그날 수업 내내 우리가 이야기한 '서사의 스타일' 때문이었을 겁니다. 부모와 자녀가 나란히, 갓 입학 허가를 받은 학교의 로고로 도배된 옷을 입고 나타나는 것만큼 촌스럽고 덜 세련된 일이 또 있을까 싶었거든요.

그래서 학생들에게 4년 전 자신들의 입학 예정자 환영 주간을 기억하냐고 물었습니다. 그들은 나를 향해 짧고 무거운 신음을 내뱉더니, 거의 한목소리로 말했습니다. "코로나였잖아요, 레이먼 교수님."

그 다음주 금요일, 우리는 이런 상황이 벌어졌을 때의 대응 지침을 다시 점검했습니다. 정식 영장도 없이 이민세관단속국(ICE) 요원들이 강의실에 들이닥쳐, 집단학살에 항의한 유학생들을 체포하러 올 경우에 대비해서였습니다.

그 학생들은 지난주에 졸업했습니다.

그들은 휴스턴에서 내가 가르친 학생들이었고, 여러분과 공통점이 많지 않을 수도 있습니다. 하지만 나는 압니다. 어떤 방식으로든, 5년 전은 인류 역사상 최악의 팬데믹이 시작된 시점이었고, 지금 우리는 그 팬데믹의 끝자락에서 연방 정부가 수세기 동안 조직적이고 사랑으로 가득찬 미국인들이 쟁취해온 권리와 생명을 빼앗아가는 현실을 마주하고 있습니다. 『헤비』가 출간된 지 7년이 지난 지금, 백인 우월주의자들의 최악의 모습과 그들이 권력을 실어준 대통령은 그 어느 때보다 막강한 존재가 되었고, 트럼프는 내가 속한 교육기관은 물론 미국 전역의 수백 개교육기관을 위협하고 있습니다. 이 시점에서 나는 내 할머니의 배움의 여정을 떠올립니다.

외할머니, 캐서린 콜먼은 자신의 졸업식을 맞이해본 적이 없습니다. 고등학교도, 대학교도 다니지 못했기 때문입니다. 그녀는 십대 시절, 일을 하기 위해 고등학교를 중퇴했고, 이후 통신수업으로 학업을 마쳤습니다. 또 백인 가정에서 가사노동을 했고, 미시시피 포레스트에 있는 공장에서는 닭 손질 라인에서 일하기도 했습니다.

할머니의 꿈은 자녀들과 손주들을 하버드나 스탠퍼드, 미시시피주립대나 올 미스(미시시피대학교)에 보내는 것이 아니었습니다. 그녀의 바람은 단 하나, 아이들을 미시시피에 있는 '역사적 흑인 대학'에 보내는 것이었습니다. 그 대학은 잭슨주립대였습니다. 잭슨주립대는 할머니의 자녀들에게 두번째 기회를 공평하게 누릴 수 있는 가능성, 건강한 삶을 선택할 수 있는 기회, 그리고 타인을 향한 친절함의 역량을 키울 수 있는 길을 열어주는 곳이었지요. 할머니는 자녀들과 손주들의 모든 졸업식에 참석했습니다. 내 인생에서 가장 위대한 분이었던 할머니는, 삼십대가 되어서야 비로소 주 법에 따라 투표권을 얻을 수 있었습니다. 할머니의 셋째 아이인 나의 어머니는 고등학교 3학년이 되던 1969년에야 백인 아이들과 함께 학교에 다닐 수 있었습니다. 그리고 졸업식에서 졸업 연설을 하는 수석 졸업생의 영예를 안았을 때, 백인 학생 중 가장 높은 학점을 받은 학생과 그 영예를 공동으로 나눠야만 했습니다.

나의 할머니 같은 미시시피 사람들은 결코 싸우기를, 나누기를, 그리고 이 땅과 그 안에 담긴 모든 가능성은 모두가 함께 나눠야 한다는 믿음을 멈추지 않았습니다. 우리의 유일한 희망은 미시시피 사람으로서, 미국인으로서, 인간으로서 우리가 지닌 친절의 능력이 더욱 커지는 데에 있다고 믿었지요. 〈세서미 스트리트〉*가 첫 방영되고 6년 뒤, 내가 태어났고, 할머니는 내게 〈세서미 스트리트〉의 가르침과 함께, 자신이 꼭 읽으라고 했던 큰 책 속 인물, 팔레스타인 출신 유대인인 예수의 가르침도 전해주었습니다.

"결국 같은 가르침이란다." 할머니는 그렇게 말씀하시곤 했습니다.

---

* 1969년부터 미국 공영방송 PBS에서 방영된 어린이 교육 프로그램으로, 알파벳과 숫자 학습뿐 아니라 인종, 성별, 장애, 계층 등 다양한 사회적 주제를 다루며 포용과 평등의 가치를 강조해왔다.

"남을 대할 땐 우리가 대접받고 싶은 방식대로 해야 해. 나누고, 정직하고, 친절해야지. 실수를 인정하고, 남의 실수도 받아들이고, 고치고. 폭정엔 맞서 싸우고, 무엇보다 어떤 경우에도 아이들을 해쳐선 안 돼." 나는 학교에선 썩 좋은 학생이 아니었지만, 할머니의 가르침만큼은 꽤 잘 배운 편이었습니다. 그리고 이 책 『헤비: 미국인의 회고록』은 할머니가 돌아가시기 몇 달 전, 내가 쓰는 모습을 생전에 지켜보신 마지막 글이었습니다.

할머니는 돌아가시기 전에, 우리가 세상에서 가장 사랑하는 땅이자 미국에서 가장 가난하고, 흑인의 삶이 가장 응축된 이곳 미시시피에서, 포용과 형평성을 가르치는 일이 이제는 불법이 되었다는 사실을 입법자들이 결정하는 모습을 지켜보아야 했습니다. 이제 『헤비: 미국인의 회고록』을 고등학교에서 가르치는 일도 실제로 불법이 되었습니다. 60여 년 전 시민권 운동이 한창일 때와는 달리, 지금 미시시피는 공영방송 PBS의 예산을 삭감하고, 그 결과 〈세서미 스트리트〉마저 없애려는 대통령을 따르고 있습니다. 제대로 된 감정과 양심을 가진 사람이라면 이 현실 앞에서 누구라도 가슴이 아프고 숨이 막힐 것입니다. 이미 고통을 겪은 사람들을 다시 벌주려는 마음은, 그 자체로 숨막히는 폭력입니다.

하지만 이 현실은, 우리에게 그 무게를 외면하지 말고 끝까지 감당하며 싸워나갈 용기와 책임을 요구합니다. 지금 우리에게 필요한 것은 능동적인 무거움(active heaviness)*입니다.

우리를 구할 수 있는 건 조직하려는 우리의 열망, 친절해질 수 있는 우리의 능력, 그리고 잘못을 고치려는 우리의 의지뿐입니다. 폭정으로부터, 그리고 거울 속에서 마주한 우리 안의 가장 끔찍한 모습으로부터 우리를 구해온 것도 언제나 우리의 '무거움'이었습니다.

이런 날이면 나는 미시시피를 떠올립니다. 우리는 싸우는 법을 알고, 지는 법도 압니다. 가슴이 부서진 채로 공동체를 조직하는 법도 알고, 결국엔 이기는 법도 알고 있습니다. 숨조차 쉴 수 없는 고통 속에서도 우리는 끝내 살아내는 법을 배워왔습니다. 할머니는 종종 자신이 평생 바라온 세상을 살아서는 못 볼 거라고 말씀하시곤 했습니다.

---

* 키에스 레이먼의 고유한 표현으로 자신의 트라우마, 몸, 가족, 인종, 계급 문제에 대해 침묵하거나 회피하지 않고 정직하게 직면하고 써내려가는 실천적 태도를 뜻한다. 이는 단순히 고통을 짊어지는 상태를 넘어서, 그 고통을 살아내고 나누려는 주체적인 행위를 강조한다.

하지만 그건 거짓말이었습니다.

그녀는 무엇을 바꿔야 하는지 분명히 알고 있었고, 조직하고 행동했으며, 기도했고, 잘못된 것을 바로잡기 위해 끊임없이 고쳐나갔습니다. 할머니는 변화가 일어나도록 도왔고, 그 변화에 따른 거센 반발도 온몸으로 겪어냈습니다. 그러고 나서 결국 평생 싸워 쟁취했던 거의 모든 중요한 권리들이 하나씩 무너지는 모습을 지켜본 뒤 세상을 떠났습니다. 할머니는 세상을 구하진 못했습니다. 『헤비』도 세상을 구하지는 못했습니다. 하지만 할머니와 『헤비』는 우리가 앞으로 나아갈 수 있는 토대를 만들어 주었습니다.

지금 이 책을 읽고 있는 여러분은 나의 할머니를 모르시겠지만, 내가 말하는 그 사랑은 아실 겁니다. 여러분도 분명 그런 사랑에 닿아본 적이 있을 테니까요. 우리 사회의 가장 나쁜 점은 나를 온전히 사랑해준 사람을 본받을 만한 존재가 아니라고 믿게 만든다는 것입니다. 할머니는 생전에 우리가 종말의 시대를 살고 있다고 늘 말씀하셨습니다. 하지만 그 인식은 오히려 할머니를 더욱 자비로운 분으로 만들었습니다. 덕분에 할머니는 사랑을 더 잘 실천하려는 마음을 품게 되셨지요.

사랑에는 스타일이 필요합니다. 그리고 그 스타일은 타고나는 것이 아니라, 끊임없는 수정과 연습을 통해 다듬어지는 것입니다. 내 할머니는 내가 평생 만난 사람 중 가장 세련되게 사랑을 실천한 분이었습니다. 나는 여러분도, 할머니가 내게 바라셨던 그런 사랑을 경험하길 바랍니다. 당신이 그런 사랑을 할 수 있는 사람인지 스스로에게 물어보십시오. 그리고 누군가를, 혹은 자기 자신을 사랑하는 데 실패하더라도 결코 세상으로부터 자신을 가두지 않기를 바랍니다. 실패는 부끄러움을 낳고, 부끄러움은 수정을 가능하게 합니다. 삶을 고쳐나가려면 자기 자신을 직시할 용기와 정서적 무게를 감당할 힘이 필요합니다. 그 과정에서 우리는 자신에 대한 비전은 물론, 가족과 일, 사회, 국가에 대한 비전까지도 새롭게 구성해나갈 수 있습니다. 우리를 구원할 수 있는 것은 오직 무거움뿐입니다.

키에스 레이먼

"……왜냐하면 온전하다는 건 가벼운 일이 아니거든.
건강할 때는 그 무게가 꽤나 묵직하지."

_토니 케이드 뱀버러, 『소금 먹는 사람들』

차례

있었던 일

당신에게 이 글을 쓰고 싶지 않았습니다. 나는 거짓말을 쓰고 싶었습니다. 흑인의 거짓말, 흑인의 허벅지, 흑인의 사랑, 흑인의 웃음, 흑인의 음식, 흑인의 중독, 흑인의 튼살, 흑인의 돈, 흑인의 언어, 흑인의 학대, 흑인의 블루스, 흑인의 배꼽, 흑인의 승리, 흑인에게 있었던 일들, 흑인의 굴곡진 삶, 흑인의 동의, 흑인 부모들, 흑인 아이들 같은 것들에 대해 솔직하게 쓰고 싶지 않았습니다. 우리 가족에 대해 쓰고 싶지 않았습니다. 나는 미국인의 회고록을 쓰고 싶었습니다.

나는 거짓말을 쓰고 싶었습니다.

돈을 주고 우리에게 아첨과 거짓말을 요구하는 사람들에게 매일같이 아첨하고 거짓말을 퍼붓는 그 오래된 흑인의 노동을 나도 하고 싶었습니다. 우리 가족과 단순 탄수화물, 바삭하게 튀긴 고기, 고과당 콘시럽의 관계에 대해 쓰고 싶었습니다. 책을 시작할 때 144.7킬로그램이던 내가, 끝에는 74.8킬로그램으로 체중을 감량하는 이야기로 마무리하고 싶었습니다. 우리처럼 살이 찐 남부 흑인들에게 보내는 신랄한 경고와 할머니의 달콤하고 감상적인 훈계로 가득한 책을 쓰고 싶었습니다. 나는 당신이 웃지 않기를 바랐습니다.

나는 거짓말을 쓰고 싶었습니다.

오늘날의 흑인 아버지들, 책임감 있는 흑인 어머니들, 마법사 같은 흑인 할머니들, 그리고 완벽하게 훈육된 흑인 아이들이 우리의 해방에 얼마나 중요한 역할을 하는지 쓰고 싶었습니다. 우리를 죽이고 왜곡하려는 것들에 초점을 맞추고 싶었습니다. 거짓을 직면하는 것을 몹시 꺼리는 백인들이, 그들의 거짓이 우리의 깊은 사랑, 건강한 선택, 그리고 두번째 기회에 대한 접근을 어떻게 제한하는지 돌아보길 바랐습니다

나는 이 책이 다음과 같은 전제를 품고 시작해 끝나기를 바랐습니다.

백인 미국인들이 자신들의 끝없는 욕망, 흑인들로 하여금 몸에 해로운 음식을 갈망하게 만든 그 욕망을 직면한다면, 우리 모두는 새롭게 재편된 미국의 번영기로 나아갈 수 있을 거고. 나는 끝내주는 문학적 스펙터클을 만들고 싶었습니다. 당신이나 할머니, 혹은 나와는 무관한—그럼에도 사람들이 집착하는—

저탄수화물 식단, 제한된 설탕 섭취, 웨이트 트레이닝, 하루 만 이천 보 걷기, 물 많이 마시기, 자정 이후 금식 같은 것들로 말이죠. 나는 당신이 약속해주기를 바랐고, 또 당신이 그것을 기억하지 않기를 바랐습니다.

나는 거짓말을 쓰고 싶었습니다.

그 거짓말이 자극적이기를 바랐습니다.

나는 그런 거짓말을 썼습니다.

꽤 자극적이었죠.

당신은 아주 흡족했을 겁니다.

나는 아무것도 찾아내지 못했습니다.

당신은 아주 흡족했을 겁니다.

나는 우리가 잊기를 바랐던 기억에 대해 처음부터 다시 쓰기 시작했습니다.

나에게 우두커니 서서 남편인 척하라고 했을 때, 나는 175센티미터에 94킬로그램이 넘는 열한 살 아이였습니다. 당신은 내게 당신 아빠의 퀴퀴한 냄새가 밴 갈색 모자와 5달러를 주며, 옆에서 슬롯머신을 하라고 했습니다. 미시시피주 포레스트에 있는 할머니의 낡고 좁은 판잣집이 아닌, 라스베이거스 대로의 별이 빛나는 하늘 아래에서, 우리는 처음이자 마지막으로 크리스마스를 보내고 있었습니다. 나는 당신이 준 5달러를 슬롯머신에 넣지 않고, 내 레이더스 스타터 재킷 주머니에 넣었습니다. 당신이 슬롯머신을 네번째 당겼을 때, 25센트 칩 260개가 동전함으로 쏟아졌던 걸 기억합니다. 우리는 오른쪽 어깨 너머를 살폈고, 왼쪽 어깨 너머도 훑었지요. 그러고는 무릎을 꿇고, 구겨진 하얀색 컵에 이제까지 본 것 중 가장 많은 25센트 동전들을 정신없이 긁어모아 넣었습니다.

"긁어, 키*" 당신이 말했습니다. "긁어."

나는 당신이 칩을 줍는 행위를 '긁다'라고 표현한 것이 마음에 들었습니다. 당신이 내 손을 감싸며 가만히 컵을 들고 있으라고 말했을 때, 나는 우리가 라스베이거스에서 가장 운 좋은 흑인 커플이라고 확신했지요. 하지만 당신은 우리가 돈을 따고 있든, 방금 땄든 내게 눈길조차 주지 않았습니다. 그저 슬롯머신 손잡이를 잡아당기며, 뒤에 서 있는 나에게 "잠깐만. 또 딸 수 있을 것 같아. 약속할게. 잠깐만"이라고 계속 말할 뿐이었습니다.

매번 당신은 약속했고, 나는 당신을 믿었습니다.

그날 밤, 우리는 린다 이모의 아파트로 돌아갔고 할머니에게 우리가 긁어모은 동전에 대해 이야기했습니다. 할머니는 꾹 다문 입술로 나를 바라보더니, 당신과도 눈을 마주쳤지요. 그러고는 이렇게 말했습니다. "그래서, 그게 자랑이냐. 카지노가 그냥 지어진 게 아닌 건 알고 있지? 그거 다 멍청한 도박꾼들 돈으

---

* 키에스의 별명 또는 애칭.

로 지은 거야."

그날 밤 당신은 라스베이거스의 얄팍한 나무받침 침대 위에서 잠이 들었습니다. 나는 당신 곁에서 잠이 들었어야 했는데, 너무 행복해서 잠이 오지 않았습니다. 당신의 코 고는 소리는 당신이 살아 있다는 증거였습니다. 당신이 살아 있고 곁에 있다는 것은 내가 세상에서 원했던 모든 것을 다 가지고 있다는 의미였으니까요.

라스베이거스에서 돌아온 뒤, 당신은 구겨진 하얀 컵에서 동전을 꺼내 테니스 라켓을 한 개 더 샀습니다. 우리는 처음으로 캘러웨이고등학교에서 테니스를 쳤지요. 네트 너머로 공을 주고받고 있을 때, 어디선가 M-80 폭음탄이 터지는 소리가 들려 시선이 그쪽으로 쏠렸습니다. 고개를 돌려 학교를 바라보니 해진 청바지를 입은 흑인 여자가 한쪽 무릎을 꿇고 있었습니다. 그녀 앞에는 '멤버만 출입 가능'이라고 적힌 짧은 청색 재킷을 입은 마른 흑인 남자가 서 있었고, 그녀는 코피를 닦아내고 있었습니다.

"손 내려." 우리는 그 남자가 말하는 소리를 들었습니다. 낡은 청재킷을 입은 여자가 천천히 손을 내리자, 그는 힘없이 늘어진 주먹으로 그녀의 얼굴을 때렸습니다. 바닥에 쓰러진 그녀는 손으로 얼굴을 가린 채 뭐라고 중얼거리는 듯했습니다.

우리는 아무 말 없이 라켓을 들고 그 커플을 향해 달려갔습니다. 당신은 쓰러진 여자를 억지로 일으키는 남자에게 소리쳤습니다. "쓰레기 같은 새끼." 그리고 다시 외쳤습니다. "다시는 그 여자를 때리지 않는 게 좋을 거야, 인간 말종 같은 놈아." 그 남자는 우리가 쫓아오자 여자를 끌고 샛길로 도망쳤습니다.

"미친 새끼야." 엉겁결에 소리친 나는 당신 앞에서 욕을 해도 되는지 허락을 구하는 눈길로 당신을 바라봤습니다. 길 반대편, 건물 앞에서 그 남자와 여자는 낡은 마츠다 안에 타고 있었습니다. 남자에게 심하게 맞은 여자의 얼굴은 피투성이가 되어 알아볼 수 없을 정도로 부어 있었습니다. 여자가 안전벨트를 매자, 차는 빠른 속도로 그곳을 빠져나갔습니다. 우리는 경찰에 신고하지 않았습니다. 우리 차, 노바에게로 달려가지도 않았습니다.

그저 숨을 고르며 가만히 서 있었습니다.

우리는 손을 잡았습니다.

우리는 무릎을 꿇었습니다.

이렇게 엄청난 분노와 공포에 휩싸여 기도해본 것은 처음이었습니다. 우리는 그녀가 안전하기를 바라며, 또 우리 자신을 위해서도 기도했습니다. 만약 우리가 그를 붙잡아 때렸다면, 그도 그녀처럼 고통스러워했을 겁니다.

우리는 그를 죽였을 겁니다.

그날 나는 우리가 단순히 서로를 사랑하는 것만이 아니라는 걸 깨달았습니다. 우리가 완전히 다른 세대의 흑인일지라도 나는 당신의 자식이었습니다. 우린 둘 다 탄탄한 허벅지, 짧은 팔, 통통한 볼에 섬세한 내면과 잘 다듬어진 상상력을 가지고 있었고, 일을 할 땐 기력이 다하도록 하고, 웃을 때는 웃음이 멈출 때까지 실컷 웃곤 했습니다. 우리는 감추는 것도, 길을 잃는 것도 능숙했습니다. 그리고 옷을 완벽하게 갖춰 입었을 때조차 아무것도 걸치지 않은 듯 허물없이 말할 수 있었습니다. 그렇게 우리의 심장은 단단히 벼려졌습니다. 심장에 구멍이 나도 도망칠 생각 없이 전쟁 속으로 당당히 걸어들어갔습니다. 두려움이나 상처에도 아랑곳하지 않았고, 누구에게도 감히 도움을 청하지 않았습니다. 우리는 마음을 졸이면서 기억했습니다. 두 헐크처럼 몸을 부풀린 채로, 고통받는 우리를 지켜보는 사람들에게 분노했습니다. 우리는 마음을 가다듬고 다가올 불행에 대비했습니다. 불확실했지만, 그 불행을 극복할 수 있으리라는 것만은 언제나 알고 있었습니다.

어릴 때, 나는 당신과 함께 자지 않는 밤에, 당신의 자식이 아닌 삶을 상상하다 몸서리쳤던 기억이 있습니다. 나는 또 내가 백인들과 경찰한테 이야기할 때, 당신이 주어와 동사를 축약하지 말라고 꾸짖던 것도 기억합니다. 당신의 거짓말을 믿은 것이 내 실수였다는 것도요. 하지만 우리가 서로를 부둥켜안고 일어날 때면, 그런 실수들은 금세 잊었습니다. 내가 고집을 부릴 때마다, 그리고 흑인들의 고통을 기꺼이 즐기는 미시시피 백인들의 잔혹함에 대해 당신이 말할 때마다, 나는 당신이 옳다는 걸 알았습니다. 그 잔혹함이란 흑인들의 너무 이른 죽음이었고, 그들의 삶을 사회적으로 제도화하거나 감옥에 가두는 방식이었지요.

하지만 나는 그런 것에 전혀 관심이 없었습니다.

완벽하지 않다는 이유로 당신이 나를 때릴 때, 내 주의를 끈 것은 이를 악문 당신이었습니다. 나는 내 몸의 부은 자국을 보는 여자아이들이 신경쓰였고, 당신이 신경쓰였습니다. 몇 날, 몇 시간을, 나를 때리기 전에, 당신은 매우 다정하게 쓰다듬어주곤 했습니다. 나를 사랑한다고, 내가 당신의 가장 친한 친구라고 말하면서요. 당신은 내가 집 열쇠를 잃어버린 것을 용서해주었습니다. 내 얼굴에 상처가 나 찢어진 부분을 바셀린으로 미끄러운 손바닥이 어루만져주었습니다. 당신은 뭉뚝한 엄지손가락에 침을 묻혀 내 눈에 가득한 잠을 깨끗이 닦아냈습니다. 그 순간 나는 미시시피 역사상 가장 아름다운 흑인 아이처럼 느껴졌습니다. 당신이 그만할 때까지요.

대화의 막바지에 당신은 "상처를 주려고 했던 건 아니야"라고 말했습니다. "난 네가 기억하는 만큼 그 정도로 상처를 준 적이 없어, 키. 그 일이 없었다는 말은 아니야. 나는 모든 걸 너처럼 기억하진 않는단다."

나는 아직도 당신을 믿습니다.

올여름, 할머니와 나눈 마지막 대화에서 나는 우리 가족 중 누구도, 아니, 이 나라에서 어느 누구도 우리가 살아온 삶의 무게를 가늠해보려는 욕망이 없다는 사실을 깨달았습니다. 그것은 곧 우리 가족 중 누구도, 이 나라에서 어느 누구도 해방을 원하지 않는다는 의미였지요. 나는 백인들에게 진절머리가 난 할머니에게 물었습니다. 왜 나머지 가족들과 함께 미국 중서부로 도망치지 않고 미시시피에 남았는지, 왜 여전히 자신이 겪은 수많은 이야기들을 현재시제로 이야기하는지.

"땅 때문이지." 할머니가 말했습니다. "우린 도망치기엔 이 땅에서 너무 열심히 일하거든. 우리 중 몇몇은 이 땅이 언젠가 해방될 거라 믿고 있고. 난 이 땅에서 난 것으로 평생 먹고살았어. 채소들, 토마토, 오이, 콜라드. 알겠냐? 이게 내가 할 수 있는 이야기의 전부란다. 여기에 대해서만큼은 하느님께 가서 고하기 전까지, 내가 할 수 있는 모든 용기와 상황 대처 능력을 모으려고 노력하고 있어. 내 아이들에게 그런 이야기를 들려줄 때, 때때로 내가 어디에 있었는지를 너희가 알도록 노력하는 중이지."

순간 나는 할머니가 왜 "노력하고 있는 중"이라고 말했을까 궁금해졌습니다. 그녀가 역사의 시간 속 "어디에 있었는지"는 "나는 노력한다"나 "내가 어떤 경험을 했는지"라는 표현보다 훨씬 더 무겁게 느껴졌습니다. 나는 할머니에게 어려운 질문 하나를 더 해도 되는지 물었고, 그때 할머니는 난생처음 불안이 서린 표정으로 나를 바라보고 있었습니다. 할머니는 손으로 열쇠를 집어들더니 나를 피칸나무 향이 진하게 나는 집 옆쪽으로 데려갔습니다. 우리가 그쪽으로 갔을 때, 나는 할머니 앞에 무릎을 꿇고 우리 가족에 대한 단어들, 기억, 비상 상황들, 무게, 성폭력에 대해 물어봐도 괜찮은지 물었습니다.

할머니는 가발 아래로 삐져나온 흰머리를 어루만지며 양손바닥으로 주름 가득한 얼굴을 덮고 있었습니다. 나는 왜 할머니가 긴장하거나 웃을 때 손바닥으로 얼굴을 가리는지, 또 누가 봐도 가짜 같은 가발을 왜 항상 쓰고 있는지 물었습니다.

"선택이지." 할머니는 중얼거렸습니다. "전에 말했잖니, 내 손주들이나 어떤 남자도 내가 할 수 있는 선택을 강요하지 못하게 할 거라고." 할머니는 우리가 숲에 남겨둔 물음들을 대수롭잖게 넘겼습니다. "키, 오늘은 여기까지만 하자. 네가 30년 동안 일어난 일에 대해 듣고 싶어하는 건 알겠다만, 다른 이야기부터 먼저 해야 할 것 같구나."

바로 그곳, 할머니가 나에게 빨랫줄에 옷 너는 법을 가르쳐준 바로 그곳에서, 할머니는 미시시피 스캇 카운티의 가난한 흑인 소녀라서 겪어야 했던 일들을 들려주었습니다. 투표를 할 수 없었던 일, 소변이 마려워도 가까운 화장실을 이용할 수 없었던 일, 배가 고파도 가까운 식당에 들어갈 수 없었던 일, 마음대로 거리를 활보할 수 없었던 일, 가고 싶은 곳에 맘대로 운전해서 갈 수 없었던 일들 말입니다. 할머니는 항상 흑인들을 얕잡아

보고 이겨야 한다고 믿는 백인들의 어리석음에 대해 말해주었습니다. 또 자신의 밭에서 키운 채소들을 수확해서 먹는 것이 얼마나 큰 기쁨이었는지도 들려주었습니다. 남부 흑인들이 북부로 대이동을 하던 시기에, 나머지 가족들과 북부 도시로 도망가는 일이 얼마나 무서웠는지 말해주었습니다. 사무실, 화장실, 주일학교 교실, 주차장, 식당 부엌, 그리고 침실에서 그녀가 살아남았던 이야기를 들려주었습니다. 닭고기 가공 공장에서 백인 감독관에게 성추행당했던 이야기도 들려주었습니다. 멈포드 아저씨, 우리 교회의 집사들, 공장에서 같이 일했던 남자들에 대해서 이야기했습니다. 자신의 아버지, 삼촌들, 사촌들, 그리고 남편에 대한 이야기도 들려주었습니다. 이야기가 거의 끝날 때쯤 할머니는 말했습니다. "남자들은 잊어버리는 것 같아. 자신도 누구의 자식이란 걸."

할머니가 상체가 위아래로 흔들릴 정도로 크게 웃었고, 나도 따라 웃었습니다. "난 흑인이고 여자야." 한참 동안 웃음을 멈추지 못하던 할머니가 말했습니다. "나는 주님의 자녀인 나를 사랑하지. 그게 항상 나였어. 나는 나나 내 사람들한테 해코지하는 작자들을 총으로 쏴 죽이는 것도 하나도 안 무섭단다. 알겠냐? 난 매일 기도하니까 괜찮을 거다. 언젠가는 내 눈에서 눈물이 쏟아져도 말이야. 그치만 말이다. 이 할미는 너무 무거워서 날아갈 수 없고, 흘린 눈물바다에 가라앉을 수도 없어. 왜냐하면 어떤 사람은 나를 존중할 필요가 없다고 생각하는 하찮은 인간으로 보니까. 무슨 말인지 알겠지? 내 자식들이 가라앉는 걸 지켜보는 것만큼 세상에서 끔찍한 일은 없지. 아무것도 할 수 없다는 무력감을 느끼면서 말이다. 네가 자식들을 구하려고 발버둥친다면 결국 걔들도 네가 수영을 할 수 없다는 것을 알게 될 테니까. 그런데 난 괜찮다. 내 말이 뭔 말인지 알아듣겠지?"

나는 할머니의 이야기를 알아들었습니다. 그 순간 나는 할머니의 오른발에 남은 당뇨병의 상처를 보았고, 그 냄새를 맡을 수 있었습니다. 할머니는 지난 10년 동안 발에 감각을 잃었고, 배변을 조절하지 못했으며, 음식 맛도 제대로 느끼지 못했습니다. 이번 일요일에도, 이전의 매주 일요일처럼, 할머니는 내게 증상이 더 악화될 수 있음을 알리고 싶어했습니다. 당신처럼, 하루하루를 살아낸 할머니는 백인들과 남자들의 사악한 술수로 인해 고통을 받았습니다. 하지만 할머니는 승리한 전투에서 생긴 무의식적인 상처가 종종 패배한 전투보다 더 깊은 상처를 남긴다는 것을 간접적으로 가르쳐주었습니다.

나는 "할머니를 믿어요"라고 말했습니다. "할머니가 거짓말을 한다는 걸 알고 있을 때도 저는 할머니를 믿을 거예요." 그리고 할머니가 하루 종일 말했던 게 '휘.어.진(B-E-N-D)'과 '있.었.던(B-E-E-N)' 중 어느 것이었는지 물었습니다.*

"있었던 일(been)이지." 할머니가 말했습니다. "네가 어디에 있었던 적 있다고 말할 때처럼. 그리고 너와 네 엄마가 여러 곳에 있었던 적처럼. 그러고 나서 너희는 그냥 엄마와 아들이라 말할 수 없는 사이가 됐지. 너희가 겪은 물속에서의 허우적거림도, 인정하고 싶은 것보다 훨씬 많겠지."

할머니는 맞았고, 또 틀렸습니다.

우리는 반창고, 알코올, 과산화수소 같은 걸 꽉 채워둔 약장으로 상처를 돌보는 그런 가족이 아니었습니다. 잘 재워주고, 자기 전에 동화 읽어주는 그런 가족도 아니었지요. 그렇다고 꾸준히 생활비를 모으거나, 식료품을 비축하거나, 냉장고를 채워두거나, 세탁기를 돌리는 그런 가족도 아니었습니다. 우리는 늘 굽고 휘어진 채 웃고, 말도 안 되는 거짓말을 하고, 책에 둘러싸여 살아온, 흑인 남부의 그런 가족이었습니다. 그 많은 책들, 그 웃음들, 그 거짓말들, 그리고 내가 책을 읽고, 다시 읽고, 쓰고, 고쳐야 한다고 당신이 끊임없이 말해준 덕분에, 나는 문장, 문단, 쉼표, 여백 앞에서 결코 두려워하지도, 쉽게 감탄하지도 않는 법

---

* 작중 할머니는 "been"을 남부 흑인 억양으로 말하는데, 어린 키에스는 이를 "bend"로 듣고 장난스럽게 묻곤 한다. 이러한 발음의 혼동은 흑인 공동체의 언어인 에보닉스(Ebonics), 즉 미국 흑인 구어체(African American Vernacular English)에서 비롯된다. 에보닉스는 노예제와 인종차별의 역사 속에서 형성된 언어로, 흑인의 정체성과 문화를 담고 있으며 백인 중심의 표준 영어와는 다른 고유한 특징을 가진다. 이 장면에서 been은 "지나온 삶의 흔적"을, bend는 "휘어진 채로도 견디며 살아온 삶의 모습"을 의미한다.

을 배웠습니다. 당신은 내게 글을 실험할 수 있는 흑인 남부의 실험실을 만들어줬습니다. 그 안에서 나는, 죽고 싶을 만큼 괴로웠던 순간마다, 기억과 상상력을 조립하는 법을 배웠습니다.

읽기, 다시 읽기, 쓰기, 고쳐 쓰기. 이 네 가지를 당신이 내게 선물했기 때문에, 나는 이 책을 30년 전, 할머니의 현관(porch)* 에서 쓰기 시작했습니다. 그런데 그 선물들 덕분에, 혹은 바로 그 선물들 때문에, 나는 인정해야 했습니다. 다른 모든 미국 아이들처럼, 나도 당신에게 잔혹하리만큼 솔직하지 못했다는 걸. 그리고 다른 모든 미국 부모들처럼, 당신도 나에게 그랬다는 걸.

몇 달 전, 나는 당신의 등뒤에 서 있었습니다. 내 손에는, 나한테 결코 손대지 않을 착한 흑인 여성에게서 훔친 10달러가 들려 있었습니다. 당신은 슬롯머신 앞에 앉아 있었고, 불안한 눈으로 양어깨 너머를 번갈아 보며, 당신이 가진 마지막 생활비를 집어 넣고 있었습니다. 우리는 집에서 2,600킬로미터나 떨어져 있었습니다. 당신은 내가 거기 있다는 걸 몰랐습니다. 만약 당신이 돌아봤다면, 당신은 아마 내가 얼마나 살이 쪘는지 말했겠지요. 우리가 그동안 어디에 있었는지는 말하지 않았을 테지요.

---

* 현관은 미국 남부 흑인 공동체에서 이야기와 연대, 지지가 이루어지는 사회적 중심 공간으로 기능해왔다. 이 작품에서 '할머니의 현관'은 가족간의 유대, 세대 간의 전통, 그리고 흑인 공동체의 집단적 기억과 문화를 연결하는 상징적 장소이 자 작가의 정체성 형성과 회복의 공간으로도 중요한 의미를 지닌다.

나는 당신의 어깨를 가볍게 두드리며 집에 갈 채비가 됐는지 묻고 싶었습니다. 집으로 가는 길에 우리가 다른 종류의 해방, 다른 방식의 기억, 다른 정책, 다른 관습, 정직성과 다른 관계를 누릴 자격이 있는지 묻고 싶었습니다. 그리고 우리가 다른 책들을 읽어도 되는지 묻고 싶었습니다. 나는 지금 당신에게 다른 책을 쓰고 있습니다. 좋든 나쁘든, 우리가 여기까지 오게 된 건 결국 책 덕분이니까요. 그리고 나는 당신과 얼굴을 마주하고 이 이야기를 나누는 게 두렵습니다.

나는 당신을 나쁘게 말하거나 해치려는 사람들을 죽일 수도 있습니다. 당신도 내가 같은 상황에 처하면 똑같이 할 테지요. 그러나 어떤 경우에도 우리 둘 중 누구도 어제에 대해 완전히 정직할 수는 없을 겁니다. 이것이 우리가 미국에서 배운 사랑하는 방식입니다. 우리의 부정직함, 비겁함, 그리고 왜곡된 정의감, 우리가 너무 많이 짊어지거나 혹은 너무 적게 짊어진 것들이야말로 우리가 지금 고통받고 있는 이유입니다.

나는 거짓말을 쓰고 싶었습니다.

당신이 그 거짓말을 읽기를 바랐습니다.

나는 당신에게 이 책을 썼습니다.

1부

어린
남자

훈련

당신이 웨스트 잭슨 교실에서 흑인 아이들에게 'be'*라는 단어
를 올바르게 쓰는 법을 가르치며, 그걸로 백인들로부터 자신을
지킬 수 있는 방법을 알려주고 있을 때, 나는 노스 잭슨에서 무
릎을 꿇고 레일라 웨더스비라는 열다섯 살 흑인 소녀의 신분증
을 훔칠 준비를 하고 있었습니다. 나는 레일라보다 세 살 어린
열두 살이었습니다. 뷰라 보퍼드의 집에서 레일라는 우리 중 누
구보다도 빛나는 팔꿈치, 촉촉한 눈망울, 그리고 새하얀 휠라 운
동화를 가지고 있었습니다. 더기와 나, 그리고 레일라가 원했던
것은 어른 흉내내는 다른 형들처럼 깊은 물 위에 뜨는 것이었습
니다.

---

* 미국 흑인 구어체에서 "be"는 반복적인 상태나 습관을 나타내는 고유 문법으
로, 정체성의 표현이자 문화적 자긍심의 상징으로 해석된다.

뷰라 보퍼드의 집은 우리집 근처 노스 잭슨 동네 깊숙한 곳에 있었는데, 새 백과사전들과 유명 브랜드의 딸기맛 팝타르트가 가득찬 두 개의 식료품 저장고, 그리고 수영장이 딸린 이른바 세컨드 하우스였습니다. 수천 권의 책, 두 가족의 쥐들과 공유하는 임대주택인 우리집과는 달랐습니다. 뷰라 보퍼드와 그녀의 남편은 자기집을 소유한 사람들이었으니까요. 우리가 웨스트 잭슨의 아파트에서 퀸스의 작은 집으로, 그리고 나중에 노스 잭슨으로 이사했을 때, 나는 나를 내려주는 사람들이 뷰라 보퍼드의 집을 우리집으로 착각하길 바랐습니다. 우리집은 내가 가본 어떤 집보다 책으로 가득차 있었습니다. 그러나 당신을 제외하고 내가 아는 그 누구도 책 속에 빠져들어 수영하거나 책을 먹기를 원하지 않았습니다.

나를 내려주기 전에, 당신은 내게 뷰라 보퍼드의 백과사전을 이용해 벤저민 프랭클린 웨이드와 테디우스 스티븐스라는 두 정치가에 관한 리포트를 쓰라고 말했습니다. 또한 그들의 시민권에 대한 견해를 로널드 레이건 대통령의 주장과 비교하라고 했습니다. 레이건 대통령은 이렇게 주장했지요. "우리는 매번 법을 어겼을 때 법을 어긴 사람이 아니라 사회에 잘못이 있다는 생각을 거부해야 합니다. 이제는 각 개인이 자신의 행동에 책임을 지는 미국의 원칙을 회복할 때입니다."

그리고 나는 또 잭슨을 배경으로 한 단편소설을 쓸 때에도 월리엄 포크너*의 『압살롬, 압살롬!』의 첫 장을 읽고 포크너의 글쓰기 스타일을 모방해야 했습니다. 『압살롬, 압살롬!』의 엄청나게 긴 첫 문장은 정말 멋졌고, '등나무'와 '격자'라는 신기한 단어들도 등장했지만, 나는 포크너처럼 글을 쓸 수 없었고, 우리에 대해 솔직하게 이야기하는 법조차 몰랐습니다. 로널드 레이건은 내 배에서 꾸룩꾸룩 소리가 나게 했고, 윌리엄 포크너는 백인보다 더 알딸딸하게 만들었습니다. 그래서 나는 집에 돌아가면 당신에게 매를 맞거나 깜지 쓰는 벌을 받기로 마음먹었습니다.

그 집에는 레일라와 뷰라 보퍼드의 아들 더기를 제외하고, 평소에도 열일곱 살 이상의 형들이 두 명 이상 있었습니다. 그들은 더기의 사촌형 대릴의 친구들이었지요. 대릴은 1년 전 미네소타에서 뷰라 보퍼드네로 이사를 왔고 그의 방은 베니티, 아폴로니아, 프린스 로저스 넬슨을 모시는 신성한 성지였습니다. 대릴과 그의 친구들은 담배를 말아 피우는 것에서 마리화나를 피우는 것으로, 노스 잭슨 사람들이 자신들의 살아 있음을 좀더 느낄 수 있게 해주는 마약을 파는 것으로 나아갔습니다. 담배를 피우고 판매하는 그 모든 일을 하는 사이에, 그들은 수영을

---

* 미시시피 옥스퍼드 출신의 소설가로, 미국 남부의 역사, 인종 문제, 가족의 몰락 등 복잡한 사회구조와 인종 갈등을 깊이 있게 탐구했다. 특히 실험적인 서사 기법과 복잡한 문장 구조로 이야기를 전개하는 것이 특징이다. 대표작으로 『소리와 분노』와 『압살롬, 압살롬!』 등이 있다.

하고, 포르노를 보고, 네히를 마시고, 레드 핫을 삶고, 시금치를 먹고, 취하고 또 취했으며, 마이크 타이슨의 목소리를 흉내 내고, '기차 운행'*에 대해 쑥덕거렸습니다. 그리고 1987년 여름에는 격주로 뷰라 보퍼드의 집에서 수영을 하기로 규칙을 바꿨습니다.

어느 주의 규칙은 더기, 레일라, 그리고 내가 수영을 하고 싶다면 형들에게 잘게 부서진 얼음을 넣은 엄청 단 쿨에이드를 만들어 바쳐야 한다는 것이었습니다. 두 주 후, 그 규칙은 더기와 내가 다섯 개의 양말을 손에 끼고 서로 코피가 날 때까지 권투를 해야 하는 것이었습니다. 내가 뷰라 보퍼드의 집에 마지막으로 가기 전날에는 규칙이 좀더 단순해져 있었습니다. 우리가 수영장 수심 깊은 곳에 떠 있고 싶다면 레일라는 형들과 대릴의 방에서 십오 분간 함께 있어야 했고, 더기와 나는 그 사이 레일라의 지갑에서 돈을 훔쳐 형들이 방에서 나왔을 때 그들한테 바쳐야 했습니다.

나우 앤 레이터즈 사과향 캔디, 시아 버터, 그리고 표백제 냄새가 뒤섞인 레일라는 늘 표백제로 빨아 말끔한 오버올 속에 주름진 하늘색 수영복을 입고 있었습니다. 나는 레일라가 대릴, 웨지, 그리고 우리 동네에서 가장 크고 튼튼한 장딴지를 가진 들

---

* 여러 남성이 한 여성과 성관계하는 것을 의미하는 속어.

레이니라는 녀석의 뒤를 따라 복도를 걷는 걸 보았습니다. 일주일 전 주말, 들레이니는 자신이 바이스 로즈 갱단에 가입했다고 말했습니다.

우리 모두 아무 의심 없이 그 말을 믿었습니다.

대릴의 침실 문이 닫히자 더기와 나는 레일라의 지갑을 뒤지기 시작했습니다. 물건을 훔치고, 닌텐도 동키 콩 게임에서 마지막 레벨까지 올라가고, 싸움에서 거의 지지 않고, "발기" "별주기" "근육질로 몸이 커짐" 같은 말을 하는 것은 더기의 대단한 능력이었습니다. 더기는 실제로 이것들 중 어느 것도 잘하지 못했습니다만, 그는 잭슨에서 내가 아는 사람들 중 그 누구보다도 열 배 이상 자주 이 네 가지에 대해 주절거리곤 했습니다.

레일라한테서 더 훔칠 돈이 없었기 때문에 그날 더기는 그녀의 콤팩트를 훔쳤습니다. 그는 대릴이 마리화나 마는 법을 알려준 대로 그것을 콤팩트에 채우겠다고 말했습니다. 나는 개봉되지 않은 흰색 구두약 병 바로 옆에 있는 쭈글쭈글한 사과향 나우 앤 레이터즈 캔디 한 통을 보고 그걸 훔쳤습니다.

지갑의 가장 작은 주머니에는 노란색 리갈패드로 감싼, 집에서 만든 신분증이 있었습니다. 신분증 모서리는 매끄러웠고, 사진 속 레일라는 빨간색 파나마 잭 셔츠를 입고 아랫니에 교정기를 하고 있었습니다. 신분증에는 그녀의 생년월일, 학교 이름, 몸무게와 키, 그리고 캘버리 침례교회 앞에서 찍은 가족 사진이 있었습니다. 그런데 신분증에는 그녀의 이름이 쓰여 있지 않았습니다. 순간 레일라가 나보다 키는 최소 15센티미터 작고, 몸무게는 23킬로그램쯤 덜 나간다는 사실이 떠올랐습니다. 신분증 뒷면에는 검은색 마커로 아주 크고 진하게 "비상시에 사용할 것"이라고 쓰여 있었습니다.

그때까지 나는 레일라가 심각한 비상 상황에 처한 적이 없다고 생각했습니다. 아니, 그런 상황에 처할 일이 없다고 여겼습니다. 그 이유는 레일라가 흑인 소녀였고, 형들이 내게 흑인 여자아이들은 우리가 어떤 짓을 해도 괜찮다고 가르쳤기 때문입니다. 그리고 그 형들 역시 더 나이 많은 형들에게 그렇게 배웠습니다. 또다른 이유는 레일라가 나보다 세 살 많았고 내가 그녀와 8초 이상 이야기를 나눈 적이 없었기 때문인 것 같습니다. 레일라는 노스 잭슨에서 가장 세련된 여자아이는 아니었지만, 분명 뷰라 보퍼드의 집에서 가장 재미있는 아이였습니다. 그리고 그녀는 우리 모두를 합친 것보다 더 많은 분야에서 최고였습니다. 그녀는 대릴의 짝퉁 조던 운동화 너머로 풍겨오는 발냄새를 놀리는 데 최고였고, 들레이니에게 그의 배영이 평생 "익사영"일 거라고 놀릴 때도 마찬가지였습니다. 그리고 자신이 준비되기 전에는 다른 사람의 말에 절대 웃지 않았습니다. 나는 멋진 흑인 여자아이에게 절대로 말을 걸지 못하는 뚱뚱한 흑인 남자아이였습니다. 마찬가지로 레일라는 뚱뚱한 흑인 남자아이에게 말을

거는 예쁜 흑인 여자아이가 아니었지요. 그녀가 내게 말을 거는
건, 길을 막았을 때 비키라고 하거나, 빨리 걸으라고 하거나, 쿨
에이드를 가져오라고 할 때뿐이었습니다.

나는 신분증이 없었지만, 앞쪽에 빛바랜 호랑이 그림이 있는
파란색 잭슨주립대 찍찍이 지갑은 있었습니다. 당신이 크리스
마스 때 준 것이었지요. 그 지갑 속에는 할머니가 내 생일 때 준
2달러 지폐가 있었고, 한쪽에는 할머니의 흑백 사진과 함께 당
신의 낡은 운전면허증이 있었습니다. 당신은 내가 운전면허증을
갖기 전까지는 집을 떠날 수 없다고 말했었지요. 진짜 운전면허
증은, 당신이 여러 번 말했듯이 내가 어른이 되었다는 것을 의미
하지 않습니다. 그것은 단지 바이스 로즈 갱단, 백인들, 로널드
레이건과 악마들을 위해 일하는 잭슨 경찰들에게서 기술적으로
보호받는다는 것을 의미할 뿐이었습니다.

나는 대릴의 문에 귀를 대고 있는 더기에게 물었습니다. "형
들이 저 안에서 뭘 하는 거야?"

"멍청아, 뭘 하겠어? 기차 운행 하려는 거지."

나는 '기차 운행'이 뭔지 안다는 듯 히죽거렸습니다만, 사실
은 신체적으로나 언어적으로나 그 의미를 전혀 몰랐습니다. '기
차 운행'은 고유명사처럼 자리잡았지만, 또한 가장 역동적인 동
사처럼 펄떡거렸습니다. 그 표현은 '기차 운행'에 직접 가담하지
않더라도 의미를 아는 것만으로도 우리를 특별하게 했고, 잭슨

에서 알아주는 모든 흑인 소년들의 중심이 된다는 것을 뜻했습니다. 이와 비슷한 빛과 무게감을 갖는 유일한 문장은 "나는 갱단에 가입했다"였습니다.

"오늘 아침에 저 형들은 기차 운행을 또 했어." 더기가 말했습니다.

"오늘 아침에 레일라가 여기 있었어?"

"아니. 다른 여자애가."

"누구?"

"이름은 기억 안 나." 더기가 말했습니다. "라원인가 라돈인가 뭐 그런 이름이던데. 저 형들은 그 여자애를 데리고 기차 운행을 두 번이나 했어. 멍청아, 입 다물고 들어봐."

나는 그곳에 서서 왜 낮은 신음소리가 나는지 궁금해했습니다. 대릴의 방에서 형들이 작게 끽끽거리는 소리는 나를 죽고 싶게 만들었습니다. 나는 모르지만 그들이 섹스를 하고 있다는 건 짐작할 수 있었습니다. 하지만 왜 레일라의 숨소리가 시네맥스나 드라마 〈젊음과 불안〉에 나오는 백인 여자들보다 훨씬 덜 나는지 이해할 수 없었습니다. 나는 레일라의 짧은 손가락들이 동그랗게 말려 있고, 그녀의 눈이 뒤집어졌을 것이라고 상상했습니다. 그 방에 있는 모두가 벌거벗었다면 형들의 손은 무엇을 하고 있을지, 어떻게 서로의 허벅지 사이에 난 털을 바라보고 있을지 생각했습니다. 나는 그들 중 어느 누가 울고 있는 건 아닐지 궁금했습니다.

15분 후 방문이 열렸습니다. 들레이니는 우리에게 "너네 좆밥들 달아올랐지, 그치?"라고 물었습니다. 몇 초 후 대릴과 웨지가 그들의 셔츠를 터번처럼 머리에 두르고 방에서 나왔습니다. 더기는 대릴의 방으로 들어갔습니다.

대릴이 더기에게 "어딜 들어가?"라고 물었습니다. "지난번에 키스가 너처럼 작은 새끼를 때려눕혔잖아. 키스, 미식축구 선수처럼 덩치 큰 몸으로 쟤 좀 따먹어봐. 쟤가 엄청 좋아할 거니까."

나는 바닥을 보고 있는 더기를 쳐다봤습니다. 그러곤 대릴에게 "난 괜찮아"라고 말한 후 형들 뒤로 걸어갔습니다. "지금은 별로 그러고 싶지 않아."

화장실에 아무도 없음을 확인한 나는 마치 금방이라도 오줌을 눠야 할 것처럼 행동했습니다. 그러고는 바깥문 중 하나가 닫히는 소리가 들리자 복도를 따라 다시 걸어나와 대릴의 방 문간에 섰습니다.

"덩치 큰 키스." 대릴의 방에서 레일라가 말했습니다. "거기 있는 거 다 알아."

나는 레일라가 96.6킬로그램 나가고, 불규칙한 헤어라인에 곱슬기조차 없는 열두 살 흑인 소년 말고 무엇을 본 건지 잘 모르겠습니다. 하지만 나는 소독약 냄새로 가득한 대릴의 방, 비뚤어진 베니티 6의 포스터 아래에서 그녀가 신은 하얀 휠라 운동화를 보았습니다. 그리고 또 내 이두박근과 엉덩이에 생긴 구불구불한 선들보다 훨씬 아름다워 보이는, 그녀의 허벅지 뒤를 가로지르는 긴 튼살을 보았습니다.

그녀가 다시 말했습니다. "덩치 큰 키스, 노랑 쿨에이드 좀 가져다줄래?"

"알았어." 나는 대답한 뒤, "참, 누나 휠라 운동화는 어떻게 이렇게 하얀색이야?"라고 물었습니다.

"크게 말해. 왜 속삭이고 그래?"

"어…… 그냥 누나가 휠라 운동화를 어떻게 그렇게 하얗게 유지하는지 궁금해서." 나는 좀더 크게 말했습니다.

그녀가 침대 시트를 바로잡으며 대답했습니다. "표백제랑 신발 왁스."

"표백제랑 신발 왁스?"

"응. 치약처럼 표백제를 하얀 부분에 바르면 돼. 그런데 넌 여기 올 때마다 어떻게 항상 책을 읽고 있어?"

"아, 그렇게 안 하면 엄마한테 엄청 맞거든."

"웃기네." 레일라는 웃음을 터뜨렸습니다. 그러고는 멈출 때까지 계속 웃고 또 웃었습니다. "우리 엄마도 엄청 무서운데, 너네 엄마는 진짜 장난 아니게 무섭다고 들었어."

나는 "장난 아냐"라고 말했습니다. 그러곤 딸기맛 팝타르트를 찾으러 부엌으로 갔습니다. 뷰라 보퍼드의 식료품 저장고에서 빨강, 노랑, 짙은 황록색이 소용돌이치는 것을 본 기억이 납니다. 우리집에는 식료품 저장고가 없었습니다. 음식도 상한 피멘토 치즈, 곰팡이 핀 빵, 반쯤 마신 싸구려 와인 박스, 그리고 부풀어오른 녹색 올리브 외에는 거의 없었습니다. 그래도 나는 우리 냉장고가 생각났고, 우리 부엌에 있고 싶어졌습니다.

나는 당신이 보고 싶었습니다.

나는 개봉하지 않은 블루 치즈 드레싱 소스를 병째 열어 물처럼 들이켰습니다. 그러곤 빨간색 플라스틱 컵에 부서진 얼음을 넣고 레몬에이드를 부었지요. 대릴의 방으로 돌아가기 전, 플라스틱 버터 칼로 컵 안의 내용물을 휘저었습니다.

문 밖에 있던 나는, 마침 레일라가 일어나 앉아 수영복을 다시 입는 모습을 볼 수 있었습니다. 그때까지 내가 여자의 나체를 본 것은 세 명뿐이었습니다. 당신, 할머니, 그리고 레나타.

"마실 것 가져왔지, 덩치 큰 키스?"

"누나가 말한 대로 레몬에이드 가져왔어." 나는 여전히 방안으로 완전히 들어가지 않은 채로 말했습니다. "딸기맛 팝타르트 반쪽도 있어. 먹고 싶으면 먹어."

"반쪽 줘봐."

나는 또래 아이들과 키스를 해본 적이 없었기에 혹시라도 레일라가 내게 키스를 하려고 하면 어쩌나 걱정됐습니다. 내 입술은 거칠고, 입에서는 고약한 블루 치즈 냄새가 날 테니까요. 그리고 그녀가 내 튼살이나 왼쪽 엉덩이에 난 큰 점을 볼지도 모르니까요.

나는 레일라의 신분증을 주머니에서 꺼냈습니다. 그러곤 다른 쪽 주머니에서 나우 앤 레이터즈 캔디를 꺼내 문 왼쪽 바닥에 두었습니다. 쿨에이드가 든 컵과 딸기맛 팝타르트를 신분증 위에 올려두었습니다.

그녀가 내게 "나랑 같이 수영장으로 갈래?"라고 물었습니다. "혼자 수영장에 가기 싫어서."

"왜? 대릴하고 그 형들이 비웃을까봐 그래?"

레일라는 왼쪽 어깨끈을 잡고 쿨에이드를 내려다보고 있었습니다. 그녀가 "아니"라고 말했던 것이 기억납니다. "걔네들은 날 비웃지 않을 거야. 걔네들이 나보고 수영장 가장 깊은 곳에서 수영하고 싶으면 대릴 방으로 들어가야 한다고 말했어."

나는 "어? 그래"라고 말했습니다.

"넌 그렇게 생각해?"

"내가 뭘?"

"걔네들이 날 비웃을 거라고 생각해?"

나는 "응, 그럴 것 같아"라고 대답했습니다. "내 말은, 그 형들은 긴장하면 꼭 웃더라고. 근데 누나는 왜 그걸 레몬에이드라고 안 하고 노랑 쿨에이드라고 불러?"

"나한테는 그렇거든." 그녀가 대답했습니다. "이건 노란색이고 쿨에이드야. 이 안에는 레몬이 없으니까. 나랑 같이 수영장으로 가줄래?"

나는 대릴의 방을 등지고 서 있었습니다. 행복하게 시작해 슬프게 끝나는 이야기를 가리키는 단어가 있을까 궁금했습니다. 그러다 문득 빈 칸도 하이픈도 없는 '행복하고슬픈'이라는 단어가 떠올랐습니다. 방금 일어난 일에 대해 '행복하고슬픈' 이야기를 하는 것은 뷰라 보퍼드네 집의 막 나가는 형들이 잘하는 유일한 일이었습니다. 그 이야기가 진짜인지 가짜인지는 상관이 없었습니다. 중요한 것은 그것들이 좋은 이야기였다는 것입니다. 좋은 이야기는 진실처럼 들리는 법이니까요. 좋은 이야기는 우리가 방금 본 것을 못 본 척하게 만드는 법이니까요. 나는 형들이 대릴의 방에서 있었던 일을 서로 다른 세 가지 방식으로 떠벌리고 다닐 걸 알고 있었습니다. 그들에게는 좋은 일이었지만, 레일라에게는 아주 슬픈 이야기였습니다. 나는 레일라에게, 우리 방에서 있었던 '행복하고슬픈' 이야기를 들려주고 싶었습니다. 하지만 그 이야기를 '나' 또는 '그녀'로 시작해야 할지, '그' 또는 '우리'로 시작해야 할지, '전에'라고 해야 할지, '아무에게도 말하지 마' 혹은 '이건 누나한테 끔찍하게 들릴지 모르지만……'으로 시작해야 할지 알 수 없었습니다.

"나 기분이 안 좋아지고 있어." 등뒤에서 레일라가 말했습니다.

"왜 그래?"

"모르겠어."

나는 그녀 쪽을 돌아보지 않고, "나도 마찬가지야. 정말이야"
라고 중얼거렸습니다. 그러고는 레일라 혼자 깊은 수영장 바닥으
로 걸어가게 내버려둔 채로, 뷰라 보퍼드의 집에서 나왔습니다.

1.6킬로미터 정도를 달려서 집으로 갔습니다. 나는 농구나 미
식축구 연습을 하며 전력 질주를 많이 해봤고, 항상 내 덩치에
비해 빠르다고 느꼈습니다. 하지만 1.6킬로미터를 쉬지 않고 전
력 질주해본 적은 없었습니다. 나처럼 몸집이 큰 아이가 1.6킬로
미터를 전력으로 달리려면 뇌도 심장도 지금 달리고 있다는 걸
까맣게 잊어야 했습니다. 그것이 바로 더기, 레일라, 그리고 내가
수영장 깊은 바닥을 좋아한 이유였습니다. 그곳에 가라앉아 있
는 그 잠깐 동안만큼은 형들이 비웃든 말든 우리 몸은 스스로
의 무게를 잊을 수 있었습니다. 그리고 나서 우리는 다시 기억했
습니다.

당신과 내가 로빈슨 로드에 있는 아파트에 살 때, 당신의 제자
레나타는 일주일에 서너 번 나를 돌봐주러 왔습니다. 한쪽 다리
가 안짱다리인 레나타는 항상 폭찹, 밥, 그리고 그레이비를 만들
어주었습니다. 토요일 밤, 우리는 미드-사우스 레슬링을 봤습니
다. 미드-사우스 레슬링이 끝나고, 레나타는 내게 피겨 포 레그

록*을 해보겠다며 당신의 침실로 오라고 했습니다. 등에서 전해지는 고통을 참으며 버티는 동안, 레나타는 반바지 추리닝을 입은 내 허벅지와 종아리가 좋아 보인다고 말했습니다. 지금까지 레나타를 제외하고 내 종아리나 허벅지를 칭찬한 사람은 없었습니다.

레나타가 진한 오렌지주스를 한 모금 마셔보라고 했을 때, 나는 당신이 다른 사람이 마시던 음료는 절대로 마시지 말라고 한 말을 떠올리며, 입술이 닿지 않은 부분으로 마시려고 애썼습니다. 레나타가 왜 자신이 마신 쪽을 피하는지 물었을 때, 나는 갈라진 입술을 가진 사람들이 마신 컵으로 마시면 헤르페스에 걸릴 수 있다고 엄마가 알려줬다고 대답했습니다. 그러자 레나타는 "너네 엄마는 내가 아는 사람들 중 가장 똑똑하고 재미있는 사람이야"라고 말했습니다.

나는 "맞아"라고 말하며 그녀가 가리킨 컵 쪽으로 내 입술을 댔습니다. 오렌지주스는 녹은 아이스크림보다 더 달콤했고, 피클보다 훨씬 더 신맛이 났습니다.

"좋지?" 그녀가 물었습니다. "이렇게 하니까 나한테 키스하고 싶지 않아?"

나는 난생처음 진짜 여자친구가 생긴다는 생각에 두려웠고,

---

* 레슬링에서 상대의 다리를 4자 모양으로 접어서 꺾는 서브미션 기술.

어떻게 해야 할지 몰랐습니다. 그래서 억지웃음을 지으며 두 손을 어디에 둬야 할지 몰라 오렌지주스를 더 마셨습니다.

내가 주스를 다 마시자, 레나타는 티셔츠를 벗고 브래지어를 풀었습니다. 그러곤 내 입을 그녀의 왼쪽 젖가슴으로 가져갔습니다. 그녀는 내가 입 끝으로 숨을 쉴 수 있을 때까지 오른손으로 내 콧잔등을 만지작거렸습니다.

나는 될 수 있는 한 입을 아주 크게 벌렸습니다. 내 비뚤어진 앞니가 레나타의 젖가슴에 상처를 남기지 않기를 바라면서 말이지요. 나는 조금 전에 마신 오렌지주스의 향이 폭찹, 밥, 그레이비 냄새를 그녀의 젖가슴에서 사라지게 해달라고 하느님께 기도했던 것 같습니다. 레나타의 젖가슴에 질식할 것 같았던 순간, 한 번도 경험하지 못한 들뜬 기분이 느껴졌습니다. 잠시 후 레나타는 내 성기를 잡고, "반듯이 세워봐. 반듯이 세워볼 수 있지?"라고 물었습니다. 그녀는 자신의 몸이 어떤 반응을 하든 다 좋다는 듯이 숨을 내쉬었습니다. 그 잠깐 동안, 그녀가 내는 숨소리 때문에 내가 섹시한 존재가 된 것 같았습니다.

레나타는 나를 돌봐주러 올 때마다 피겨 포 레그 록을 했고, 자신의 젖가슴을 내 입에 밀어넣었으며, 반듯이 세워보라고 요구했습니다. 나는 그때 내게 무슨 문제가 있는 게 아닐까 의심했습니다. 항상 내 허벅지나 종아리에 충분한 근육이 없어서 그렇다고 생각했습니다. 그녀가 나를 건드리지 않을 때면 나는 먹지도 마시지도 않았습니다. 그리고 화장실에서 근육에 경련이 올 때까지 까치발 운동을 하고 스쿼트를 했습니다.

몇 달 후 레나타가 나를 돌봐주던 어느 날, 그녀의 진짜 남자친구가 우리집에 왔습니다. 그들은 진한 오렌지주스를 함께 마셨습니다. 그리고 내가 잠든 줄 알았을 때, 옷장에서 그녀는 나와 함께 있을 때 냈던 그 소리를 냈습니다.

나는 레나타의 남자친구가 "싫다고 말하지 않는 게 좋을 거야"라고 말하는 소리를 들었습니다. 레나타가 그에게 욕을 하기 시작했습니다. 나는 서둘러 옷장을 열었습니다. 두 사람은 벌거벗은 채 땀에 흠뻑 젖어 서 있었습니다. 그녀의 남자친구의 몸은 목이 조금 더 긴 아폴로 크리드* 같았습니다. 레나타의 벗은 몸을 가까이서 본 것은 그때가 처음이었습니다. 나는 그녀처럼 아름다운 몸을 가진 사람과, 아폴로 크리드처럼 멋진 근육질의 몸을 가진 그녀의 남자친구가, 넓적하고 엉망인 몸을 가진 나에게 뭔가 특별한 시선을 던졌다는 사실에 놀랐습니다. 그녀의 남자친구는 내게 "옷장 문 닫어. 뚱땡이 자식아!"라고 말했습니다. "뭘 그렇게 좆나 쳐다보고 있어?"

나는 당신의 총을 꺼내 그들의 이마에 쏘겠다고 경고했고, 그러자 두 사람은 허겁지겁 옷을 걸치고 집밖으로 도망쳤습니다.

---

* 영화 〈록키〉의 등장인물로 주인공 록키와 맞붙는 복싱 헤비급 세계 챔피언.

그날 이후 레나타는 더이상 내 여자친구가 되지 않기로 했고, 나는 그녀를 다시 볼 수 없었습니다. 나는 알고 있었습니다. 그녀가 나를 떠난 건 내 뚱뚱한 다리와 그녀의 젖가슴이 내 입에 처음 들어왔을 때, 내 입에서 났던 폭찹, 밥, 그리고 그레이비 냄새 때문이란 걸. 그날 밤 당신은 내게 화를 냈습니다. 두 사람이 거기서 한 짓 때문에 당신의 침대가 엉망이 되었기 때문입니다. 나는 당신에게 레나타와 침대에 있지 않았다고 말했습니다. 그녀와 함께 침대에 있고 싶었다고 말하지 않았습니다.

뷰라 보퍼드의 집에서 도망쳐 나왔던 날, 나는 우리집으로 가는 길목에 앉아 대릴의 방에서 무엇을 들었고, 우리집 침실에서 무엇을 느꼈는지 오랫동안 곱씹었습니다. 당신은 내 친구들의 부모님들보다 더 많은 책을 읽게 했고, 그 책들에 대한 글도 많이 쓰도록 했습니다만, 내가 읽은 그 어떤 책도 섹스, 소리, 공간, 폭력, 그리고 공포에 대한 기억을 글로 쓰거나 말로 꺼낼 수 있도록 준비시키지 못했습니다.

보통 기억으로부터 도망치고 싶을 때, 나는 랩 가사를 쓰거나, 이층집을 그리거나, 레일라에게 시를 쓰거나, 흑인 시트콤을 보곤 했습니다. 수업 시간에는 바보 같은 짓을 하는 새로운 방법을 찾거나, 중거리 점프슛을 연습하거나, 먹을 수 있는 것을 죄다 먹고 마셔버리기도 했지요. 하지만 우리집으로 들어가는 진입로에서는 내가 하고 싶은 어떤 것도 할 수 없었습니다. 그저 당신이 집에 오기만을 기다리고 있었습니다.

그날 저녁, 나는 집에 도착한 당신을 꼭 끌어안으며 감사하고 사랑한다고 말했습니다. 처음으로 내 몸이 당신 곁에서 부드럽게 느껴지는 것이 싫었습니다. 당신이 내준 숙제를 하지 않았으니 매를 맞거나 깜지를 써야 한다는 것은 알고 있었습니다. 깜지는 내가 무엇을 다르게 할 것인지를 설명하는 길고 반복되는 수많은 문장들로 이루어져 있었습니다. 나는 "나는 ~할 것이다"로 시작하는 문장들을 몹시 싫어했고, 깜지 쓰기도 싫어해서 항상 할당된 양보다 반 줄씩 덜 썼지만, 그보다 싫은 건 당신에게 맞는 것이었습니다.

우리가 집으로 들어갔을 때, 당신은 불을 켜고 책장 앞에 서서 물었습니다. "키, 뭐가 보이니?"

나는 먼저 당신이 입은 크고 헐렁한 파란색 다시키*를 보았습니다. 뷰라 보퍼드의 신발에 끼워 넣은 당신의 넓은 발, 당신 팔뚝에 번들거리는 켈로이드 흉터, 그리고 왼쪽으로 약간 기운 짧은 아프로 헤어스타일도 보았습니다.

---

* 서아프리카 전통 의복에서 유래한 헐렁한 스타일의 셔츠로, 1960년대 이후 미국 흑인 해방운동과 함께 흑인의 문화적 뿌리와 정체성을 드러내는 상징적인 옷으로 자리잡았다. 화려한 색과 무늬로 장식되며, 자긍심, 연대, 저항의 의미를 담는다.

당신이 물었습니다. "키, 내가 아니라, 내 뒤에 뭐가 보이니?"

내가 대답을 망설이자 당신은 위스콘신에서 박사 논문 심사 일이 가까워지고 있다고 말했습니다. 나는 당신의 목을 껴안고 당신이 얼마나 자랑스러운지 말했습니다. 그리고 이제 당신이 진짜 박사가 되는 것인지, 진짜 박사가 된다는 게 돈을 많이 번다는 의미인지 물었습니다.

당신은 "봐"라고 말하며 책장 마지막 칸을 손가락으로 가리켰습니다. 당신 뒤에는 내가 본 것 중 가장 진한 파란색 책이 있었습니다. 나는 우린 전기세나 집세를 낼 돈도 충분히 없는데 어떻게 책을 살 수 있었는지 당신에게 물었습니다. 그러자 당신이 반문했습니다. "키에스 레이먼, 넌 백과사전을 좋아하니 싫어하니?"

나는 일어나서 손으로 책등을 만지작거렸습니다. 평소에 당신은 내 기분을 풀 때만 내 이름 전체를 불렀습니다. "이제 뷰라 보퍼드네 집에 그만 가도 된다는 뜻인가요?"

"책 냄새를 맡아봐." 당신이 왼쪽 끝에 있는 백과사전을 꺼내 펼치며 말했습니다. "그리고 정신 좀 차리자. 응? 그럴 땐 '그만 가도'가 아니라 '더는 안 가도'라고 말해야지."

"네, '더는 안 가도'요." 나는 그렇게 말하고 책등 가까이로 코를 댔습니다. 당신이 내게 준 첫번째 숙제는 백과사전을 이용해서 짐 크로*와 후재건 시대** 미시시피에서 당선된 흑인 고위 관리들이 시도한 자유를 찾기 위한 전략에 대해 두 장짜리 리포트를 쓰는 것이었습니다. 리포트는 그 주 마지막 날까지 제출해야 했지요.

당신이 맬러카이 헌터에게 전화하러 방으로 들어가려는 순간, 내가 말했습니다. "음, 저 살 좀 빼고 싶어요. 저를 도와줄 수 있어요? 사람들에게 이야기할 때 너무 땀을 많이 흘려요. 사람들 앞에서 땀쟁이가 되고 싶지 않아요."

"여자애들 말하는 거니, 키?"

"그런 것 같아요."

"누군가 너 자체를 좋아하지 않는다면, 그 사람 때문에 땀 흘릴 필요 없어. 네 땀은 그걸 소중하게 여길 사람을 위해 아껴둬라. 네가 빼고 싶어하는 살이 전부 내 허벅지로 가는 것 같구나." 당신이 말했습니다.

당신의 허벅지는 항상 두꺼웠지만, 지난 몇 달 동안 볼이 더 통통해져서 광대뼈가 덜 도드라져 보였습니다. 목은 좀더 짧아

---

* 19세기 후반부터 1960년대 중반까지 미국 남부에서 시행된 인종차별적 법과 정책으로, 흑인과 백인 사이의 공공시설, 교육, 교통 등을 분리하고 흑인을 체계적으로 차별하고 통제했다.

** 1877년부터 20세기 초까지의 시기로, 미국 남부에서 연방 정부의 재건 정책이 종료된 후, 백인 우월주의가 부활하고 흑인에 대한 차별과 폭력이 증가한 때를 가리킨다. 이 시기 동안 흑인 투표권 제한, 공공시설 분리, 린치 등의 인종차별이 제도화되었다.

보였고, 평퍼짐한 잭슨주립대 티셔츠를 입고 다닐 때면 가슴이 전보다 무거워 보였습니다. 하지만 내 눈에는 지금의 당신이 훨씬 더 아름다워 보였습니다.

우린 그날 저녁 스크래블* 게임을 했고, 나는 살면서 두번째로 당신을 이겼습니다. 당신은 다시 하자고 했고, 나는 또 이겼습니다. "네가 기회가 있을 때마다 '~이다(be)' 또는 '~할 예정이다(finna)' 같은 단어를 마구 집어넣으려 하지 않은 게 놀랍네."** 당신은 우리의 새 백과사전 쪽으로 걸어가면서 말했습니다. 나는 추리닝 바지와 잭슨주립대 티셔츠를 입은 당신이 백과사전 앞에 서 있는 것을 보고 있었습니다. 당신이 책들을 부드럽게 손가락으로 훑고는 크게 미소를 지으며 말했습니다. "키, 네 할머니가 백과사전을 집에 가져왔던 날이 내 어린 시절 가장 행복했던 날이란다."

"이제 우리집에도 백과사전이 있는데, 그래도 뷰라 보퍼드네 가서 백과사전을 이용해야 하나요?"

내가 묻자 당신은 내가 뷰라 보퍼드네 백과사전을 이용해서 에세이나 당신이 쓰라고 한 단편소설을 썼는지 물었습니다. 질

---

* 알파벳을 조합해 단어를 만들어내는 게임.

** 원어 "be"와 "finna"는 흑인 영어에서 흔히 쓰이는 문법적 요소지만, 표준 영어에서는 종종 인정받지 못한다. 레이먼의 어머니는 교육에 엄격한 태도를 보이며, 게임에서조차 아들이 표준 영어를 익히도록 강조하는 모습을 보인다. 이는 백인 중심 사회에서 인정받기 위한 생존 전략이기도 하다.

문에 질문으로 대답하는 것은 우리집에서 허락되지 않는다고 당신이 말한 적이 있음에도요. "에세이나 단편소설을 쓰지 않았다면 도대체 뭘 한 거야?" 당신은 백과사전을 손에 든 채로 내 대답을 기다렸습니다. "키, 대답해. 허튼소리는 하지 말고."

나는 내가 무엇을 했고, 무엇을 썼고, 무얼 보고 들었는지, 어떻게 그 집에서 도망쳤는지를 곰곰이 떠올려보았습니다. 그리고 레일라가 그날의 이야기를 어떻게 풀어낼지 상상했습니다. 그녀가 어떻게 그 이야기를 하면 내가 막 나가는 형들보다 나은 사람이 되는지, 또는 그들보다 나쁜 사람이 되는지 떠올렸습니다. 하지만 무엇보다도, 그녀가 이야기하는 방식에서는 결국 그녀가 중심이 되고, 막 나가는 형들과 더기, 그리고 나는 똑같이 흐릿하고 형편없는 존재로 묘사될 것이 분명해 보였지요.

내가 침묵하자 당신은 내가 또다시 노력도, 배움도, 책임도 피하려 한다며 한숨을 쉬었습니다. 그리고 그것들이야말로 미시시피에서 흑인 소년들의 내면을 건강하고 안전하게 지키기 위해 반드시 필요한 요소라고 말했습니다.

나는 물끄러미 당신을 바라보며 건강하고 안전한 흑인 소년으로 살아간다는 게 과연 어떤 의미인지 생각했습니다. 그리고 왜 아무도 흑인 소녀들이 건강하고 안전하게 지내려면 무엇이 필요한지에 대해서는 이야기하지 않는지 궁금했습니다. 내 몸은 내 입과 마음이 표현할 수 없거나, 어쩌면 표현하지 않은 것들을 알고 있었습니다. 소년들은 소녀들이 소년들을 결코 해할 수 없는 방식으로 소녀들을 해하도록 훈련받았고, 이성애자 아이들은 퀴어 아이들이 이성애자 아이들을 결코 해할 수 없는 방식으로 퀴어 아이들을 해하도록 훈련받았고, 남자들은 여자들이 남자들을 결코 해할 수 없는 방식으로 여자들을 해하도록 훈련받았고, 부모들은 자식들이 부모들을 결코 해할 수 없는 방식으로 자식들을 해하도록 훈련받았고, 베이비시터들은 어린이들이 베이비시터들을 결코 해할 수 없는 방식으로 어린이들을 해하도록 훈련받았고, 백인들은 우리가 백인들을 결코 해할 수 없는 방식으로 우리를 해하도록 훈련받았다는 것을, 내 몸은 알고 있었습니다. 나는 당신이나 다른 누군가에게 내 몸이 내게 말한 이야기를 어떻게 말해야 할지 몰랐습니다. 그러나 당신처럼 나는 도망치거나, 방향을 바꾸거나, 피하는 방법을 알고 있었습니다.

"기에스 레이먼, 에세이 안 쓰고 뭐 했니?" 당신이 또다시 물었습니다. "한번 더 물어보고 벨트를 가져올 거야. 왜 내가 하라고 한 걸 안 한 거지?"

나는 당신이 축약형을 쓰지 않고 말할 때마다 너무 싫었다고 말하고 싶었습니다. 대신에 나는 이렇게 말했습니다. "죄송해요. 뷰라 보퍼드 집에서 수영장 바닥 깊은 곳에서 수영하는 거에 지쳐서 집으로 돌아왔어요. 다신 안 그럴게요. 새로 사주신 백과사전 감사합니다. 이것들이 백인들한테서 내 내면을 보호할 거,

저도 알아요."

"'보호할 것입니다'라고 말해야지." 당신이 말했습니다. "그렇게 줄여 말하지 마*, 키. '그것들이 너의 내면을 보호할 것이다'라. 그렇게 잘 알고 있으면 행동도 잘해야지. 더 잘할 거라고 나한테 약속해."

"지금요?"

"그래, 지금. 약속하는 거지?"

"네."

"약속한다고 말해야지."

"약속합니다." 내가 말했습니다. "저는 약속합니다."

당신은 나를 때리지 않았습니다. 대신 내게 열 줄을 쓰라고 했습니다. 나는 괜히 심통이 나서 아홉 줄 반만 썼습니다.

나는 뷰라 보퍼드 집에 갔을 때 하라는 대로 읽고 쓰겠다고 약속합니다.

나는 뷰라 보퍼드 집에 갔을 때 하라는 대로 읽고 쓰겠다고 약속합니다.

나는 뷰라 보퍼드 집에 갔을 때 하라는 대로 읽고 쓰겠다고 약속합니다.

---

* 키에스의 엄마는 아들에게 "going to"의 축약형(gone 또는 gonna)을 사용하지 말라고 지적한다. 그녀는 올바른 문법과 완전한 문장을 사용하는 것이 백인 사회에서 흑인 아들이 살아남을 수 있는 하나의 방어막이 될 수 있다고 믿는다.

나는 뷰라 보퍼드 집에 갔을 때 하라는 대로 읽고 쓰겠다고 약속합니다.

나는 뷰라 보퍼드 집에 갔을 때 하라는 대로 읽고 쓰겠다고 약속합니다.

나는 뷰라 보퍼드 집에 갔을 때 하라는 대로 읽고 쓰겠다고 약속합니다.

나는 뷰라 보퍼드 집에 갔을 때 하라는 대로 읽고 쓰겠다고 약속합니다.

나는 뷰라 보퍼드 집에 갔을 때 하라는 대로 읽고 쓰겠다고 약속합니다.

나는 뷰라 보퍼드 집에 갔을 때 하라는 대로 읽고 쓰겠다고 약속합니다.

나는 하라는 대로 읽고 쓰겠다고 약속합니다.

아무것도 없는

그날 밤 늦게 당신은 지트니 정글에서 크림 버섯 수프, 참치, 유명 브랜드 빵, 싸구려 브랜드 크랜베리 주스를 카트에 담았습니다. 나는 솔트 앤 페파*가 표지에 실린 〈라이트 온!〉 최신호를 사도 되는지 물었고, 당신은 줄 서 있는 동안 그냥 읽으라고 했지요. 계산대로 갔을 때, 나는 모든 음식을 컨베이어 벨트에 올려두고 그것이 우리로부터 멀어져가는 걸 지켜봤습니다. 계산대 뒤 게시판에는 여러 장의 수표와 운전면허증 사본들이 핀으로 꽂혀 있었고, 그 위에는 '이 고객들로부터 전혀 수표를 받지 마시오(DO NOT ACCEPT NAN CHECK FROM THESE CUSTOMERS)'라는 문구가 대문자로 크게 쓰여 있었습니다. 그

---

* 1985년 뉴욕에서 결성된 미국의 여성 힙합 트리오.

게시판 한가운데에 당신의 운전면허증 사본과 트러스트마크 은행에서 발행된 수표가 붙어 있었습니다. 당신의 수표는 지트니 정글에 붙은 부도수표들의 챔피언처럼 보였습니다.

"그만 가요." 나는 당신이 지갑에서 수표책을 꺼내는 것을 보면서 말했습니다. "진짜 하나도 안 배고파요."

"키, 그렇게 말하지 말라고 했지."

"알았어요. 다시는 그렇게 말하지 않을게요. 우리 그냥 나가면 안 돼요?" 내가 말했습니다.

당신은 나이 든 흑인 여자 계산원 쪽을 바라보고 있었습니다. 그녀는 TV 쇼 〈앨리스〉에 나오는 흑인 버전의 베라처럼 보였는데, 그보다는 더 두꺼운 입술과 작은 이를 가지고 있었습니다. 당신은 "이 사람들은 언제 '전혀(nan)'를 쓰고, 언제 '어떤(any)'을 써야 하는지도 몰라"*라고 중얼거렸습니다. 당신이 게시판의 당신 사신을 봤는지는 확실하지 않지만, 나는 당신의 어깨가 축 처지고 가슴에서 공기가 빠져나가는 것을 보았습니다. 당신이 말했습니다. "그래, 네 말이 맞아. 가자. 집에 참치캔이랑 크래커가 있어."

---

* 여기서 'nan'은 미국 흑인 영어 방언(AAVE)에서 'none' 또는 'not any'의 의미로 쓰이는 단어다. 남부 흑인 공동체에서는 'none'을 'nan'으로 발음하며, 이는 문법적으로는 비표준어로 간주된다. 반면 'any'는 표준 영어 표현으로, 키에스의 엄마는 이 둘을 구분하지 못한 마트 게시판 문구를 지적하며, 언어적 정확성과 규범에 대한 강박, 그리고 사회적 존중을 지키려는 태도를 드러낸다.

나는 게시판에 그 문구를 쓴 사람이 우리 할머니가 그러하듯 '전혀'를 '어떤 것도 아닌(not any)' 또는 '하나도 없는(not one)' 의 의미로 사용했다고 말했습니다.

"그렇게 타협하고 쉽게 넘어가지 마." 당신이 말했습니다.

"그럼 할머니도 그냥 넘어간 거예요?"

"할머닌 백인들 밑에서 일하느라 고등학교에 가지 못했어. 그 래서 통신 수업으로 학업을 마쳤지. 할머닌 그럴 만한 이유가 있 어. 그런데 저 사람들은 무슨 이유가 있지?"

"몰라요. 우린 저 사람들이 누군지도 모르잖아요."

당신은 내 손을 잡고 마트 밖으로 나가며 또다시 말했습니다. "키, 쉽게 넘어가지 마라." 그러곤 당신은 하늘을 바라보았습니 다. "할머니가 현관에서 별을 보고 계시면 좋겠구나. 오늘 밤 하 늘이 정말 맑네."

가끔 할머니는 메이슨 병에 피클과 배잼을 담아 보내주셨고, 매달 중순이 되면 정부에서 나오는 치즈, 땅콩 버터, 크래커를 챙겨주시곤 했습니다. 내가 그 치즈를 "고메 아프리칸 아메리칸 치즈"라고 부르자, 할머니는 한참을 웃고 또 웃었습니다. 하지만 나는 당신이 호밀 흑빵 같은 아주 고급스러운 빵으로 고메 아프 리칸 아메리칸 치즈 샌드위치를 만드는 것을 본 적이 있습니다. 나는 왜 당신이 우리가 돈이 없는 사람들처럼 먹는 것에 대해 그 렇게 부끄러워하는지, 아버지에게 양육비를 요구하는 것도 왜 그렇게 수치스러워하는지 이해할 수 없었습니다.

차로 걸어가면서 문득 생각했습니다. 우리 세계에서 가장 아름답고 누구나 알아볼 수 있는 얼굴을 가진 당신이, 실제로는 없는 돈이 은행에 있다고 주장했다는 이유로 노스 잭슨에서 가장 큰 식료품점 벽에 얼굴이 붙어 있는 기분은 어떨까. 당신은 선거철이 되면 지역 방송에 나와 정치 토론을 하는 유일한 흑인 정치학자였습니다. 당신은 단어를 과장되게 발음했고, 백인들의 반감을 마주하면서도 가난한 흑인 공동체를 변호했으며, 주어와 동사가 일치하지 않는 사람들의 말을 군이 바로잡으려 했습니다. 그 덕분에 잭슨의 흑인들은 우리가 점심값, 기름값, 집세, 전기세까지 넉넉히 낼 수 있는 줄 알았지요.

하지만 그건 사실이 아니었습니다.

"왜 엄마 면허증 사진을 저렇게 붙여놓은 거예요? 꼭 엄마가 은행이라도 턴 것처럼." 주차장에서 내가 물었습니다. "말해줄 수 있어요?"

"키, 그냥 좀 많이 피곤하구나." 당신이 대답했습니다. "할머니가 닭공장 라인에서 일하는 자리를 얻으려고 얼마나 힘들게 싸우셨는지 알지?"

"어렴풋이 알고 있어요." 내가 말했습니다. "제가 운전할까요?"

우리는 집까지 3킬로미터 조금 넘는 거리를 가야 했고, 당신은 이해할 수 없는 말을 쏟아내고 있었습니다. 몇 년 전 당신은 쓰러지기 직전에도 비슷한 말을 했지요.

그때 당신은 조수석에 앉아 "너무 피곤해"라고 계속 말했습니다. "키, 난 정말 열심히 일한단다. 정말 열심히 일하는데, 우린 절대 제대로 된 보수를 받지 못해. 엄마한테도 늘 그 말을 해주려고 하는데, 키, 천천히 운전해." 나는 손을 뻗어 당신 무릎 아래 따뜻하게 접힌 부분을 살포시 잡았습니다. 내가 슬퍼할 때 당신이 그랬던 것처럼요.

우리가 집에 도착했을 때, 당신은 코를 골고 있었습니다. 나는 당신을 깨우고 싶지 않았습니다. 그래서 진입로에 차를 멈추고 운전석을 뒤로 젖혔습니다. 가만히 앉아 왼쪽 어깨에 턱을 대고 숨쉬는 당신을 바라보았습니다.

몇 주 전 당신이 학생들을 집에 초대해 파티를 열었던 일이 떠올랐습니다. 당신은 밤새 아니타 베이커, 샤데이, 패트리스 러센, 그리고 필 콜린스의 음악을 틀었지요. 맬러카이 헌터도 파티에 있었습니다만, 그는 버번을 마시며 당신을 지켜볼 뿐 아무것도 하지 않았습니다. 집안엔 당신을 우러러보는 학생들로 가득차 있었습니다. 샤리스는 당신이 웃는 모습을 보고 싶어했고, 코넬은 당신이 춤추는 모습을 보고 싶어했으며, 칼튼은 당신이 이야기하는 것을 보고 싶어했고, 주디는 당신이 경청하는 모습을 보고 싶어했습니다.

밤이 다 지나갈 무렵, 당신은 뷰라 보퍼드와 식탁에 앉아 있었습니다. 당신이 덴젤이 브라이언 검블이나 닥터 제이보다 "훨씬 더 고상하다"고 말하자, 식탁 주위에 있던 사람들이 일제히 웃음을 터트렸지요. 그 순간 나는 당신이 부엌에서 입이 찢어질 정도로 웃고 있는 맬러카이 헌터를 올려다보는 걸 보았습니다. 맬러카이 헌터는 알고 있었습니다. 자신이 자격이 있든 없든, 이 세상에서 가장 생기 있는 여자에게 선택받았다는 것을.

차 안에서 나는 지갑에서 당신의 오래된 운전면허증을 꺼내 대시보드 위에 올려두었습니다. 그 여름날, 더기가 '기차 운행'이라는 말을 꺼냈던 날, 내가 뷰라 보퍼드의 집에 레일라를 홀로 두고 떠났던 날, 우리 침실에서 레나타와 함께 있었던 일이 스쳤던 날, 당신이 백인들에게서 내 내면을 보호하겠다며 새 백과사전을 사온 날. 그날 우리는 마치 은하의 모든 오렌지색 별들 사이를 떠도는 최초의 사람들처럼 서로를 붙잡고 있었습니다.

이틀 뒤, 나는 당신이 맬러카이 헌터에게 돈을 내게 해서 만나게 된 심리학자 앞에 앉아 있었습니다. 그 엉터리 심리학자가 점잔 빼며 돌려 말하지 않고, 부모나 음식, 교회 등에 대해 꼬치꼬치 캐묻지 않았다면, 그리고 당신이 내내 같은 방에 있지 않았다면, 나는 어쩌면 그녀를 좀 좋아할 수도 있었을 겁니다. 그 심리학자가 처음 던진 질문은 부모님의 이혼을 어떻게 느끼냐는 것이었습니다.

"많이 생각해보지 않았는데요." 내가 말했습니다.

그러자 그녀는 부모님과 함께한 시간 동안 기억나는 것을 모두 말해보라고 했습니다. 나는 1973년 잭슨주립대에서 2학년과 3학년이었던 당신과 아버지가 어떻게 만났는지부터 이야기했습니다. 당신은 그 사람과 사귄 지 열 달 만에 나를 가졌고, 아버지는 임신 기간 내내 자이르에 있었습니다. 하지만 서른두 시간의 진통 끝에 제왕절개 수술을 받을 때, 당신은 혼자가 아니었습니다. 할머니가 곁에 있었습니다. 내가 태어나기 전, 아버지는 편지로 "키에스"라는 이름을 보내왔고, 당신은 "시토엔"으로 짓고 싶어했습니다. 중간 이름은 남아프리카공화국의 가수이자 인권 운동가인 미리엄 마케바의 이름을 따 "마케바"로 하겠다고 했습니다.

내가 미시시피에서 아버지와의 기억이 하나도 없다고 하자, 심리학자는 믿지 않는 눈치였습니다. 나는 몇 장의 사진을 보고 아버지가 그때 우리와 함께 미시시피에 있었다는 걸 알게 됐다고 말했습니다. 사진 속 아버지는 착 달라붙는 짧은 반바지를 즐겨 입었고, 빨강, 검정, 녹색이 섞인 니트 모자를 아주 좋아했으며, 복잡한 질문에 곰곰이 생각하는 걸 좋아했고, 날카롭게 뻗은 손가락에 대마를 끼우고 이를 악문 맬컴 엑스처럼 사색에 잠기는 사람처럼 보였습니다. 그리고 내가 아버지를 또렷이 기억하기 시작한 건 당신 두 사람이 매디슨에서 더이상 만나지 않게 된 후부터라고 말했습니다. 어느 토요일, 당신은 나를 아버지 집에 내려주면서 할머니가 보내주신 돈을 아버지에게 전해주라고 했습니다. 그 돈으로 아버지가 식료품을 살 수 있도록 말입니다. 얼마였는지는 기억나지 않습니다. 나는 그중에서 1달러를 몰래 꿍쳐 주머니에 넣고, 나머지를 아버지에게 건넸습니다. 우리집 냉장고는 텅텅 비어 있는데, 왜 우리가 할머니에게 받은 돈을 아버지에게 줘야 하는지 도무지 이해할 수 없었습니다.

아버지가 사는 위스콘신의 아파트는 우리가 사는 곳과 분위기가 많이 달랐습니다. 둘 다 음악과 향이 가득한 건 같았지만, 아버지 집에는 규칙이 너무 많았습니다. 집에 들어오면 반드시 신발을 벗어야 했고, 벽에 손을 짚는 것도 허락되지 않았습니다. 한번은 함께 빨래방에 갔는데, 내 팬티에 묻은 얼룩을 본 아버지가 당신이 내게 엉덩이를 제대로 닦는 법을 가르치지 않았다고 욕을 하며 화를 냈습니다. 그뿐만 아니라 그 집에서는 화장지를 네 장 이상 쓸 수 없었고, 꼭 반듯하게 접어서 써야 했습니다. 식사할 때도 마찬가지였습니다. 아버지는 내 접시에 음식을 놓을 때까지 모든 걸 철저히 계획했고, 음식과 음식 사이에는 늘 충분한 간격이 있었습니다.

"보여지는 것이 중요해." 아버지는 그렇게 말했습니다. "인내와 절제도 마찬가지야. 천천히 먹어라, 아들."

그날, 아버지는 한여름에 눈싸움을 하려고 겨울에 얼려두었던 눈덩이를 꺼내왔습니다. 우리는 한바탕 눈싸움을 한 후, 아파트 근처 쓰레기장으로 걸어갔습니다. 거기서 아기 너구리를 봤습니다. 너구리, 아니 주머니쥐 같은 동물의 새끼를 그렇게 가까이에서 본 건 태어나서 처음이었습니다. 나는 만지는 건 고사하고 그것이 살려고 발버둥치는 걸 지켜보는 것조차 너무 두려웠습니다. 아버지는 나를 들어올려 쓰레기장 안을 더 잘 볼 수 있게 했습니다. 아기 너구리는 작은 앞발로 쓰레기 더미를 헤집다가 고개를 들어 우리를 쳐다봤습니다. 내가 깜짝 놀라 몸을 뒤로 확 젖히자 아버지는 배를 잡고 웃어댔지요.

나는 팔짱을 끼고 입을 꾹 다문 채 그 모습을 보며 서 있었습니다. 그리고 그때 처음으로 아버지가 얼이 나간 듯이 멍청하게 웃을 수도 있는 사람이라는 걸 알았습니다. 얼마 후, 나는 아버지를 따라 쓰레기장 뒤편의 멘도타 호수로 갔습니다. 아버지는 거기서 태양을 향해 돌을 던졌고, 그 돌들은 절대 떨어지지 않았습니다.

이것이 내가 심리학자에게 말한 아버지에 대한 기억들입니다. 무슨 이유에선지 당신은 눈물을 흘렸습니다.

"혹시 폭력과 관련해 겪은 일이 있다면 조금 더 말해줄 수 있니?" 심리학자가 물었습니다.

나는 당신을 쳐다봤습니다. 당신은 다리를 꼬고 앉아 촉촉한 눈으로 나를 바라보고 있었습니다. 나는 심리학자에게 "무슨 뜻이에요?"라고 물었습니다.

"내 질문은 이런 거야. 네가 학교에서 폭력 문제를 겪고 있다면, 집에서는 어떤 방식으로 폭력을 경험하고 있는지 궁금하다는 거지."

"학교에서 폭력 문제를 겪고 있지 않은데요." 나는 대답했습니다. "집에서도 아무 문제 없고요."

심리학자는 당신이 내가 폭력 문제를 겪고 있다고 말했다고 했습니다. 나는 당신이 언제 그녀를 만났는지, 왜 내가 그 자리에 있지 않았는지 궁금했습니다. 내가 그 자리에 있었다면 당신이 나를 지켜보는 것처럼, 나도 당신이 무슨 말을 하는지 그냥 지켜보고 있었을 것입니다. "네 엄마는 네가 화가 나면 먹지 말아야 할 것들을 먹거나 마신다고 했어. 술을 마신다고도 했고. 그래서 네게 술과 폭력에 대한 경험을 이야기해달라고 한 거야. 이제 학교나 집에서 어떤 폭력을 겪었는지 얘기해줄래?"

나는 다시 당신을 쳐다봤습니다. "전 먹을 것도 마실 것도 없을 때, 박스 와인 메이슨 병을 따서 세 번 마셨어요. 그게 물보다는 더 달콤했거든요."

"열까지 세거라." 심리학자가 갑자기 말했습니다.

"네?"

"너는 부모님의 이혼 때문에 화가 나 있는 게 분명해. 숫자를 세는 게 도움이 될 거야. 부모님 이혼 때문에 화가 날 땐 이 기술을 써봐. 술이 마시고 싶거나 단 음식이 당길 때, 어디서든 화장실에 가서 열까지 세보는 거야."

"일종의 방법 같은 건가요?"

"그래."

"그런데 전 부모님이 함께 계시지 않다고 해서 화가 난 어떤 것도 아닌데요." 내가 말했습니다. "제 말은, 전 할머니도 있거든요. 정말로 부모님이 이혼해서 화가 난 적이 없어요. 아버지가 양육비를 좀더 보냈으면 하지만, 뭐 괜찮아요."

방 건너편에서 당신이 말했습니다. "그렇게 말하지 말라고 했지. '어떤 것도 아닌(nan)'이라는 말도 사용하지 말고. 지금 일부러 그러는 거지?"

"아버지가 양육비를 제때 보냈으면 좋겠어요. 하지만 전 괜찮아요." 내가 말했습니다.

상담이 끝난 뒤 심리학자가 우리를 문까지 안내하며 말했습니다. "부탁 하나만 들어줄래요? 비상 상황이 생기면, 둘 다 서로 떨어진 조용한 공간에서 열까지 세도록 해요. 만약 밖이 어두우면 나가서 별을 적어도 열 개 세어보세요. 지금 잘못된 것처럼 보이는 일도 이 연습을 하면 괜찮아질 수도 있어요. 그리고 둘 다 설탕과 탄수화물 섭취를 줄이고 신체 활동을 많이 하는 게 도움이 될 거예요."

집에 도착하자마자 당신과 나는 진입로에서 마지막으로 일대일 농구를 했습니다. 1년 전, 당신의 제자 칼튼 리브스가 우리집 앞마당에 농구대를 설치해준 뒤로, 그때부터 우리는 한 달에 몇 번씩 21점 내기 경기를 했지요. 처음 시합을 할 때, 나는 당신의 공격과 수비가 너무 거칠어서 겁이 났습니다. 나는 당신보다 키가 크고, 몸무게도 더 나가고, 기술도 더 뛰어나고, 힘도 셌지만 그런 건 아무 의미가 없었습니다. 당신은 공격할 때 오른쪽 엉덩이에서 툭 튀어나오는 한 손 점프슛을 던지거나, 내 허벅지에 엉덩이를 들이밀며 몸을 밀쳐 골대 가까이 다가왔습니다. 그리고 충분히 가까워지면 이상한 훅슛을 던지거나 펌프 페이크 동작을 했지요.

하지만 그날은 달랐습니다. 나는 이제 키가 너무 커서 더이상 펌프 페이크에 속지 않았고, 종아리도 단단해서 당신이 아무리 나를 뒤로 밀어붙이려 해도 꿈쩍도 하지 않았습니다. 그리고 당신이 던진 첫 세 번의 슛을 옆집의 철쭉 덤불 속으로 쳐냈지요. 공격할 때도 그냥 당신 머리 위로 슛을 던지거나 왼쪽으로 잽 스텝을 밟고 가볍게 당신을 제쳤습니다.

그날, 나는 1년 전에도 이미 당신을 이길 수 있었음을 깨달았습니다. 그리고 당신도 그걸 깨달았죠. 하지만 우리 둘 다 그 사실이 달갑지는 않았습니다. 나는 20점에 도달할 때마다 자유투를 일부러 놓쳐 당신이 따라잡을 시간을 주었습니다. 결국 이 게임을 내가 이길 것인지 결정해야 하는 순간이 왔습니다. 당신의 목덜미에는 땀방울이 반짝이고 있었습니다. 이유는 모르겠지만, 당신을 이길 때 마음이 좋지 않았습니다. 당신을 속상하게 하고 싶지 않았습니다. 당신을 이길 수 있다는 걸 아는 것, 혹은 그 사실을 받아들이는 것만으로도 내겐 충분했습니다. 점수가 어떻게 나오든 그 경기가 우리가 함께하는 마지막 게임이 될 거란 걸 우린 둘 다 알고 있었습니다. 왜냐하면 굳이 말로 하지 않아도, 당신이 지지 않는 것이 내가 이기는 것보다 훨씬 더 절실하다는 걸, 나도 당신도 알고 있었기 때문입니다. 당신은 마지막 슛을 성공시키고 기뻐하며 내 목을 끌어안았습니다.

"날 이기게 해줘서 고마워, 키. 나한텐 이게 정말 필요했어." 당신이 말했습니다. "그리고 오늘 상담소에서도 고생 많았어."

그때 나는 당신을 바라보며 우리 관계가 한 단계 더 나아갔다고 믿었습니다. 우리는 이제 설탕과 탄수화물 섭취를 줄이고, 운동을 더 많이 하기로 했지요. 그리고 앞으로 어떤 일이 닥치든, 우리는 함께 밖에 나가 별을 적어도 열 개 세면서 우리 세상의 모든 잘못된 것들이 옳게 될 때까지 함께 기다릴 거였습니다.

젖은

"키, 마지막으로 말한다." 다음날 아침, 당신이 말했습니다. 우리는 뷰라 보퍼드의 집 진입로에 차를 세워두고 그 안에 앉아 있었습니다. "어서 차에서 내려." 내가 왜 뷰라 보퍼드네 집에 가기 싫은지 당신에게 말할 수 없었습니다. 당신은 제시 잭슨의 대통령 선거 운동을 위해 선플라워 카운티에 가서 조직 활동과 조사를 해야 한다고, 몇 달 전 집에 도둑이 들어서 나를 집에 혼자 두고 싶지 않다고 말했습니다. 나는 당신이 거짓말하고 있다고, 맬러카이 헌터를 만나러 가는 걸 알고 있다고 말했습니다. "키에스 레이먼, 두 번 말할 생각 없어. 쓸데없는 소리 집어치우고 네 뚱뚱한 엉덩이 좀 차에서 빼라."

나는 차 밖으로 나와 팔짱을 끼고 배와 가슴을 가렸습니다. 당신은 이제껏 한 번도 나를 뚱뚱하다고 말한 적이 없었습니다.

당신이 나를 그렇게 보지 않는다고 생각했습니다.

"데리러 올 때까지 에세이를 완성해놓는 게 좋을 거야. 너랑 말씨름하는 거 지겨우니까." 당신이 말했습니다.

나는 지갑을 열어 당신의 낡은 운전면허증을 꺼내 차창 안으로 던졌습니다. 그러자 당신은 면허증을 다시 조수석 창밖으로 던지더니 차를 후진시켜 진입로를 빠져나갔습니다.

그 일요일, 레일라는 뷰라 보퍼드네 집으로 돌아오지 않았지만 대릴, 들레이니, 웨지는 그곳에 있었습니다. 나는 더기에게 내가 떠난 후 그 집에서 무슨 일이 있었는지 물었습니다. 그는 모두가 햄버거를 먹고, 40온스들이 맥주를 마시고, 마리화나를 피우며 놀다가 여자애들 몇 명이 왔다고 말했습니다. 더기 말로는 놀러 온 여자애들이 레일라보다 나이가 많았고, 그중 두 명은 레일라가 그랬듯 다른 큰 형들과 함께 대릴의 방으로 갔다고 했습니다.

그 일요일 오후 늦게, 나는 더기만 빼고 거의 모든 사람들이 수영장에 있는 것을 알아차렸습니다. 가끔 더기가 사라질 때면 모두에게 치즈버거를 만들어주러 가는 경우가 있었지만, 이번에는 꽤 오랫동안 돌아오지 않고 있었습니다. 그래서 나도 수영장에서 나왔습니다.

나는 더기의 방으로 갔습니다. 그곳에는 아무도 없었습니다.

복도 쪽 욕실에 가봤지만 거기에도 아무도 없었습니다. 그러다 그의 방에서 조금 떨어진 곳에서 대릴의 방문이 살짝 열려 있는 걸 보았습니다.

문에 가까이 다가가자 들레이니가 방 한가운데에 서 있었고, 축축하게 젖은 자주색 수영복이 종아리까지 내려와 있었습니다. 더기는 양손을 뒤로한 채 들레이니 앞에 무릎을 꿇고 있었습니다. 더기의 혀가 들레이니의 성기 끝을 핥고 있었습니다.

나와 눈을 마주치자마자 들레이니는 황급히 수영복을 올려 입었습니다. 더기는 손을 털고 피츠버그 스틸러스 셔츠에 문지르고는 고개를 숙인 채 내 옆을 지나갔습니다. 나는 돌아서서 복도를 걸어나가며 싸울 태세를 취하거나 바로 뷰라 보퍼드 집 밖으로 뛰쳐나갈 준비를 했습니다. 그러자 들레이니는 내 팔을 낚아채더니 거실에 앉아보라고 했습니다.

나는 뷰라 보퍼드의 피아노 앞 의자에 앉았고, 들레이니는 내 옆에 앉았습니다. 그는 내가 본 것을 아무에게도 말하지 않겠다고 약속하면 〈젓가락 행진곡〉을 가르쳐주겠다고 했습니다.

나는 허벅지 위에 두 주먹을 꼭 쥔 채 들레이니가 내 몸에 손을 대기만 하면 그를 죽일 거라고 마음먹고 있었습니다. 하지만 동시에 그가 나를 무릎 꿇리고, 손을 등뒤에 두게 하고, 그가 멈추라고 할 때까지 성기를 핥게 할까봐 두려웠습니다.

나는 피아노 건반을 바라보며 앉아 있었고, 들레이니는 〈젓가락 행진곡〉을 연주하며 그 곡을 어떻게 배웠는지 천천히 설명하고 있었습니다.

연주가 끝나자 들레이니는 자리에서 일어나 나를 한번 내려다봤습니다.

"아무한테도 말하지 마, 알았지?" 그가 말했습니다. "진지하게 말하는데, 난 그냥 그 애랑 장난쳤을 뿐이야. 그냥 노는 거였다고. 알겠어?"

할머니는 항상 누군가를 때리기 전엔 호주머니를 먼저 비우라고 가르쳤습니다. 그래서 나는 양쪽 호주머니에 손을 넣어 젖은 지갑을 꺼냈고, 당신의 운전면허증을 피아노 위에 탁 내려놓았습니다.

들레이니가 면허증을 내려다봤습니다. "이거 네 엄마 거야? 너네 엄마 우리 아빠랑 같이 일하잖아. 제발 네 엄마한테 아무 말도 하지 마. 네 엄마는 그냥 넘어가지 않을 거야. 아빠가 알면 난 개죽음이라구. 진짜야. 나랑 D는 원래 이렇게 장난쳐왔어. 진짜라구."

나는 들레이니를 따라 뷰라 보퍼드의 현관문을 나섰고, 그가 쫓기는 사람처럼 도로를 전력 질주하는 걸 지켜보았습니다. 그러다 그는 숨이 차는지 걸어가기 시작했고, 뒤돌아보며 나를 향해 총을 쏘는 흉내를 냈습니다.

몇 초 후, 들레이니는 시야에서 사라졌습니다.

나는 포석이 깔린 뷰라 보퍼드네 진입로에 주저앉았습니다.

그러고는 돌로 두꺼운 입술을 한 웃는 얼굴을 만들었습니다. 머리가 아팠습니다. 왜 들레이니가 〈젓가락 행진곡〉을 가르쳐주는 것으로 그 상황을 무마할 수 있다고 생각했는지 이해할 수 없었습니다. 그리고 왜 더기가 무릎을 꿇고 손을 등뒤로 깍지를 끼고 있었는지도 이해할 수 없었습니다. 왜 들레이니가 '기차 운행'을 하는 패거리의 일부가 된 것에 대해서는 행복해하면서도, 더기랑 한 짓을 내가 목격한 것에 대해서는 왜 그렇게 두려워하는지도 전혀 이해할 수 없었습니다. 그리고 형들이 더기와 레일라와는 단둘이 방에 있으려 하면서도 왜 나는 그냥 내버려두는지 이해할 수 없었습니다. 마음 한편으로는 그게 내가 뷰라 보퍼드의 집에서 가장 뚱뚱하고 가장 땀에 젖은 아이였기 때문이라는 걸 알고 있었습니다.

우리는 친구 집에서 밤을 보내거나 하루 종일 놀 수 있을 만한 나이가 된 뒤로, '숨어서 가져오기' 게임을 했습니다. 그것은 한 사람이 서른다섯까지 세면 다른 사람들은 보통 어두운 옷장이나 복도에 숨는 방식이었습니다. 이 게임을 할 때면 남자애들과 여자애들은 캄캄한 복도나 옷장 안에서 평소엔 결코 하지 않을 방식으로 서로를 만지곤 했습니다. 나는 누구를 만질 용기는 없었지만, 누군가에게 만져지고 싶은 두려움 없는 욕망은 있었습니다. 나는 나를 만지는 사람이 남자애든 여자애든 개의치 않았습니다. 누구든 부드럽게 나를 만져주는 것이 고마울 따름이었습니다.

그 무렵부터 여자들, 여자들의 몸, 여자들의 엉덩이, 여자들의 손길은 나를 특별하게 느끼게 만들었고, 남자들의 손길이나 엉덩이보다 더 섹시하고 아름답게 느껴졌습니다. 왜 그런지 몰랐고, 어떤 말로 표현해야 하는지도 몰랐습니다. 설령 그걸 설명할 단어를 찾았다고 해도 누가 내 말을 들어줄지 몰라 두려웠습니다. 나는 늘 당신이 내 이야기를 들어주길 바랐습니다. 내게 책을 읽고, 글을 쓰는 법을 가르쳐준 사람이 당신이었으니까요. 하지만 우리는 성과 몸, 쾌락과 고통, 다정한 손길과 엉덩이에 대해서는 단 한 번도 이야기를 나눈 적이 없습니다.

내 몸은 당신과 레나타에 대해 서로 다른 이야기를 하고 있었습니다. 레나타의 애무는 거칠었고, 당신의 손길은 부드러웠지만, 둘 다 나를 만질 때는 그게 사랑처럼 느껴졌습니다. 그러다 어느 순간부터는 죽음처럼 느껴졌지요. 레일라와 더기가 대릴의 방에 들어가면서 어떤 감정을 느꼈는지 나는 전혀 알 수 없었지만, 그들이 형들과 함께 있으면서 사랑이란 감정을 느꼈는지 궁금했습니다.

나라면 분명 그런 감정을 느꼈을 것입니다.

나는 삼십 분마다 뷰라 보퍼드의 집에 들어가 맬러카이 헌터의 집에 전화를 걸어 당신을 찾았습니다. 맬러카이 헌터의 전화번호를 결코 잊을 수 없다는 사실이 싫었고, 자동응답기에 남겨진 그의 메시지의 음절 하나하나를 머릿속에서 그려볼 수 있다는 사실도 싫었습니다.

"뉴 사우스의 알파와 오메가 부동산 중개인 맬러카이 헌터입니다. 지금은 전화를 받을 수 없습니다. 메시지를 남겨주시면 연락드리겠습니다. 감사합니다."

맬러카이 헌터가 가장 좋아하는 문장은 "망할 백인 놈들"로 시작하는 것이었습니다. 그는 망할 백인 놈들의 가장 큰 실패는 자신을 과대평가하고, "미시시피의 혁명적인 흑인 남성"의 결의를 과소평가한 것이라고 말했습니다. 맬러카이 헌터의 정치적 상상력 속에는 흑인 여성도, 백인 여성도, 멕시코 여성도 존재하지 않았습니다. 하지만 나는 맬러카이 헌터가 자신을 "미시시피의 혁명적인 흑인 남성"으로 여긴다는 것을 알고 있었습니다. "미시시피의 혁명적인 흑인 남성"이라는 것은 미시시피의 부유하고 급진적인 백인 남성처럼 행동하는 것이었지요. 나는 맬러카이 헌터가 어떤 사람인지 파악하는 데 필요한 거의 모든 것을 알고 있었습니다.

당신과 맬러카이 헌터는 미시시피 흑인들에 대한 정치적 상상력이 같지 않았습니다. 당신은 흑인들이 빈곤에서 벗어나고 백인들의 방치로부터 스스로를 보호할 수 있도록 조직하고 가르치며 풀뿌리 정치 운동을 하는 데 더 관심이 있었습니다. 반면 맬러카이 헌터는 오십이 되기 전에 남부 흑인의 부와 권력의 상징이 되는 것에 훨씬 더 마음이 있었습니다. 하지만 아이들에 있어서만큼은 당신과 맬러카이 헌터 둘 다 집요할 정도로 구원의 가치를 중요하게 여겼습니다. 당신들은 흑인 어린이들이 TV 프로그램을 보거나 음악을 듣거나, 폭력, 나체, 성적인 상황, 또는 욕설이 들어 있는 책을 읽어서는 안 된다고 생각했습니다. 그런 것들은 구원의 가치가 거의 없었기 때문이었지요.

나는 그게 항상 웃겼습니다.

"저, 키인데요." 나는 다시 한번 자동응답기에 대고 말했습니다. "저를 데리러 와주세요. 집에 가면 엄마가 때린다고 했잖아요. 그래서 뷰라 보퍼드네 진입로에서 기다리고 있어요. 제발요. 뷰라 보퍼드네 집에 있으면 두통이 생겨요. 여긴 정말 우울하게 만드는 곳이에요."

한 시간 후, 당신은 차를 몰고 나타났습니다. 내가 어디에 있든, 당신이 얼마나 늦었든, 우리가 서로에게 얼마나 화가 나 있었든, 그런 건 전혀 문제가 되지 않았습니다. 당신이 나를 데리러 온 순간만큼 좋은 건 세상에 없었습니다.

나는 차에 타면서 당신에게 "사랑해요"라고 말했습니다. 당신은 아무 말도 하지 않았습니다. "엄마 사랑해요." 나는 다시 한번 말했습니다. 당신의 오른쪽 뺨이 떨리고 있었습니다. "제가 남긴 메시지 못 들었어요?"

"안전벨트 매." 당신의 목소리는 내가 들어본 것 중 가장 힘없이 들렸습니다. 일주일 전부터 당신은 내게 안전벨트를 매라고 했었습니다. 나는 벨트를 매면서 당신의 뺨을 따라 흘러내리는 눈물을 보았습니다. 눈물 방울은 천천히 떨어지다가 당신의 얇은 윗입술을 빠르게 지나 검은 입가로 스며들었습니다. 당신이 내 성적에 대해 이야기할 때, 당신이 있지도 않은 돈 이야기를 지어낼 때, 아버지가 양육비를 보내지 않는 이유를 거짓말로 꾸며낼 때, 나는 당신이 우는 것을 본 적이 있습니다.

나는 핸들을 쥐고 있는 당신의 오른손에 나의 왼손을 포갰습니다. "왜 저를 보지 않는 거예요?" 당신은 비즐리와 행잉 모스 모퉁이의 정지 표지판 앞에 차를 세우더니 천천히 나를 바라보았습니다.

당신의 왼쪽 눈 흰자위는 피구름으로 가득차 있었습니다. 눈 주위의 갈색 피부는 검붉게 부어올라 평소보다 두 배는 부어 보였습니다. 마치 누군가가 당신의 눈꺼풀 아래에 자은 자두를 넣어놓은 것 같았습니다.

집에 도착하자마자 당신은 내가 뭘 하려는지 알아챘습니다. 당신은 나를 밀치며 재빨리 당신 방으로 들어갔습니다. 나는 당신이 베개 밑으로 손을 뻗는 걸 보았습니다. 거기엔 당신의 총이 있었지요. 만약 내가 먼저 그 총을 잡았다면, 당신도 내가 그것을 쏠 거라는 걸 짐작했을 겁니다.

나는 내 방으로 가지 않았습니다. 대신 얼음, 냅킨, 배잼 한

병, 숟가락, 그리고 정육칼을 가지고 당신에게 갔습니다.

"가만있어봐요, 진짜로." 나는 엄지손가락에 침을 묻혀 당신 얼굴에 말라붙은 피를 닦아냈습니다.

"'가만히 있어야 해요'라고 해. '가만있어봐요' 같은 말 쓰지 마."

"가만있어봐요." 내가 말했습니다. "가만있어봐요. 뷰라 보퍼 드네 집엔 틀림없이 벼룩이 있을 거예요. 거기 벼룩들은, 세상에서 제일 성질 나쁜 벼룩들일 거라고요. 맨날 내 머리통만 물어대니까요. 가만있어봐요."

당신은 웃음을 터뜨리며 보다 차분하고 정돈된 말투를 쓰라고 말했습니다. 나는 당신의 웃음이 멈추지 않기를 바랐습니다. "키, 배잼은 안 먹을래. 지금은 괜찮아." 당신이 말했습니다.

"어째서요?"

"너무 달아."

당신이 내 목을 감싸안았을 때, 나는 당신의 모든 무게를 느꼈습니다. "나를 꼭 안아줘, 키." 당신이 우리의 침대에서 말했습니다. "넌 내 가장 친한 친구야." 퉁퉁 붓고 번들거리는 얼굴 쪽으로 이불을 끌어당긴 당신이 잠들기 직전 말했습니다. "미안해. 이 모든 일을 겪게 해서."

"엄마도 내 가장 친한 친구예요. 세상에서 둘도 없는 친구요." 내가 말했습니다.

나는 당신 곁에 누워 있으면서 처음으로 당신이 나를 가장 친한 친구라고 불렀던 순간을 기억했습니다. 당신이 내 뺨에 입을 맞춘 건 나를 사랑하기 때문이고, 당신을 더 꼭 껴안아달라고 한 것도 나를 사랑해서라는 걸 나는 알고 있었습니다. 당신은 너무나 부드러웠습니다. 1년이 넘는 시간 동안 우리는 내 방이나 당신의 방에서 아침을 그렇게 보냈습니다. 그러다 당신은 맬러카이 헌터를 만났습니다. 몇 주 뒤, 당신은 내가 말대꾸를 하거나 성적이 뛰어나지 않다는 이유로 때리기 시작했습니다. 가끔은 내 머리를 내리쳤고, 손등을 때렸고, 또 가끔은 벨트, 신발, 주먹, 옷걸이로 입을 있는 힘껏 가격했습니다.

당신은 내 옷을 모두 벗기고, 우리가 함께 자던 침대에 엎드리게 했습니다. 그렇게 소리질렀던 적은 없었던 것 같습니다. 당신은 내가 저항하지 못하도록 얼굴을 침대에 파묻게 했습니다. 매 맞는 건 물론 아팠지만, 아홉 살짜리의 벌거벗은 뚱뚱하고 검은 몸을 보면서도 그토록 세게 나를 때릴 수 있는 당신의 존재 자체가 훨씬 더 아팠습니다. 살이 찢어지는 고통이 생각보다 덜하게 느껴졌던 건, 어쩌면 당신이 정말로 나를 아프게 하려는 게 아니란 걸 알았기 때문일 겁니다. 가끔 당신은 나를 사랑하는 사람처럼 다정하게 만지기도 했으니까요. 차라리 하나만 선택해주기를 바랐습니다. 하루에 열 번씩 나를 때려도 좋으니 그거 하나만이라도.

그랬다면 모든 것이 훨씬 덜 혼란스러웠겠지요.

맬러카이 헌터가 그의 볼보를 몰고 우리집 진입로에 나타났을 때, 당신은 아직 코를 골며 잠들어 있었습니다. 그날 밤 당신을 아프게 한 미시시피의 혁명적인 흑인 남자를 내가 죽이려 했을 때, 당신은 깨어났습니다.

두 시간 후, 당신과 맬러카이 헌터는 와인 한 잔을 들고 당신의 침실로 들어갔습니다. 나는 내 방에서 벽 사이를 오가는 긴 꼬리쥐들의 발소리, 창밖을 스쳐가는 젖은 타이어 소리와 조니 카슨*이 콧소리를 내며 혼잣말하는 소리도 들었습니다. 하지만 정작 듣고 싶었던 목소리, 아침에 눈을 떴을 때 가장 먼저 듣고 싶고, 잠들기 전에 마지막으로 듣고 싶었던 당신의 목소리는 들을 수 없었습니다.

나는 방문을 열고 나와 복도를 따라 몇 걸음 걸었습니다. 잠긴 문 너머에서 맬러카이 헌터는 당신의 얼굴을 때려서 미안하다고 했습니다. 당신을 피투성이로 만들어서 미안하다고 했습니다. 당신의 아들에게 주먹을 휘두른 걸 사과했습니다. 진실을 알고 싶어한 당신에게 벌을 준 걸 사과했습니다. 당신은 맬러카이 헌터에게 딸을 갖고 싶었다고 했습니다. 그리고 도망가서 미안하

---

*20세기 후반 미국을 대표하는 심야 토크쇼 진행자.

다고 했습니다.

나는 방으로 돌아왔고, 곧 당신의 방문이 열렸다가 다시 잠기는 소리를 들었습니다.

당신의 침대에서 나는 삐거덕 소리가 점점 더 크게 들렸습니다. 나는 무릎을 꿇고 미시시피의 혁명적인 흑인 남자의 무게에 눌려 있는 당신이 울부짖는 소리를 듣지 않게 해달라고 하느님께 기도했습니다.

나는 내 몸을 증오했습니다.

부엌으로 가서 가장 큰 숟가락을 집어들었습니다. 그러고는 할머니가 주신 땅콩버터와 배잼 중간쯤에 숟가락을 넣었습니다. 부엌에서도 당신이 울부짖는 소리가 들렸습니다. 배잼이 잔뜩 묻은 숟가락을 입에 물었습니다. 또다시, 그리고 또다시 나는 반복했습니다. 땅콩버터 한 병을 다 비울 때까지 같은 짓을 반복했습니다.

그런데도 당신의 울부짖음은 멈추지 않았습니다. 나는 내 몸을 증오했습니다.

부엌을 나오기 전, 메이슨 병에 담긴 박스 와인을 단숨에 들이켰습니다. 달아나고 싶은 그 소리의 형태를 기억하지 못하게 될 때까지요. 당신이 내준 패니 루 해머에 관한 보고서를 마무리해야 할 때, 나는 무겁고 검은 열두 살짜리의 몸이 겪은 긴급한 사건에 대해 썼습니다. 너무 슬펐고, 너무 취했고, 너무 겁이 나서 그게 정확히 무엇인지 알아차릴 수도 없었습니다.

　다음날 이른 아침, 나는 첫 몽정을 했습니다. 당신에게 말하고 싶지 않았습니다. 당신과 맬러카이 헌터가 함께 있는 동안 내 몸이 어떤 짓을 했는지 말하면, 당신이 "왜?"라고 물을 게 분명했으니까요. 나는 당신이 다시는 나를 만지지 않기를 바랐습니다. 그럼에도 불구하고 나는 당신에게 거짓말을 하고 싶지 않았습니다. 당신에게 거짓말을 하는 건 속이는 일이었고, 속이는 건 나의 가장 친한 친구에게 결코 하고 싶지 않은 일이었기 때문입니다.

그 자리에 있기

여름이 시작되고 몇 주 후, 당신은 나에게 열까지 세라고 하거나 설탕과 단순 탄수화물을 줄이라고 한 것이 우리 둘 다에게 효과가 없자, 나를 미시시피주 포레스트에 있는 할머니 댁에 며칠 동안 맡겼습니다. 나는 할머니를 정말 좋아했지만, 금요일이 아닌 날에 할머니 집에 가는 건 별로였습니다. 매주 금요일, 할머니는 내가 〈듀크스 오브 해저드〉*를 볼 수 있게 해주었는데, 당신은 그 프로그램에 대해 이렇게 말했습니다. "우리가 사는 세상보다 더 인종차별적인 세계를 배경으로 하는구나. 두 명의 백인 마약상이 가석방을 계속 위반하고 경찰을 조롱하면서 남부연합기가

---

* 1979년부터 1985년까지 방영된 미국의 인기 TV 드라마. 미국 남부의 가상 지역인 해저드 카운티를 배경으로 보 듀크와 루크 듀크 형제가 벌이는 모험을 그렸다.

그려진 제너럴 리*라고 불리는 빨간색 닷지 차저를 몰고 다녀도 절대 감옥에 가지 않는 세상 말이다."

할머니와 함께 머물게 된 그 금요일 밤, 나는 할머니에게 우리 같은 흑인들도 보와 루크 듀크처럼 경찰을 피해 도망칠 수 있느냐고 물었습니다.

"아니, 말도 안 되지." 할머니는 내가 다 말하기도 전에 단호하게 대답했습니다. "절대로 그럴 수 없어. 그런 짓은 꿈도 꾸지 마라, 키."

〈듀크스 오브 해저드〉에는 가끔 흑인들이 등장하곤 했습니다. 그때마다 할머니와 할머니의 흑인 남자친구 오파 디는 텔레비전에 바짝 다가앉아, 마치 조지타운 호야스나 잭슨주립대의 농구 경기를 보듯이, 또는 〈휠 오브 포춘〉**에 흑인 참가자가 나올 때처럼 열렬히 응원했습니다.

포레스트에 사는 대부분의 흑인 여자들처럼 할머니도 여러 가지 부업을 하고 있었습니다. 닭 가공 공장에서 일하는 것 외에도 텃밭에서 기른 야채를 팔았고, 매주 토요일 저녁에는 튀긴 생선, 파운드 케이크, 고구마 파이를 만들어 팔았습니다. 하지만

---

* 미국 남북전쟁 당시 남부연합군의 최고사령관이었던 로버트 E. 리 장군을 가리키는 표현.

** 미국의 유명한 TV 퀴즈 프로그램. 참가들이 회전하는 휠을 돌려 상금을 획득하고 단어 퍼즐을 푸는 형식으로 진행된다.

할머니의 가장 중요한 부업은 한 백인 가정, 멈포드 가족의 빨래를 하고, 다림질을 하고, 설거지를 해주는 일이었습니다.

그 주 일요일, 교회에 다녀온 후 멈포드 집으로 가는 길에 나는 바지가 너무 꽉 끼어서 숨을 쉬려면 지퍼를 내려야 한다고 불평했습니다. 할머니는 한참을 깔깔 웃더니, 오래 걸리지 않을 거라고 말했습니다. 나는 늘 할머니 집의 빨래통에서 멈포드 가족의 더러운 옷을 보았고, 빨랫줄에 걸린 그들의 깨끗한 옷도 보았습니다.

나는 그들의 옷이 정말 싫었습니다.

멈포드 가족은 35번 고속도로 근처에 살고 있었습니다. 나는 포레스트에서 35번 고속도로 근처에 있는 집들만 마치 〈리브 잇 투 비버〉 〈후스 더 보스〉 〈미스터 벨베디어〉에 나오는 저택들과 비슷하게 생겼다는 사실이 놀라웠습니다. 부자 백인들의 집안을 상상할 때마다, 나는 그들이 잠든 사이에 몰래 그 집에 들어가 그들의 음식을 전부 훔쳐 먹는 상상을 했습니다. 손바닥 가득 크런치 앤 먼치를 집어 먹고, 32온스짜리 컵에 이름 있는 브랜드의 진저에일을 가득 채운 뒤, 은색 냉장고에서 쏟아져나오는 얼음을 가득 넣는 겁니다. 그 다음엔 빈 컵과 크런치 앤 먼치 부스러기들을 일부러 카운터 위에 남겨두는 겁니다. 그렇게 백인들이 내가 다녀간 걸 알게 하고, 내가 떠난 뒤 그들이 직접 치우게 만들고 싶었습니다.

할머니는 시동을 건 채로 차 키를 꽂아둔 뒤, 나에게 20분 정도만 기다리라고 했습니다. 그리고 또 당부하셨지요. "키, 개망나니 멈포드네 아들이 나오더라도 아무 말 하지 말 거라. 그 애는 버르장머리가 없는 놈이야. 내 말 알겠지? 진짜 다급한 상황이 아니면 절대 차에서 내리지 마라."

나는 고개를 끄덕이며 할머니의 차 앞좌석에 몸을 쭉 뻗고 누웠습니다. 그런데 할머니가 그 집에 들어가자마자 한 소년이 문을 열고 나왔습니다. 그 애는 비스티 보이즈의 마이크 D를 닮은 아홉 살짜리로 보였습니다. 뼈가 다 드러날 정도로 말라깽이였고, 할머니가 "짠하다"고 말한 그대로였습니다. 할머니는 돈이 많지 않았지만, 17평짜리 작은 집 내부만큼은 늘 락스로 닦은 듯 깨끗했습니다. 하지만 겉은 낡고 허름해서 바퀴벌레가 기어 다닐 것만 같았지요. 나는 항상 궁금했습니다. 왜 할머니는 우리보다 더 형편이 어려운 사람들에겐 "짠하다"고 하지 않을까. 할머니는 그들을 "오줌 쌀 냄비도 없는 사람들" "돈 사정이 영 좋지 않은 사람들" "주머니에 땡전 한푼 없는 사람들"이라고 표현했습니다. 하지만 사람들 몸을 말할 때를 제외하고는 "짠하다"라는 말을 절대 쓰지 않았습니다.

그 짠한 백인 아이가 노크도 없이 갑자기 할머니의 차 운전석 쪽 문을 열었습니다.

"네가 리노 손자야?" 그 애가 물었습니다.

"리노가 누군데?"

"너 리노 알잖아. 우리집 청소하는 늙은 흑인 아줌마."

나는 이 짠한 백인 아이를 처음 봤지만, 그가 입고 있는 반짝이는 회색 잼스 수영 반바지, 두 줄 무늬가 있는 긴 양말, 그리고 회색 루크 스카이워커 티셔츠는 이미 본 적이 있었습니다. 우리 빨래 바구니 안에서도 봤고, 빨랫줄에 걸려 있는 것도 봤습니다. 내가 이 짠한 백인 아이보다 그의 옷을 먼저 알게 되었다는 사실이 기분 나빴습니다. 그리고 이 짠한 백인 아이가 우리 할머니를 "리노, 우리집 청소하는 늙은 흑인 아줌마"라고 부르는 게 너무 싫었습니다.

나는 차에서 내려 호주머니에 손을 집어넣고 있었습니다. "그래서 네가 리노 아줌마 손자야? 잭슨에서 왔다는." 그 아이가 물었습니다.

내가 뭐라 대답하기도 전에, 멈포드라는 그 애는 자기네 집에는 못 들어가지만 뒷마당에서 놀 수 있다고 말했습니다. 나는 잭슨에서 항상 "괜찮아"라는 말을 자주 했는데, 그날처럼 진심으로 그 말을 한 적은 없었던 것 같습니다. 그렇게 느끼던 참에, 나는 멈포드네 차고 크기를 보고는 왼쪽 구석에 열린 작은 문을 발견했습니다. 그 방 쪽으로 걸어가니 세탁기, 건조기, 그리고 바닥에 체중계가 보였습니다.

"이 방을 뭐라고 불러?" 내가 물었습니다.

"우리 세탁실이야." 아이가 대답했습니다. "근데 너네 잭슨 사람들은 왜 총질을 하는 거야? 그거 좀 물어봐도 돼?"

나는 그 짠한 백인 아이의 질문을 무시했습니다. 할머니 집에는 세탁기가 부엌에 있었고, 건조기는 없어서 모든 빨래를 빨랫줄에 널었습니다. "근데 여기에 체중계는 왜 있는 거야?"

"우리 할부지가 여기서 몸무게 재는 걸 좋아해."

"저 세탁기, 작동되는 거야?"

"잘돼. 새것처럼 멀쩡해."

"건조기도?" 나는 새 다리미판 위에 놓인 선반에 걸려 있는 다리미 두 개를 보았습니다. 내가 무슨 말을 하려는지 스스로도 알 수 없었습니다. 그래서 한쪽 모퉁이에 있는 체중계 위에 올라갔습니다. "이거, 정확해?"

"나한테 묻지 마. 난 이걸 써본 적 없어. 우리 할부지 거라고 말했잖아." 아이가 말했습니다.

나는 할머니의 차로 걸어가서 운전석에 앉았습니다. 그러곤 문을 잠갔습니다. 한 손으로 운전대를 움켜쥐고, 다른 손으로는 무릎을 꼭 쥐었던 것 같습니다. 나는 생각했습니다. 열두 살짜리의 몸무게가 98.8킬로그램이면 얼마나 뚱뚱한 걸까.

내가 차에 탄 지 1분도 채 안 돼서 멈포드네 아들이 밖으로 나왔습니다. 녀석은 또다시 노크도 없이 운전석 문을 덜컥 열려고 했습니다.

"들어와서 나랑 놀자, 잭슨." 그 애가 말했습니다.

"싫어. 난 여기 있을래." 나는 창문을 내리며 말했습니다.

"우리집 뒷마당에서 다람쥐 머리에다가 공기총 쏴볼래?"

"아니." 나는 대답했습니다. "우리 엄마는 총으로 다람쥐 머리를 맞추는 걸 못하게 해서. 난 괜찮아."

"근데 너희 잭슨 사람들은 총만 쏘잖아."

나는 할머니의 차 안에서 가슴속이 썩어가는 듯한 기분을 느끼며 몇 초 동안 앉아 있었습니다. 그러다 할머니가 빨래 바구니를 들고 집에서 나오는 걸 보았습니다. 바구니 위에는 봉투가 놓여 있었습니다. 내가 멈포드네 아이가 한 말을 할머니에게 전하자, 할머니는 그 집 사람들과 엮이지 말라고 했습니다.

"너, 네가 지금 누구랑 얽히고 있는지 알기나 하냐?" 할머니가 말했습니다. "저런 백인들은 우리를 감옥도 아닌, 감옥 밑에라도 처넣을 인간들이야, 기."

나는 집으로 가는 동안 할머니를 계속 바라보았습니다. 멈포드 집엔 우리집 세탁기보다 더 좋은 세탁기가 있고, 건조기도 멀쩡히 작동하는데 할머니가 왜 그 집의 더러운 빨래를 빨고, 말리고, 다리고, 개어야 하는지 물어보고 싶었습니다. 주말에 백인들 빨래해주는 것보다 더 나은 일거리가 없었는지도 묻고 싶었습니다. 하지만 집에 도착하기 전까지, 나는 아무 말도 하지 않았습니다. 그저 할머니의 얼굴을 바라보았을 뿐입니다. 그날 처음으로 할머니의 깊어진 주름을 보았습니다.

할머니의 주름을 오그라뜨려 아래로 쭉 내리고 싶었습니다.

그날 나는 깨달았습니다. 왜 당신과 할머니가 그렇게까지 흑인들의 승리를 갈망했는지를. 할머니에게 그 승리는 개인적인 것이었고, 당신에게는 정치적인 것이었다는 것을. 당신과 할머니가 내게 가르쳐준 사실은 두 가지였습니다. 하나는 백인들은 우리가 굳이 이기지 않아도 얼마든지 벌을 줄 수 있다는 것, 다른하나는 중요한 건 그들이 바라는 방식으로 절대 지지 않는 것이었습니다.

나는 계속해서 멈포드네 집에 들어가서 그들의 음식을 전부 훔쳐 왔으면 좋았을 텐데 하고 바랐습니다. 그들의 음식을 훔치는 것만이 이 속이 썩어가는 듯한 기분을 없앨 수 있는 유일한 방법처럼 느껴졌습니다. 집으로 가기 전, 할머니는 멈포드네서 받은 봉투에 엄마의 이름과 주소를 적고는 시내 우체통에 넣었습니다.

"할머니, 저 백인들은 할머니 이름이 캐서린인 거 알아요? 아니면 그냥 리노라고 생각하고 있는 거예요?" 올드 모튼 로드로 돌아가면서 내가 물었습니다.

"난 내 이름을 알고 있지. 내가 매주 그 백인들에게 얼마를 받는지도 알고." 할머니가 대답했습니다.

"할머니는 멈포드네 집에 있을 때 그 사람들한테 진실을 말해요?"

"아이고, 안 하는 게 상책이지."

"그럼 그들한테 무슨 말을 하는데요?"

"그놈들 돈 받아서 가족 먹여살릴 만큼의 말만 하는 거지."

"근데 할머니, 그 사람들 음식을 훔치고 싶진 않아요?"

"키, 그런 소리 말아라. 그 사람들은 항시 나를 시험하고 있어. 내가 그 집 물건을 하나라도 훔치면 우린 아무것도 가질 수가 없게 돼. 알겠냐? 아무것도. 잘 들어. 절대로 백인들한테서 아무것도 훔치지 마라. 절대로. 안 그럼 너도 언젠가 그놈들이랑 같이 지옥에 떨어질 테니."

할머니의 세계에서 대부분의 백인들은 지옥에 갈 예정이었습니다. 그들이 백인이라서가 아니라 성경의 내용을 따르지 않는 가짜 기독교인들이기 때문이었습니다. 할머니는 백인들이 지옥으로 향하는 것을 막을 수 있는 방법이 딱 두 가지뿐이라고 믿고 있었습니다. 적절한 양의 하느님을 믿는 것과 콘코드 침례 교회에서 즉시 세례를 받는 것. 나는 지옥이나 악마를 이해하지 못했지만 콘코드 침례 교회가 어떤 의미인지는 알고 있었습니다.

그리고 나는 그 모든 것을 싫어했습니다.

주일 학교에 갈 때 입는 바지는 너무 꽉 끼어서 항상 바짓단이 올라가 있었습니다. 셔츠는 목을 졸라 질식할 것만 같았고, 클립 온 넥타이는 불편하게 느껴졌습니다. 기온이 어떻든 간에 할머니는 늘 나에게 폴리에스터 조끼를 입혔습니다. 내 발은 너무 빨리 자라서 새로 산 신발이 한 번도 제대로 맞은 적이 없었습니다. 게다가 할머니는 내가 페니로퍼 신발에 10센트나 5센트 동전을 넣는 것을 못하게 했는데, 그건 건방진 남자애들이나 하는 짓이라는 것이었습니다.

나는 콘코드 침례교회의 흑인 할머니들이 나 같은 뚱뚱한 흑인 아이에게 관심을 가져주는 것이 정말 좋았습니다. 그분들은 내 뚱뚱함을 흉보지 않고 오히려 멋지다고 칭찬해주는, 지구상에서 유일한 분들이었지요. 나는 마치 그들에게 추파를 받는 기분이었고, 대부분의 뚱뚱한 흑인 소년들이 그렇듯이 나도 누군가의 관심을 받으면 금방 사랑에 빠졌습니다. 나는 오르간의 휘어지는 음색을, 포도 주스의 쌉싸름한 뒷맛을, 습기 가득한 공기 속에서 부채질하는 손길을, 누군가 성령을 체험하는 순간을 기다리는 긴장감을, 그리고 글을 잘 못 읽는 머리 큰 꼬마가 신도들 앞에서 억지로 기도문을 읽을 때 터져나오는 "하느님, 자비를 베푸소서"라는 박수 소리를 좋아했습니다.

하지만 교회의 일부를 그렇게 좋아하면서도, 아무리 노력해도 강단에서 전해지는 거룩한 말씀을 좋아할 수는 없었습니다. 그 말씀을 전하는 목소리는 지나치게 능청스럽고 확신에 차 있어서 도무지 믿을 수가 없었습니다. 콘코드 교회에서 말씀을 전하는 것은 늘 목사나 집사, 혹은 할머니와 그녀의 친구들을 자기들보다 더 잘 안다고 여기는 방문 목사님들이었습니다.

교회의 나이 많은 흑인 여성들이 회중의 대부분을 차지했지만, 그들의 목소리가 들리는 순간은 찬송을 부를 때, 설교에 감탄하며 "아멘"을 외칠 때, 혹은 교회 소식을 전할 때뿐이었습니다. 할머니와 다른 여성들은 반짝이지만 속이 빈 설교에 "아멘"과 "그렇습니다"를 반복했지만, 나는 늘 맨 끝자리에 앉아 이를 딱딱거리며 끔찍한 더위에 지쳐 있었고, 지루함에 몸부림쳤습니다. 그리고 무엇보다도 할머니와 그녀의 친구들이 그 한심한 설교자들에게 "닥치고 어디 가서 좀 앉으세요"라고 말하지 않는 것이 몹시 답답했습니다.

내가 교회를 싫어했던 이유는, 교회가 어떤 곳이 될 수도 있다는 사실을 알았기 때문입니다. 격주 수요일마다 교회의 나이 많은 여성들은 '가정 예배 모임'을 가졌습니다. 그들은 번갈아가며 서로의 집에서 모였고, 가장 맛있는 음식을 가져왔으며, 성경과 노트, 그리고 자신의 삶의 이야기를 함께 나누었습니다. 가정 예배에는 반주 음악이 없었지만, 할머니와 그녀의 친구들은 자신의 삶을 텍스트삼아 노래하고, 증언하며, 비판했습니다. 그리고 결국에는 언제나 눈물어린 침묵에 이르렀습니다.

나는 지옥이라는 개념을 이해하지 못했습니다. 아마도 미시시피의 8월보다 더 뜨거운 곳이 존재한다고 믿을 수 없었기 때문일 것입니다. 하지만 '좋은 기분'이 무엇인지는 알았습니다. 그리고 콘코드 침례교회에서는 한 번도 그 좋은 기분을 느낀 적이 없었습니다. 오직 할머니와 그녀의 친구들이 가정 예배에서 서로를 사랑하는 모습을 지켜볼 때만, 나는 정말 좋은 기분을 느낄 수 있었습니다.

집에 도착하자 할머니는 나에게 더러운 빨래 바구니를 세탁기 옆에 놓으라고 했습니다. 나는 바구니를 든 채 세탁기 앞에서 멈추지 않고 그대로 부엌으로 들어갔습니다. 그러고는 냉장고와 오븐 사이 바닥에 조용히 내려놓았습니다.

나는 할머니가 오고 있는지 둘러본 뒤, 페니로퍼를 신은 두 발을 그대로 멈포드네 바구니 깊숙이 넣고 농구나 미식축구 연습을 시작할 때처럼 '빠른 발' 동작을 했습니다. "여기 네 총이 있다, 백인 깜둥이 놈아.*" 나는 그렇게 중얼거리며 가능한 한 세게, 또 빠르게 백인들의 옷을 짓이기며 발을 굴렀습니다. "너희는 아무것도 몰라. 네 총이 여기 있다고, 이 백인 깜둥이 놈아."

나는 멈포드네 옷을 밟으며 삼십 초쯤 '빠른 발' 동작을 하고 있었는데, 갑자기 할머니가 나타나서 파란 가죽 벨트로 내 다리

---

* "백인 깜둥이 놈아(white nigger)"라는 표현은 복합적인 의미가 있는데, 여기서는 백인이지만 사회적으로 멸시받거나 흑인과 같은 취급을 받는 사람을 비하하는 말로 쓰인다. 키에스는 이를 의도적으로 사용함으로써, 백인이 자신들을 억압하는 방식을 거꾸로 비틀어 되돌려주려는 심리를 드러내고 있다.

를 때렸습니다. 그러나 그 작은 가죽 벨트의 채찍질은 나를 제지하지 못했습니다. 나는 여전히 미친 듯이 '빠른 발' 동작을 계속했습니다.

"키" 할머니가 말했습니다. "내 부엌에서 지랄 발광(starnated)하는 바보처럼 굴지 말고 어서 나오거라."

나는 결국 동작을 멈추고 매를 맞았습니다. 그러고 나서 할머니가 방금 한 말이 "별처럼 빛나는(star-nated)"인지 "완전히 미친(stark naked)"의 의미인지 물었습니다. 나는 할머니에게 '별처럼 빛나는 바보'가 되는 게 더 낫다고 했습니다. 왜냐하면 나는 별을 사랑하지만, '별처럼 빛나는(star-nated)'이라는 단어가 있을 리 없다고 생각했기 때문이었죠.* 할머니와 나는 단어에 대해 이야기하는 것을 좋아했습니다. 할머니는 내가 알던 누구보다도 사전에 없는 단어를 만들어내고, 구부리고, 깨뜨리고, 나시 조합하는 네 뛰어난 사람이었습니다. 나는 할머니에게 오늘 멈포드네 아이가 나에게 한 짓을 돌려주려면 어떤 단어를 써

---

* 미국의 딥사우스, 특히 미시시피 출신인 흑인 소년 키에스의 할머니는 그 지역 특유의 발음과 억양을 지닌 구어체를 사용한다. 할머니는 '완전히 벌거벗은'을 뜻하는 표현인 "stark naked"를 "starnated"라고 발음한다. 여기서 "stark naked"는 말 그대로 '완전히 벌거벗은'을 의미하지만, 할머니가 사용한 맥락에서는 '완전히 미친' 또는 '발광(發狂)하는'이라는 은유적인 표현으로 사용되었다. 할머니의 "starnated"는 실제로는 의미가 없는 단어이지만, 키에스는 할머니가 마치 "star-nated"라고 발음한 것처럼 듣고, 그 표현에서 아름답게 빛나는 별을 떠올리며 자신은 별을 좋아한다고 말한다.

야 하는지 물었습니다.

"키, 굳이 새 단어를 만들 필요는 없단다. 그건 그냥, 오늘 네가 본 그 아이는 짠한 '백인' 족속일 뿐이야. 네가 백인처럼 똑같이 상대할 필요는 없지. 난 그저 그 백인들이 안쓰럽다."

나는 할머니를 바라보며 그때 나 자신이 검둥이가 된 기분을 느꼈다고 말했습니다. 그리고 그 순간 화가 치밀어올라 심장도 폐도 콩팥도 뇌도 전부 녹아서 발톱 끝으로 뚝뚝 흘러내리는 것 같았다고 털어놓았습니다.

"그건 백인들이 주는 감정을 네가 느끼느냐 마느냐의 문제지." 할머니가 말했습니다. "그 사람들에게 감정을 똑같이 돌려주는 게 중요한 게 아니라, 네가 그들이 원하듯 느끼지 않는 게 중요해. 내 말 알아듣겠냐 네가 어디서 왔는지를 기억하고, 그 사람들은 잊어버려라." 그러곤 할머니는 갑자기 웃음을 터트렸습니다. "그나저나 아까 그 사람들 옷에다가 한 짓이 뭐냐?"

"아, 운동 연습할 때 하는 건데, '빠른 발'이라고 불러요." 나는 다시 그 동작을 해 보였습니다.

"백인들 옷에다가 '발들' 빠르게 움직이기를 한 거냐?"

순간 나도 모르게 웃음이 터졌습니다. "발들이 아니고요, 할머니. '빠른 발'이요. 발은 이미 복수형이라서요.*"

---

* 할머니는 틀린 문법을 자주 사용하는데, 여기서도 복수형인 '발(feet)'을 '발들(feets)'이라고 잘못 말하고 있다. 작가는 할머니가 완벽한 문법을 사용하지는 않

"빠른 발들?" 할머니는 다시 한번 말하더니 의자에서 거의 굴러떨어질 듯 웃음을 터뜨렸습니다. "그럼 빠른 족발들인가?"

"할머니, 저는 진짜 백인들 옷이 싫어요. 진심으로요." 나는 웃으며 할머니의 의자 옆 바닥에 앉았습니다.

"나도 안다." 할머니가 웃음을 멈추고 말했습니다. "나도 백인들이나 그 사람들 옷이 달갑지는 않지만, 그 더러운 옷들을 빤 덕에 우리가 먹고살았고, 네 엄마랑 자식들을 학교에 보낼 수도 있었지. 나는 아주 오랫동안 백인들 옷을 빨았잖냐. 근데 한 번도 세수 수건을 본 적이 없어."

"할머니, 무슨 말이에요?"

"말 그대로지. 백인들은 세수 수건을 안 쓰더라고." 나는 할머니가 눈을 깜빡이거나 장난스럽게 미소를 짓거나 살짝 눈을 굴리기를 기다렸지만, 아무 반응도 없었습니다. "그리고 네가 오늘 만난 그 짠한 애가 한번은 나한테 와서 세수 수건을 이렇게 쓰는지 물어보더구나. 그래서 녀석한테 말했지. '네가 그걸 엉덩이에서 얼굴로 가져간다면, 그건 너랑 하느님 사이의 문제다.' 근데 그놈은 내가 농담하는 줄 알고 그냥 서서 헤실거리기만 하더라고. 나는 심장마비가 올 것처럼 진지하게 이야기했는데 말이다."

나는 웃다가 숨이 넘어갈 뻔했습니다. 그러자 할머니가 말했

지만, 단어들을 쪼개고, 부수고, 구부려서 새로운 의미를 가진 표현들을 만들어 내는 창의성과 독창성이 그의 삶과 글쓰기에 큰 영향을 주었음을 고백한다.

습니다. "오늘 네가 매를 맞은 건 부엌에서 소란을 피웠기 때문이지, 그 사람들 옷을 망가뜨려서가 아니야. 나는 백인들 부엌에서 몇 시간씩 일하며 살았어. 그래서 집에 오면, 내 부엌만큼은 내 아이들이 존중해주길 원했단다."

나는 할머니에게 왜 내가 '빠른 발' 동작을 할 때 머리나 목, 등이 아니라 다리를 때렸는지 물었습니다. "너를 다치게 하지 않으려고 그런 거지. 나는 네가 제대로 행동하기를 바라지, 절대 다치게 하려는 것이 아니니까." 할머니가 대답했습니다.

할머니는 자리에서 일어나 나보고 따라오라고 했습니다. 우리는 할머니의 텃밭으로 나갔습니다. 거기서 흰 강낭콩, 완두콩, 채소, 녹색 토마토, 그리고 노란 호박을 땄습니다.

"키, 내가 왜 이 텃밭을 좋아하는지 아나?"

"백인들한테 의존해서 먹고살지 않아도 되니까요?"

"아이고, 얘야." 할머니는 현관으로 걸어가며 말했습니다. "내 집에 있을 땐 그 사람들 같은 거 신경도 안 쓴단다. 난 우리가 먹는 음식이 어디서 왔고, 무슨 과정을 거쳐왔는지 직접 아는 게 좋은 거야. 무슨 말인지 알겠니?"

"네, 알 것 같아요." 나는 대답하며 할머니와 함께 현관에 앉아 콩껍질을 벗기며 '빠른 발'에 대해 더 이야기를 나눴습니다. 내 다리 사이에는 완두콩이 담긴 양동이가 놓여 있었습니다. 그때 할머니가 일어나더니 내 양동이를 가랑이 사이에 두고 섰습니다.

"키, 나처럼 껍질을 까보렴." 할머니가 말했습니다. 나는 할머니의 손놀림을 올려다보았습니다. 그러다 할머니가 내 얼굴에 손을 뻗자, 나는 본능적으로 뒤로 물러섰습니다. 할머니가 말했습니다. "이 할미가 널 때리려고 하는 게 아닌데, 왜 그렇게 놀라는 거냐?"

나는 뭐라 대답해야 할지 몰랐습니다.

할머니는 내 다리 사이에 놓여 있던 양동이를 들어 부엌으로 가져갔습니다. 나는 그 자리에 앉아 내 손을 바라보았습니다. 손이 떨리고 있었습니다. 땀이 허벅지 사이로 흘러내렸습니다. 내 몸은 어제 무슨 일이 있었는지를 기억하고 있었고, 이상하게도 내일 무슨 일이 일어날지도 알고 있는 듯했습니다.

저녁 식사 자리에서 할머니는 내 다리를 때린 것에 대해 다시한번 사과했습니다. 그리고 그날 밤, 내가 시편에 관한 글을 쓸때, 우리가 평소에 말하는 방식 그대로 써도 괜찮다고 말했습니다. 할머니는 매일 밤 나에게 글을 쓰도록 했는데, 당신과 달리할머니가 내는 숙제는 언제나 성경에 대한 것이었습니다.

그날 밤, 나는 이렇게 적었습니다.

"할머니, 제가 시편에 대해 써야 한다는 걸 알아요. 하지만 괜찮다면, 제 머리를 아프게 만드는 어떤 비밀들에 대해 이야기하고 싶어요. 저는 너무 많이 먹고, 밤엔 잠을 못 자요. 잭슨에서 자꾸 사람들과 싸우게 돼요. 엄마는 제 눈이 빨갛게 충혈된 게 싫대요. 아침에 엄마를 깨우면, 학교 가기 전에 꼭 안약부터 넣으라고 해요. 저도 왜 눈이 그런지 말해보려고 했는데, 뭐가 문제인지 엄마한테는 말이 잘 안 나와요. 할머니한테 얘기해도 될까요? 제가 말하는 거 좀 도와주실 수 있어요? 엄마가 쓰라는 말들은, 제가 진짜 하고 싶은 말이 아니에요."

나는 표현하고 싶은 단어들을 써내려갔습니다. "아침에 내게 키스하는" "나를 질식하게 하는" "기차 운행 하는" "내 등을 때리는" "그녀의 심장 소리를 듣는" "나와 천천히 춤추는" "내 입에 그녀의 젖가슴을 문지르는" "그녀를 내팽개치는" "날 무섭게 하는 것들에 대해 몽정하는" "사람들을 감시하는" "매 맞는" "아침에 내게 키스하는" "나를 질식하게 하는" "밤에 그에게 키스하는" "세게 때리는" "백인들이 가장 세게 때린다고 말하는" "아프지 않기 위해 웃는" "배가 불러도 먹어대는" "내게 키스하는" "나를 질식하게 하는" "나를 혼란스럽게 하는".

마지막에는 이렇게 적었습니다. "할머니, 제가 말하는 걸 도와주실 수 있나요?" 나는 숙제를 마친 뒤, 늘 그랬듯이 일요일 밤마다 할머니에게 노트를 건넸습니다. 하지만 그날 밤은 달랐습니다. 할머니는 내가 쓴 내용에 대해 아무 말도 하지 않았고, 나를 지나칠 때에도 숨소리조차 내지 않았습니다.

그날 밤 잠자리에 들기 전, 할머니는 무릎을 꿇고 불을 끄더니 내게 사랑한다고 말했습니다. 그리고 내일은 더 좋은 날이 될 거라고 나지막이 속삭였습니다. 할머니는 늘 그랬던 것처럼 나와 함께 침대에 들기 전에, 낡고 너덜너덜한 금색과 은색의 전화번호부를 뒤적이며 당신의 이름과 전화번호, 수 이모, 지미 외삼촌 그리고 린다 이모의 이름과 전화번호를 살펴보았습니다.

잠이 들기 전 나는 할머니에게 물었습니다. 열두 살짜리가 98.8킬로그램이면 너무 뚱뚱한 거냐고. "몸무게는 왜 자꾸 재는 거냐?" 할머니가 물었습니다. "98.8킬로그램이면 딱 적당하게 무겁구먼."

"적당하게 무겁다는 게 무슨 말이에요?"

"네가 감당해야 할 모든 것들에 값할 만큼 무겁다는 거지."

나는 할머니와 함께 자는 걸 좋아했습니다. 할머니 옆은 세상에서 유일하게 잠을 푹 잘 수 있는 자리였기 때문입니다. 하지만 그날 밤은 달랐습니다. "할머니, 자기 전에 하나 더 물어봐도 돼요?"

"그래, 아가야." 할머니는 내가 노트를 건넨 이후 처음으로 나를 마주보며 말했습니다.

"비상 상황이 생기면 열까지 세라는 말, 어떻게 생각하세요?"

"하느님이 잊어서 못 도울 만큼 큰일은 없단다." 할머니가 말했습니다. "악은 진짜로 있어, 키."

"근데 사랑하는 사람들이 비상 상황을 만든다면요?"

"그것도 다 잊어야지." 할머니는 말했습니다. "안 그러면 완전히 미쳐버릴 테니까. 내 평생, 여름 일요일 밤이면 늘 뭔가 미쳐버릴 것 같은 일이 일어났던 것 같구나."

그날 밤, 할머니는 나에게 다시 기도를 하도록 했습니다. 나는 당신이 맬러카이 헌터와 당신 방에 있을 때 당신이 절대로 방문을 닫지 않게 해달라고 기도했습니다. 레일라와 더기가 대릴의 방에 다시는 들어갈 일이 없게 해달라고 기도했습니다. 할머니가 더 많은 돈을 벌어서 더이상 커다란 공간에서 닭의 내장을 뜯어내고, 좁은 공간에서 표백제와 백인들의 더러운 속옷 냄새를 맡지 않게 해달라고 기도했습니다. 그리고 우리가 다시는 어떤 방에서도 죽을 것 같은 기분이 들지 않도록 해달라고 기도했습니다.

기도를 마치고 그만 무릎을 펴고 일어났을 때, 나는 침대에 돌아누운 할머니의 등이 천천히 오르내리는 것을 보았습니다. 할머니는 온 힘을 다해 또하나의 여름 일요일 밤을 잊으려 애쓰고 있었습니다. 하지만 잠시 동안 그 움직임이 멈췄습니다. 숨소리가 들리지 않았습니다. 나는 침대에 올라가서 왼손 엄지를 할머니의 허리께에 살짝 대보았습니다. 그러자 할머니는 몸을 움츠리며 이불을 단단히 움켜쥐었습니다.

"죄송해요, 할머니. 괜찮으신지 확인하고 싶었어요."

"키, 가만히 있거라." 할머니는 중얼거리듯 대답했습니다. "그냥 가만히 있어. 눈 감고. 어떤 것들은 애초에 기억할 필요가 없단다. 그저 좋은 것들만 생각하렴. 네가 잘하는 그 '빠른 발들'처럼."

"'빠른 발'이요." 내가 말했습니다. "발은 이미 복수형이에요. 할머니도 알고 계시잖아요. '빠른 발'."

2부

흑인의
풍요로움

빈약한

당신이 맬러카이 헌터와 하와이에서 돌아오고 있을 때, 라톤 시
몬스와 나는 백인들로 가득한 가톨릭 학교의 2학년 교실 한가
운데 앉아 있었습니다. 우리는 우리가 모르는 백인들이 지켜보
는 가운데, 흑인들의 어휘를 주고받고, 무딘 버터나이프를 휘둘
렀으며, 분홍빛 자몽 조각을 나누었습니다. 그러다 집에 갈 시간
이 됐지요.

　우리는 미시시피 잭슨에 있는 세인트 리처드 가톨릭 학교에
서 중학교 2학년 새내기가 되었습니다. 원래 다니던 학교는 홀
리 패밀리라는 가난한 흑인들만 다니는 가톨릭 학교였는데 자금
부족으로 갑자기 문을 닫아버렸고, 우리반 흑인 여자애 네 명은
한 반으로, 나를 포함한 흑인 남자 셋은 또다른 반으로 배정됐
습니다. 홀리 패밀리에서는 아무 옷이나 입어도 됐지만, 세인트

리처드에서는 정해진 교복을 입어야 했습니다. 카키색이나 남색 바지 또는 치마, 그리고 하늘색, 흰색, 분홍색 셔츠 중 하나를 입어야 했지요.

라톤—우리 둘 다 생각하기에 발을 절뚝이며 걷는 조데시의 케이시*와 똑 닮은 녀석—과 나는 개학 첫날, 교실 맨 뒷자리에 앉아 지난 학년에서 배운 단어들을 일부러 이상하게 섞어서 말하며 시간을 보내고 있었습니다. 라톤은 미끌미끌하고 무딘 버터나이프로 핑크색 자몽을 열심히 썰고 있었습니다.

"여기 백인들은 우리가 싸게 퉁 쳐서 온 줄 아는데, 제대로는 몰라." 라톤이 말했습니다.

"맞아." 내가 말했습니다. "백인들은 네가 자몽을 파운드 단위로 먹는 깜둥이라는 것도 모르잖아. 자몽 좀 줘. 너무 인색하게(parsimonious)** 굴지 말고."

"깜둥아, 넌 시몽 안 미쳤사." 라톤이 말했습니다. "너 버터 안 들어간 건 입에 대지도 않잖아. 맨날 버터만 휘젓고 사는 깜

---

* 1990년대 초중반 전성기를 구가한 미국의 남성 R&B, 힙합 소울그룹의 멤버.

** 키에스와 그의 친구들은 백인 학교인 세인트 리처드로 전학하며 백인 학생들과 선생님들로부터 차별을 겪는다. 백인 선생님들은 흑인 학생들의 학습 능력이 백인 학생들보다 떨어진다고 생각한다. 그래서 키에스는 사전에서 고급 단어들을 외워 교실에서 사용하고, 단어들을 독특하게 발음하며 친구들과 장난을 친다. 이는 백인 학교에서 자신들만의 안전한 공간을 만들고 백인의 억압에 저항하는 방법이다. 이 장에서 그는 자몽을 먹는 라톤에게 "parsimonious(지나치게 검소한, 인색한)"라는 단어를 사용한다.

둥이처럼 굴면서." 나는 웃느라 배꼽이 빠질 뻔했습니다. "그리고 내가 무슨 자몽을 갤로우(gal-low)* 한 듯이 굴잖아. 딱 한개밖에 없어."

세스 도널드, 이름과 성이 둘 다 이름 같았던 백인 아이는 스쿠비 두의 새기**를 더 초라하게 만들어놓은 얼굴에 교정기까지 끼고 있었습니다. 학교 첫날 몇 분 동안 조용히 방귀를 뀌고 눈꺼풀을 뒤집으며 놀던 세스가 우리에게 "갤로우"가 무슨 뜻인지 물었습니다.

"갤로어(galore)랑 비슷한 거지." 나는 라톤을 바라보며 말했습니다. "자몽이 잔뜩 있다, 뭐 그럴 때 쓰는 말."

라톤은 혀를 차며 눈을 굴렸습니다. "세스, 성은 뭔지 모르겠지만 이제부터 네 이름 끝에 f를 두 개 붙일 거야. 키는 163센티미터인데 머리 크기는 우리가 아는 188센티미터 깜둥이 머리 크기하고 비슷하니까, 앞으로 너는 세프 188이야."

라톤이 내 팔뚝을 툭 쳤습니다. "쟤 머리 크기 슬로터랑 똑같지 않냐?" 나는 고개를 끄덕였습니다. 라톤이 자세를 바꾸고 세프 188의 눈을 똑바로 보며 말했습니다. "니들은 모든 게 틀렸

---

* "gal-low"는 특별한 사전적 의미가 없는 조어로, 라톤이 'galore(풍부한, 많은)'를 유머러스하게 변형하여 만든 표현이다. 이 표현은 언어적 장난에서 비롯된 것이며, 듣는 사람에 따라 'gallows(교수대)', 'gal(소녀) + low(적은)' 등의 단어를 연상시킬 수 있다.
** 자메이카 출신의 레게 뮤지션.

어. 모두 다. 이게 바로 흑인의 풍요로움이란 거다. 니네는 절대 알 수 없는 거."

라톤이 1학년 때 가장 좋아했던 어휘는 '풍요로움'이었는데, 앞에 '흑인'과 '이게 바로'를 붙여 말하는 건 우리가 세인트 리처드에 와서 처음 들었습니다. 라톤은 반쪽 자몽을 작은 조각으로 썰면서, 세스 188 같은 애들은 자신의 썰기 "쉬~타일"을 절대 모를 거라고 말했습니다.

내가 라톤과 손을 맞잡고 인사를 나누자, 백인 담임 리브스 선생님이 우리를 가리켰습니다. 리브스 선생님은 웬디스 햄버거 가게의 빨강 머리 웬디를 훨씬 더 늙게 만든 버전이었습니다. 우리는 서로를 보며 머리를 흔들었고 계속 자몽을 썰었습니다. "라톤, 그 칼을 치워." 그녀가 말했습니다. "내려놔. 지금 당장!"

라톤과 나는 눈을 마주치며 "비냐-캐(mee-guh)"*라고 중얼거렸습니다. '빈약한'은 1학년 학기말에 내기 가장 좋아했던 단어로, 라톤이 좋아하는 단어 '풍요로움'과 정반대 의미였습니다. 우리는 '빈약한'을 다양한 방식으로 발음하며 사람들, 장소, 물건들, 그리고 적어도 여덟 단계는 더 낮은 것들의 "쉬~타일"을

---

* 이 둘이 장난스럽게 암호처럼 사용하는 "비냐-캐"는 "meager(빈약한)"라는 단어의 의미를 우스꽝스러운 방식으로 과장하여 표현한 것이다. 이들은 이 단어를 사용해 선생님이나 학교, 백인 문화 등 자신들이 부딪히는 환경이나 사람들의 '부족함'과 '어설픔' '무지함'을 우회적으로 조롱하거나 비판한다.

묘사하는 데 써먹곤 했습니다. 나는 선생님에게 "비냐-캐"라고 다시 말하며, 낡은 바인더형 노트를 꺼냈습니다. "비냐-캐."

리브스 선생님이 계속 잔소리를 하는 동안, 나는 쪽지에 이렇게 적어서 라톤에게 건넸습니다. "우리 #1 그룹의 #1 테이프는?" 라톤은 몸을 기울여 썼습니다. "EPMD와 〈스트릭리 비즈니스〉."* 나는 다시 썼습니다. "결혼하고 싶은 #1 여자는?" 라톤이 답했습니다. "스핀더렐라** + 투티***." 나는 또 썼습니다. "아무것도 모르는 #1 백인은?" 라톤은 자신의 새 빨강 회색 배색의 에어맥스를 내려보다가 천장을 바라보았습니다. 그러곤 고개를 저으며 이렇게 썼습니다. "리브스 선생님 + 로널드 레이건. 둘 다 형편없어서 동점."

나는 노트를 둥글게 말아서 꽉 끼는 카키색 바지 주머니에 집어넣었습니다. 리브스 선생님은 당신이 말했듯, 백인들이 우리가 완벽하지 않으면 꼭 무언가를 지적하려 드는 방식—내가 쇼핑몰에서 봤던 백인 여자들과 경찰이, 우리가 잘못을 했든 안

---

* EPMD는 1987년에 결성된 미국 힙합 듀오로, 그들의 데뷔 앨범 〈스트릭리 비즈니스〉는 힙합 역사상 중요한 작품으로 평가받는다.

** 1980~1990년대를 대표한 미국 여성 힙합 그룹 솔트 앤 페파(Salt-N-Pepa)의 디제이이자 세번째 멤버. 본명은 디드라 머리얼 로퍼로, 이름은 '턴테이블을 돌린다(spin)'와 '신데렐라(Cinderella)'의 합성어다. 여성 디제이가 드물었던 당시 힙합 신에서 흑인 여성의 존재감과 스타일을 상징하는 아이콘으로 평가받는다.

*** 1980년대 시트콤 〈The Facts of Life〉에 등장한 흑인 소녀 캐릭터의 이름. 당시 흑인 대중문화에서 사랑스럽고 당찬 소녀의 상징으로 널리 인식되었다.

했든 당신에게 굴던 바로 그 방식—으로 계속해서 우리에게 잔소리를 퍼붓고 있었습니다.

나는 리브스 선생님이 나를 학교 오기 전에 싸구려 박스 와인 메이슨 병을 반쯤 비우는 바람에 땀범벅에 눈까지 충혈돼 있는, 열등한 학생으로 간주할 만한 이유가 충분하다는 걸 알고 있었습니다. 실제로 내가 거의 딱 그런 애기도 했으니까요. 하지만 라톤은 중학교 2학년으로서 누릴 수 있는 풍요로움에 가장 가까운 녀석이었습니다.

이를테면 라톤은 "새우(shrimp)"를 "쌔우(skrrimps)"라고 발음했는데, 그게 더 나은 소리라고 생각했기 때문입니다. 그는 "내 거(mine)"를 발음할 때도 반드시 s를 세 개 더 붙여서 "내 꺼어어(minessss)"라고 말하는 아이였습니다. 한번은 그가 흑백 텔레비전을 뜯어서 해적판 프로거(Frogger) 게임과 여자친구를 위한 작은 선풍기로 만드는 것을 보았습니다. 중하교 1학년 때 어느 금요일엔, 그가 잭슨에서 역사상 가장 멋진 종이비행기를 접어 날리는 것도 보았습니다. 그 비행기는 무려 5분 46초 동안 비버브룩 드라이브 위에서 활공하고 뒤집히고 솟구쳤습니다. 라톤과 나는 그 아래서 비행기를 따라 세 블록이나 내달렸지요. 비행기가 마침내 착지했을 때, 라톤은 하늘을 계속 올려다보며 우리 비행기를 실어나른 바람이 어떻게 잭슨 같은 도시에 들어올 수 있었는지 궁금해했습니다. 라톤은 뭐든 다 할 수 있었지만, 그가 절대로 하지 않는 것이 있었습니다. 그것은 자신을 먼저 공격하지 않은 사람을 나이프나 손, 심지어 말로라도 다치게 하지 않는 것이었습니다.

"이건 칼이 아니에요. 버터 나이프예요." 나는 리브스 선생님에게 말했습니다. "완전 무디다고요. 왜 선생님은 우리가 아주 날카로운 칼이라도 들고 온 것처럼 난리를 치세요?"

"알잖아." 라톤이 말했습니다. "이 학교가 터무니없는 곳이라 그런 거."

"좆나 터무니없어요." 나는 리브스 선생님께 말하며, 홀리 패밀리에서 온 우리 반의 다른 아이, 자바리를 똑바로 보았습니다. 라톤과 나는 웨스트 잭슨의 규칙상 자바리가 학교에서 문제를 일으키면 절대 안 된다는 걸 알고 있었기 때문에, 그가 우리 편에 서지 않는다고 기분이 나쁘지는 않았습니다. 라톤은 집에 가면 할머니에게 회초리질을 당했습니다. 나는 당신에게 두들겨 맞았고요. 자바리는 집에 가면 아버지에게 좆나게 두들겨 맞을 수도 있었습니다. 잭슨에서는 매 맞는 것이 두들겨 맞는 것보다는 훨씬 덜 고통스러웠고, 두들겨 맞는 것은 좆나게 두들겨 맞는 것에 비하면 간지러울 정도였지요.

리브스 선생님은 스톡커드 선생님을 데리러 교실을 나섰습니다. 스톡커드 선생님은 홀리 패밀리에서 몇 번 대체수업을 했던 백인 교사였습니다. 스톡커드 선생님은 라톤, 자바리 그리고 내가 홀리 패밀리에서 진짜 은으로 만든 나이프로 자몽 먹는 것을 여러 번 보았지만, 한 번도 문제삼은 적이 없었습니다.

하지만 이제 그건 중요하지 않았습니다.

"이런 식으로 새 학년을 시작하면 안 되는 거 알지?" 그녀가 말했습니다. 우리는 교장실로 가서 당신과 라톤의 조부모에게 전화를 걸었습니다.

교장실에 앉아서 세인트 리처드로 등교하기 전날 당신이 해준 말을 떠올렸습니다. "앞으로는 두 배로 훌륭해지고 두 배로 조심해야 해. 내일부터는 네가 알던 모든 게 바뀔 거다. 백인들보다 두 배 더 뛰어나야 그들이 얻는 것의 절반이라도 가질 수 있어. 그보다 못하면 지옥을 보게 될 거다."

나는 우리가 이미 세인트 리처드의 백인 아이들보다 두 배는 더 뛰어나다고 생각했습니다. 그들의 도서관은 성당처럼 보였지만 우리 도서관은 시멘트 블록 위의 오래된 트레일러였기 때문이지요. 사실 나는 당신이 당신이나 할머니를 기준으로 두 배로 훌륭해야 한다고 말했어야 했다고 생각했습니다. 왜냐하면 당신과 할머니야말로 내가 아는 가장 훌륭한 사람들이었으니까요.

라톤은 집에 돌아가 그를 사랑하는 흑인 여성에게 매를 맞았습니다. 나도 다음날 아침 나를 사랑하는 흑인 여성에게 두들겨 맞았습니다. 당신이 내 몸을 때릴 때마다 나는 내가 무엇을 알고 있는지, 왜 그렇게 알게 되었는지를 떠올렸습니다. 당신은 내가 눈에 띄는 멍 자국을 하고 학교에 가면 백인들이 당신을 어떻게 판단할지 알았기 때문에, 홀리 패밀리 때와는 다르게 내 팔이나 목, 손, 얼굴이 아니라 잘 보이지 않는 등, 엉덩이, 두꺼운 허벅지를 때렸습니다. 백인 반 친구들이 집에서 매를 맞더라도, 그건 절대 지구상의 어떤 흑인이 어떻게 생각할지 때문이 아니라는 걸 나는 알고 있었습니다.

다음날부터 세인트 리처드의 선생님들은 라톤과 내가 다시는 한 교실에 있지 못하게 했습니다. 우리가 서로를 볼 수 있는 시간은 쉬는 시간, 점심시간, 또는 방과후뿐이었습니다. 서로를 스칠 때마다 우리는 손을 맞잡은 채 가능한 한 오래 서로를 꼭 껴안았습니다.

"여전히 그 흑인의 풍요로움이야?" 내가 라톤에게 물었습니다.

"당연하지. 알잖아." 그는 자기 교실로 돌아가기 전 한 번도 써본 적 없는 말투로, 한 음절 한 음절 또박또박 끊어서 말했습니다.

방과후, 우리 차 노바의 앞자리에서 당신은 내게 말했습니다. 백인들이 우리에게 요구하는 건 결코 공정하지 않지만, 때로는 그들의 규칙을 따르는 편이 우리와 우리 다음 세대의 흑인들에게 더 안전할 수 있다고요. 당신은 미시시피가 윌리엄 윈터 이후 처음으로 진보적인 주지사를 뽑았다는 게 얼마나 놀라운 일인지 계속해서 이야기했습니다. 메이버스 주지사의 선거 캠프에서 일했던 당신은, 미시시피가 미국에서 흑인 인구 비율이 가장 높은 주이기 때문에 정치적으로 엄청난 가능성이 있다고 여러 번 강조했습니다.

"미시시피 백인 유권자의 3분의 1이 나와서 올바른 선택을 한 거야. 유권자 중 33퍼센트가 흑인이니 우리가 우리 사람들을 투표소에 나오게만 하면 그걸로 충분해. 우리가 여기 남부에 진짜로 영향력 있고 진보적인 정치인들을 세운다면, 어떤 세상이 펼쳐질지 상상이나 되니?"

"이제 이해해요. 지난 1년 내내 매일같이 들었으니까요. 저도 메이버스가 이겨서 기쁘긴 한데, 날마다 똑같은 얘기를 듣는 건 좀 '비냐-캐'요."

"비 뭐라고?" 당신이 손을 들어올리며 되물었습니다. "키, 너 지금 뭐라고 한 기니?"

나는 재빨리 대답했습니다. "아무것도 아니에요. 아무것도."

3학기가 시작될 무렵, 스톡커드 선생님은 우리에게 윌리엄 포크너와 유도라 웰티*의 소설을 읽게 하고, 흑인 역사의 달을 맞

---

* 미시시피 잭슨 출신의 소설가로, 주로 잭슨과 그 주변 지역을 배경으로 하여 남부의 일상 생활과 사람들의 이야기를 섬세하고 따뜻하게 묘사했다. 대표작으로 『웰티의 단편소설집』과 『낮잠의 시간』 등이 있다.

아 드라마 〈뿌리〉*를 시청하게 했습니다. 문학 수업에서 홀리 패밀리에서 온 아이는 나뿐이었지요. 스톡커드 선생님은 1년 내내 유도라 웰티의 작품을 자주 언급했습니다. 특히 웰티의 소설에 등장하는 인물들의 "기이한 인종차별"을 말할 때마다 "역사적 맥락"을 강조했고, 〈뿌리〉에 나오는 백인들이 보여준 "진짜 악질적인 인종차별"과 비교했습니다. 나는 문학 수업에서 쓰이는 "역사적 맥락"과 "기이한 인종차별"이란 말이 백인들에게 주는 면죄부가 불편했습니다. 이러한 표현들이 과거의 인종차별적인 행동을 정당화하거나 용서받는 방식으로 사용되는 것이 불쾌했던 것이지요. 만약 우리가 "역사적 맥락"을 이해해야 한다면, 유도라 웰티가 흑인을 "깜둥이"라 부르며 부분적인 존재로 취급하면서도, 그들을 억압하는 백인 주인공들을 완벽하게 그려낸 이유도 이해해야 한다고 생각했습니다. 나는 중학교 2학년 교실에서 "역사적 맥락" "기이한 인종차별" 그리고 "진짜 악질적인 인종차별"의 무게를 느꼈습니다. 그러면서도 마음 한구석에는, 인정하기 부끄럽지만 웰티의 소설에 깊이 끌려드는 감정이 있었습니다.

내 상상력과 웰티의 작품 사이에는 분명한 경계가 있었지만, 그녀의 『내가 왜 우체국에서 사는지』를 읽기 시작한 순간—"나는 엄마, 아빠, 할아버지, 그리고 론도 삼촌과 잘 지내고 있었는

---

* 미국 작가 알렉스 헤일리의 장편소설 『뿌리』를 원작으로 한 미국 최초의 흑인 TV 미니 시리즈.

데, 내 언니 스텔라 론도가 남편과 헤어지고 다시 집으로 돌아온 이후로 모든 게 틀어졌다"라는 첫 문장을 읽었을 때—나는 웰티의 글에 강한 유대감뿐 아니라, 당신이 내게 두려워하라고 가르친 잭슨과 미시시피의 모든 면면을 그대로 느꼈습니다.

웰티는 미시시피 흑인에 대해 거의 알지 못했지만, 내가 읽어본 작가 중 가장 치밀하고 집요하게 백인을 조롱할 줄 아는 사람이었습니다. 당신과 할머니는 백인이 무슨 짓이든 할 수 있으니 절대 자극하지 말라고 가르쳤지만, 웰티의 글은 내 눈과 귀로 배운 바를 다시금 상기시켰습니다. 백인들은 엄청나게 두렵고 무서웠으며, 너무 두렵고 무서워서 "겁먹었다"나 "무섭다" 같은 말로는 부족할 정도였지요.

나는 백인을 미워하거나 두려워하지 않았습니다. 그들에게 쉽게 감동하거나 짜증내지도 않았습니다. 왜냐하면 초등학교 1학년부터 중학교 2학년까지 읽은 모든 이야기의 주인공, 악당, 작가를 통해 실제 백인을 만나기 전부터 그들을 접했기 때문입니다. 원더우먼, 〈케빈은 열두 살〉의 화자, 〈실버스푼〉의 리키, 〈너드의 복수〉의 부거, 〈스타트렉〉의 스팍, 〈패밀리 타이즈〉의 맬러리, 내가 좋아하는 팀의 감독들과 구단주들까지. 캡틴 아메리카, 미스 아메리카, '아메리칸 드림'으로 불린 프로레슬러 더스티 로즈, 루크 스카이워커와 그의 백인 아버지도 이미 만났습니다. 루크의 백인 아버지는 목소리도, 옷도, 가면까지도 서른일곱 번의 밤을 합친 것보다 더 새까맸지요. 가난한 백인, 부유한 백인, 중산층 백인들도 전부 봤습니다. 〈우주가족 젯슨〉〈고인돌 가족 플린스톤〉〈비벌리 힐빌리〉〈풀하우스〉 출연진 전부, 〈피위의 플레이하우스〉 속 거의 모든 등장인물, 역대 미국 대통령, '예수'와 '아담'이라 불리는 남자들, '성모 마리아'와 '이브'라 불리는 여자들, 그리고 할머니가 보는 드라마 〈모두가 나의 아이들〉의 앤지와 제시를 빼면 모든 캐릭터까지 말이죠. 그러니까 실제 백인을 만나보지 않았다 해도, 백인들이 되고 싶어했던 캐릭터들을 이미 충분히 알고 있었고, 그들이 우리를 어떻게 바라보는지도 알았던 것입니다.

그 말은 우리가 백인을 이미 알고 있다는 뜻이었습니다.

또한 백인은 우리를 모른다는 뜻이기도 했습니다.

그리고 다음날 문학 시간에, 우리는 〈뿌리〉에서 쿤타 킨테의 딸 키지가 백인 톰 무어에게 강간당하는 장면을 시청했습니다. 강간당한 다음날 아침, 드라마 〈제퍼슨 가족〉에서 헬렌 역을 맡았던 흑인 여성이 키지의 상처를 씻어주러 찾아옵니다.

헬렌은 키지에게 이렇게 말합니다. "넌 톰 모 주인님이 어떤 사람인지 알아둬야 해. 그 사람은 흑인 여자를 좋아하는 백인이야. 아마 매일 밤 널 괴롭힐 거야. 전에 날 괴롭혔던 것처럼. 지금은 아니지만."

나는 방금 본 장면을 어떻게 받아들여야 할지 정말 몰랐습니다. 처음 〈뿌리〉에서 그 장면을 본 게 여덟 살 때였는데, 그때 당신에게 키지한테 무슨 일이 생긴 거냐고 묻자 당신이 "강간 (rape)"이라 말한 걸 내가 "갈퀴(rake)"로 잘못 들었던 기억이 납니다. 아이였던 내게 누군가가 "갈퀴질"당한다는 건 상상조차 할 수 없을 만큼 무서운 일이었습니다. 그런데 톰 무어가 더이상 헬렌에게 "갈퀴질"을 하지 않는데도 그녀의 목소리가 왜 그렇게 슬프게 들렸는지, 나는 도무지 이해할 수 없었지요. 그래서 왜 누군가가 다른 사람을 "갈퀴질"하는지 당신에게 물었고, 당신은 이렇게 대답했습니다. "어떤 남자들은 다른 사람의 몸에 상처를 주는 것에 무감각하기 때문이란다. 그들은 무엇이든 자기 마음 대로 하고 싶어하지. 다른 사람들에게 상처를 준다는 사실도 전혀 개의치 않고 말이야."

톰 모*는 백인이었습니다. 하지만 성인 남자였지요. 나는 흑인이었습니다. 하지만 다른 흑인 남자들이 "리틀 맨"이라고 부를 만큼 아직은 소년이었습니다. 내가 키지에게 톰 모가 저지른 짓을 똑같이 할 수 있을 거라고는 전혀 생각하지 않았습니다. 그렇지만 어른이 되면 그런 짓을 하도록 강요받진 않을까 궁금했습니다. 그리고 만약 내가 톰 모가 했던 짓을 한다면, 키지 입장에서 톰 모와 내가 어떻게 다를까 싶기도 했습니다. 그날, 만약 그

---

* 남부 흑인들은 "톰 무어(Tom Moor)"를 "톰 모(Tom Mo)"로 발음한다. 키에스는 〈뿌리〉에서 헬렌이 "무어"를 "모"로 발음한 것을 여기서도 그대로 사용하고 있다.

방으로 레일라를 데리고 들어갔던 게 우리가 아는 흑인 남자 셋이 아니라, 아무 상관도 없는 백인 남자 셋이었다면, 레일라는 어떤 기분이었을까? 그런 생각이 머릿속을 맴돌았고, 그걸 어떻게 이해해야 할지 도무지 몰라서 머리가 지끈거렸습니다. 그러다 헐값에 산 딸기 팝타르트 상자를 잔뜩 먹고 싶어졌지요.

그날 쉬는 시간에, 세인트 리처드 학교의 백인 남자애들은 평소처럼 뻣뻣하고 어색한 열의로 운동장을 돌아다녔습니다. 반면 세인트 리처드의 백인 여자애들 중 상당수와, 우리 홀리 패밀리 출신 아이들 전부는 마치 귀에 뜨거운 비밀이라도 흘려넣은 듯이 행동했습니다.

라톤과 나는 셰일라야 오덤, 마드라, 바라카, 하사나티가 동그랗게 앉아 서로의 발만 내려다보는 모습을 발견했습니다. 홀리 패밀리에 있을 때 이 아이들이 이렇게 조용히 앉아 있는 모습은 단 한 번도 본 적이 없었습니다. 셰일라야 오덤은 평소 욕설 같은 건 거의 하지 않는 편이었는데, 내가 "왜 그래?"라고 묻자 그녀는 이렇게 말했습니다. "〈뿌리〉 그 씨발 거 말이야, 난 보는 내내 아예 두 손으로 귀 막고 있었어."

라톤은 우리가 자바리를 찾아가서 그가 괜찮은지 확인해야 한다고 말했습니다. 자바리는 홀리 패밀리에서 글을 제일 잘 쓰는 아이였고, 백인 집에서 자고, 백인 차를 타고, 백인 음식을 맛보고 싶어할 정도로, 우리 중에서 세인트 리처드 학교에 가장 잘 적응한 편이었죠.

건물 안으로 들어간 우리는 자바리가 아마 스톡커드 선생님과 소설 쓰기에 대해 이야기를 나누고 있을 거라고 생각했습니다. 자바리는 쉬는 시간에 소설 쓰는 걸 좋아했으니까요. 우리가 선생님 교실에 들어가자, 스톡커드 선생님은 반가워하며, 몇 주 전부터 우리와 이야기하고 싶었다고 했습니다.

"얘들아, 난 정말 너희를 존중해주고 싶어." 선생님은 미지근한 탭 콜라를 홀짝이며 말했습니다. "자바리는 어떻게 지내니?" 우리는 눈도 깜박이지 않고 서로를 쳐다봤습니다. "들어봐, 너희들이 자바리에게 학교 오기 전에 샤워나 목욕을 하라고 말해줘야겠어. 밤에 목욕하고, 아침엔 샤워나 간단히 씻고 오라고. 몇몇 학생들이랑 선생님이 자바리의 냄새 때문에 힘들어하고 있어. 진짜 모두가 역겨워한다니까."

처음에는, 우리가 아끼는 친구 하나가 냄새 난다고 백인 선생님이 직접 말한다는 게 너무 웃겨서 한바탕 크게 웃었습니다.

"스톡커드 선생님, 그러니까 지금 자바리가 '썩은내 난다'고 말씀하시는 거예요?" 내가 물었습니다. "우린 백인들은 세수 수건 같은 거 안 쓴다는 소문도 들었는데."

라톤은 웃음을 빵 터트렸습니다.

"나는 '썩은내'나 세수 수건에 대해 말하는 게 아니야." 선생님은 손가락으로 공중 따옴표를 그리며 말했습니다. "다만 몇몇 사람들은 자바리가 정말 역겹다고 생각해. 너희도 알다시피, 그렇게 보이면 누구한테든 좋을 게 없잖니?"

라톤과 나는 나란히 서서 아무 말도 하지 않았습니다. 선생님이 역겹다고 생각하는 아이를 어떻게 가르친단 말인가 싶어, 머릿속이 복잡해졌습니다.

나는 자바리의 냄새가 왜 홀리 패밀리에선 괜찮았는데 세인트 리처드에선 불결하게 여겨지는지 이해할 수 없었습니다. 자바리는 홀리 패밀리 때와 똑같은 냄새가 났고, 그건 그의 엄마가 돌아가신 뒤로 늘 그랬습니다. 그건 자바리 특유의 '체취'라거나 샤워를 안 해서 생긴 냄새가 아니었습니다. 어머니가 돌아가신 이후로, 자바리의 집에만 들어가면 뭔가 다른 향이 풍겼습니다. 그리고 거기에 30분 이상 머무르면, 자바리 집 냄새가 몸에 뱄습니다. 하지만 우리 모두 어느 정도는 몸에서 냄새가 났습니다. 셰일라야 오덤조차도요. 그럴 때 우리는 그냥 웃어넘기며 샤워를 하거나 디오도런트나 오드콜로뉴, 또는 향수를 대충 뿌리고 넘어가곤 했습니다.

스톡커드 선생님 앞에서 몸을 이리저리 흔들며 서 있는 동안, 나는 깨달았습니다. 우리 홀리 패밀리 애들은 모두, 말이나 어휘 패턴, 억양 그리고 몸을 통해서 서로에게 안전하다고 느낄 수 있는 이야기들을 공유해왔다는 사실을요. 홀리 패밀리에선 아무도 몸짓으로 "멋져(awesome)"라거나 "완전(totally)" "대단해

(amazing)" "엉망진창(FUBAR)" "라이크(like)" 같은 말을 하루에 오십 번씩 쓰지 않았습니다. 우리 이야기 속 화자들은 "끝내줘(fly)"와 "그런 거(all that)"와 "멋져(fresh)"와 "쩐다(the shit)"와 "젠장(sheiiiit)"과 "나쁜 놈(shole)"과 "잘나가는(shining)"과 "오버하는(trippin)"과 "최고의(all-world)"와 "비열하게 사는(living foul)"과 "구린(musty)"과 "찌질한(sorry-ass)"과 "김빠진(stale)"과 "거칠어 보이는(ashy)"과 "배불러(getting full)"와 "미친(cuhrazee)"과 "깜둥이(nigga)" 그리고 "무슨 말인지 알지?(you know what I'm saying)" 같은 말을 하루에 오십 번씩 더 써댔지요.

우리 말이나 이야기 속에는 "역겨운"이라는 단어나 그와 비슷한 표현도 없었습니다. 홀리 패밀리의 몸들은 세인트 리처드의 몸들보다 더 묵직했지만, 그 어떤 묵직한 몸도 '역겹다'고 여겨지지 않았습니다. 중학교 1학년이 되어서야, 여자애들이 관심조차 주지 않을 때 뒤에서 "괴짜(freak)" 같은 말로 부르기 시작했죠. 그리고 그 애들이 우리 뺨이라도 한 대 때리면, 우린 사과했습니다. 그렇지만 우리가 아무리 찌질하게 뒷말을 하더라도, 어느 여자애의 몸을 '역겹다'고 말한 적은 없습니다. 아니, 적어도 그렇게 믿고 싶었을지도 모르겠습니다. 1학년이 끝나갈 즈음, 우리가 양로원에서 클럽 누보의 노래를 불렀던 바로 그날, 셰일라야 오덤이 일어나는데 청치마 뒤에 짙은 갈색 얼룩이 보였습니다. 우리는 처음에 "어, 저기 똥 싼 거 아냐?" 하며 놀렸는데, 라톤이 "아마 생리를 시작했나보지"라고 설명해줬죠. 우리는 셰일라야 오덤을 '역겹다'고 부르지 않았지만, 정작 남자였던 우리가 다리 사이로 이상한 똥덩어리가 뚝뚝 떨어졌다면 여자애들은 그렇게 웃진 않았을 거라고 생각하면, 좀 미안하긴 했습니다.

우리가 상상할 수 있는 어떤 욕설보다도 더 싫은 말, "역겹다"는 우리가 말하는 '풍요'의 정확히 반대편에 놓인 단어였습니다. 그리고 우리가 살아가고 사랑하는 세상에서, 흑인인 사람들은 모두 어떤 식으로든 풍요로웠습니다. 우리는 모두 금요일 저녁 어른들의 스페이드 카드 게임 소리를 듣고 자랐습니다. 토요일엔 잭슨주립대 대 미시시피 밸리, 밸리 대 올콘, 올콘 대 서던미시시피대학교, 혹은 그램블링주립대 대 잭슨주립대의의 예선전, 본 경기, 그리고 무엇보다 하프타임 쇼를 보기 위해 부활절 복장에 가까운 옷을 차려입고 나가곤 했죠. 토요일 밤이면, 차 뒷자리에서 집으로 돌아오면서 경기와 미시시피 정치, 그리고 경기 끝나고 주차장에서 자기 조카가 팔아야 하는 '월드스 파이니스트 초콜릿'*을 왜 이모나 삼촌이 대신 팔고 있는지에 대한 이야기들을 들었습니다. 일요일 아침에는 부모님과 할머니, 할아버지 손에 이끌려 흑인 교회에 갔고요. 그리고 거기서 우리는 테니

---

* 미국에서 학교, 스포츠 팀, 교회, 각종 비영리 단체 등이 모금을 위해 판매하는 초콜릿 브랜드.

스화 신은 흑인 '이단아'가 성령을 받고 기절하듯 쓰러지는 모습을 부채질해주는 어른들을 구경하길 바랐습니다. 하지만 경기장과 교회, 그리고 주말이 아닌 곳에서 우리는 가장 '풍요로웠습니다'. 그 풍요는 우리의 몸매나 움직임, 음식의 맛과 질감을 형성하기도 했지만, 무엇보다 단어와 발음, 문장을 해체하고 재조립하는 방식에서 가장 분명히 드러났습니다.

라톤과 나는 자바리를 정말 좋아했습니다. 그래서 자바리가 좋아하던, 웃으며 말을 걸고 먹을 것까지 나누어주던 그 백인 아이들과 스톡커드 선생님이 그를 "역겹다"고 생각한다는 사실을 차마 전할 수 없었습니다. 스톡커드 선생님은 백인 여성이었고, 우리를 사랑했지만 그분을 불신하는 흑인 여성들을 통해 우리에게 벌을 줄 수도 있는 힘을 가진 분이었기에, 나는 속마음을 그대로 털어놓을 수 없었습니다. 그래서 대신 이렇게 말했습니다. "알겠어요, 스톡커드 선생님. 자바리 보고 학교 오기 전에 좀 더 자주 씻으라고 말할게요."

그날 늦은 오후, 농구 연습이 끝나갈 무렵, 세인트 리처드에 다니던 극소수의 흑인 남학생들 중 한 명인 도니 지의 아버지이자 우리 농구 코치인 코치 지가 체중계를 가져왔습니다. 우리는 빅스버그에서 열리는 농구 대회에 참가할 예정이었는데, 주최 측에서 경기 팸플릿에 실을 우리 키와 몸무게 정보가 필요하다고 했습니다.

　나는 지난여름 멈포드네 집에서 체중계에 올라가본 뒤로는
몸무게를 잰 적이 없었습니다. 원래 남들 앞에서 몸무게를 재는
걸 몹시 꺼렸지만, 지난 3년 동안 늘 넘기던 95.2킬로그램보다
이번엔 조금 빠졌을 거라는 막연한 기대가 있었습니다.

　나는 체중계에 올라섰습니다.

　77.1.

　79.3.

　81.6.

　83.9.

　86.1.

　젠장.

　90.7.

　95.2.

　97.5.

　102.

　103.4.

　"맙소사." 코치 지가 팀원들을 보며 말했습니다. "이 덩치 봐
라. 104.8킬로그램이나 나가네!"

　나는 체중계에서 내려와 억지로 웃으며 팀원들이 비웃는 것
을 지켜봤습니다. 그러곤 화장실에 가서 억지로 두 번이나 소변

을 보고 다시 체중계에 올라갔습니다.

"104.8킬로그램." 코치 지가 다시 말했습니다. "베이비 바클리*야, 체중계에 문제가 있는 게 아니란다. 젠장. 네 몸무게야."

연습이 끝난 뒤, 나는 뱃살을 억지로 집어넣고, 땀에 절고 퀴퀴한 유니폼 위에 마른 옷을 껴입으려 애썼습니다. 난생처음으로 허벅지 사이에 낀 살과 땀, 그리고 가슴까지 퍼진 튼살을 신경쓰게 됐습니다. 이전에도 내 몸이 뚱뚱하다고 느끼긴 했지만, 그저 살집이 좀 있다는 정도로 여겼습니다. 그런데 세인트 리처드 학교 화장실에서 느낀 그 기분은 전혀 다른 것이었습니다.

"와, 깜둥아." 라톤이 내가 체육관에서 나오는 걸 보며 말했습니다. 그 애 할아버지가 우리를 차로 데리러 와 있었습니다. "다들 난리잖아. 네가 마이클 조던보다 체중이 12킬로나 더 나가는데, 키는 20센티는 더 작으니까."

나는 아무 말도 하지 않았습니다.

"설마 체중계 때문에 예민해진 건 아니지? 넌 역겹지 않아. 그거 알지? 전혀 역겨운 거 아냐. 그냥 우리가 아는 대부분의 말라깽이들보다 더 빠른, 덩치 큰 놈일 뿐이잖아. 너 역겹지 않아. 듣고 있어? 너는 그냥 너야."

그 주말 늦게, 라톤과 나는 프레지덴셜 힐스에 있는 자바리

---

* 유명한 농구 선수인 찰스 바클리를 가리킨다.

네 뒷마당에서 자바리를 만났습니다. 라톤은 자바리가 동생 스테이시에게 한 살살 뛰는 덩크를 엄청나게 띄워줬어요. 그는 그 덩크를 "풍요"라고 불렀고, 나는 자바리에게 "캉 슬렌더(Kang Slender)"*라는 별명을 붙여줬습니다. 자바리는 아랫입술을 앞니에 살짝 물고, 어색하지만 열심히 "풍요"를 흉내내면서 해가 질 때까지 공중을 날았습니다. 그가 한 번씩 덩크할 때마다, 라톤과 나는 웃고 또 웃었지요. 그러다 어느 순간 우리도 웃음을 멈췄습니다. 잠시 후 라톤이, "얘넨 풍요가 뭔지 전혀 모른다니까. 진짜야. 우리가 화낼 수도 없지. 쟤넨 아예 모른다고"라고 하자, 자바리도 우리와 함께 웃었습니다.

"우리에게 화낼 권리는 분명 있어." 자바리가 말했습니다. "하지만 화만 낼 수 있는 건 아니야. 우리가 할 수 있는 건 훨씬 더 많아."

라톤과 나는 자바리를 똑바로 바라보며, 그가 무슨 말을 더 꺼낼지 기다렸습니다. 그리고 바로 그때야 비로소 깨달았습니다. 백인들—특히 어른 백인들—이 하는 짓은 '몰라서'가 아니라, '충분히 알면서도' 그러는 거라는 사실을 말입니다. 만약 정말 몰랐다 해도, 몰랐을 리 없으니 결국 알았어야 하는 게 맞았고요.

---

* 고전 비디오 게임에 등장하는 가상의 프로레슬러 캐릭터 킹 슬렌더를 변형한 표현으로 "날씬한 왕"을 뜻한다.

하지만 중학교 2학년 2월 말이 되자, 세인트 리처드 학교에서든 세상 어디에서든 백인들이 무엇을 아는지는 더이상 중요하지 않게 됐습니다. 우리는 혀를 차고 고개를 젓는 법, 리처드 3세처럼 얼굴 표정을 만들고 다시 허무는 법, 그리고 서로를 웃음으로 보듬어 회복시키는 법을 익혀가고 있었습니다. 그것은 우리에게 무척이나 큰 의미가 있었습니다. 특히 우리 중 일부가 얻은 매 맞은 자국이 점심값, 전기 요금, 혹은 할인 등록금을 낼 돈보다 많았다 해도, 우리가 결코 '역겨운' 쪽이 아니라는 사실을 알고 있다는 뜻이었으니까요.

우리는 화났고, 때때로 슬펐지만, 그뿐만은 아니었습니다. 더 많은 '무언가'가 있었습니다.

그날 자바리네 집을 나서며, 나는 그의 지저분한 옷더미 속에서 티셔츠 하나를 꺼냈습니다. 내 체격에는 XL이 딱 맞았지만, 자바리와 라톤은 새처럼 날아서 M 사이즈만 겨우 입을 수 있는 몸이었지요. 그래도 당신한테서 배운 것이 있었습니다. 어떤 모양이나 크기든, 내 의지대로 휘고 바꿀 수 있다는 방법 말입니다. 그해 남은 기간 내내, 나는 자바리네 집 냄새가 잔뜩 밴 그 티셔츠로 가슴과 옆구리, 배를 단단히 조여 맨 채 학교에 다녔습니다. 세인트 리처드의 백인들이 날 '역겹다'는 눈빛으로 쳐다볼 때면, 웃으며 고개를 가로젓고 혀를 찼습니다. 그러곤 일부러 단어를 틀리게 발음하거나, 엉뚱한 어휘를 골라 써가며 대답했지요. 그러다가 점심시간이 되면, 라톤과 주먹 인사를 나누며 말했습니다. "쟤들은 저렇게 빈약한데, 우리는 왜 이렇게 볼품없을까. 내가 말하는 건 '역겨운 우리'에 대한 거야. 그 '흑인의 풍요로움'은 아직도 그대로인 거야?"

"응." 라톤이 대꾸했습니다. "그리고 쟤넨 여전히 아무것도 모르지."

축약형

내가 머리를 흔들고 혀를 차며, 주니어 농구팀 벤치에 앉아 아이스 큐브의 노래 가사를 중얼거리고 있을 즈음, 당신은 메릴랜드 칼리지파크에서 박사후 연구원으로 일하며 학자로서의 꿈을 실현하고 있었습니다.

4쿼터에 나를 벤치에 앉혀둔 릭스 코치에게 당신이 한바탕 화를 낸 그 농구 경기가 끝나고 돌아오는 길에, 우리는 웨스턴 시즐러에 들러 식사를 했습니다. 나는 샐러드를 먹기로 되어 있었지요.

"네 코치라는 그 백인, 이름이 뭐랬지? 믹스?" 당신이 물었습니다.

"릭스요."

"그 릭스라는 인간은 겁이 잔뜩 나 있어. 차라리 멍청한 백인이 낫지, 자기 잘났다고 뽐내고 속으로는 자신 없어하는 백인보다는."

"무엇 때문에 겁을 낸다는 거예요?"

"백인들이 겁내지 않는 게 어디 있겠니? 난 박사학위를 딴 흑인 여자고, 명문대에서 박사후 연구원 자리까지 얻었어." 나는 그게 뭔지 아는 사람은 당신 말고 네댓 명 정도밖에 없다고 투덜댔습니다. "결국 너는 깨닫게 될 거야. 미시시피 밖에 있는 사람들은 우리가 아주 뛰어난 모습을 보이면, 어떻게 대해야 할지 전혀 모른다는 걸. 그래서 그들은 할 수 있는 한, 우릴 벌주려고 들지."

나는 식당 부스 안에서 땀에 절어 찌푸린 표정을 한 채 당신의 말이 무슨 뜻인지 곱씹었지만 전부 말이 안 되는 소리 같았습니다. 그래도 '우리는 두껍고 탄탄한 허벅지를 가진 미시시피 모자(母子) 콤비이고, 북부에서 온 온갖 적들이 우리가 빛나는 걸 막으려고 득달같이 달려든다'는 생각을 하니 조금 우쭐해졌습니다.

"우리는 건드릴 수 없는 존재야." 당신은 계속 말했습니다. "이렇게 말해서 미안하지만, 사실이잖니. 개네는 절대 우릴 건드릴 수 없어."

그날 밤 집으로 돌아오는 길에, 나는 드마타고등학교에 다니는 흑인 남자애들이 나를 "배마"*라고 부른 일, 코치랑 학생들이 내가 "앰-부-런스"라고 발음하는 걸 보고 흉내내며 비웃은 일, 스페인어 선생님이 내 재킷에서 메기 냄새가 난다고 우리 반 애들에게 대놓고 농담한 일, 그리고 하필 전부 백인 남자인 선생들이 수업 중에 내 머리를 쓰다듬으며 "그래, 잘했어, 키-세이"라고 말할 때 느낀 불쾌함이 떠올랐습니다.

집까지 800미터쯤 남았을 때, 메릴랜드 경찰차가 우리를 세웠습니다. 미시시피에서 그랬던 것처럼, 당신은 등을 곧게 펴고 두 손을 운전대에 올린 채 앞만 똑바로 봤지요. 그러고는 메릴랜드대학교 신분증을 꺼내더니, 내가 목에 걸고 있던 빨강·검정·초록색 아프리카 펜던트를 퍼블릭 에너미 티셔츠 안으로 쑤셔넣었습니다. 당신은 나에게도 자세 똑바로 하고, 손은 대시보드 위에 가만히 올려두고 아무 말도 하지 말라고 했습니다.

경찰관이 쪼그려 앉아 당신 쪽 창문으로 안을 들여다봤습니다. 당신의 얼굴이 그 사람의 총과 너무 가까운 게 보이자, 나는 그 총을 확 빼앗아서 검은 옥수수죽으로 녹여버리고 싶었습니다. 미시시피에서 경찰이 나를 더 자주 멈춰 세우기 시작한 이후로, 나는 늘 전 세계 모든 총을 검은 옥수수죽으로 녹일 수 있는 초능력을 갖고 싶다고 생각했습니다. 경찰은 왜 미시시피 번호

---

* 미국 남부 앨라배마주의 줄임말. 대도시권에 위치한 흑인 학생들 사이에서는 남부 출신이거나 시골스러운 말투, 태도, 패션을 가진 사람을 조롱하거나 낮춰 부르는 말로 쓰이기도 한다.

판을 달고 있냐고 물었습니다.

"우리는 미시시피주 잭슨에 사는 사람이고, 저는 메릴랜드대학 칼리지파크 캠퍼스에서 박사후 과정 임용을 받은 상태입니다, 경관님. 제가 무슨 잘못이라도 했나요?"

경찰은 목소리를 더 크게 내라고 하면서, 깜빡이 없이 차선을 바꿨다고 주장했습니다. 당신은 핸들을 꽉 잡은 채 말했습니다. "저는 깜빡이 없이 차선을 바꾼 적이 없습니다. 경관님께서 뒤에서 속도를 내며 다가오시길래, 제가 깜빡이를 켜고 차선을 바꾼 겁니다."

경찰관은 억지 미소를 지으며 당신의 얼굴을 보다가, 운전면허증과 등록증을 보여달라고 했습니다. 그러고는 "저 사람은 당신 남편인가요? 저 사람도 신분증을 보여줘야 합니다"라고 말했습니다.

당신은 핸들에서 손을 떼어 경찰 쪽으로 뻗으며 말했습니다. "차에서 좀 떨어져주세요. 이 아이는 저의 아들이고 열다섯 살밖에 안 돼서 신분증이 없습니다. 경관님의 배지 번호 좀 알려주시겠습니까?" 나는 당신이 축약형을 전혀 쓰지 않고 말할 때마다, 그 어투가 너무나 딱딱하게 들려 싫었습니다. 경찰은 우리 둘에게 차에서 내리라고 지시했습니다.

"우린 차에서 내리지 않을 겁니다." 당신은 한결 더 큰 목소리로 말했습니다. "우리가 뭘 잘못했습니까?"

나는 주먹을 불끈 쥔 채 조심스레 운전석 창 쪽으로 몸을 옮기려 했지만, 당신은 손등으로 내 가슴을 후려치며 "조용히 하고 주먹도 풀어!"라고 했습니다. 마침 다른 경찰차가 또 왔습니다. 처음 경찰은 이제 아예 웃으면서, 뒤에 온 경찰차 쪽으로 걸어갔습니다. 결국 당신은 뒤에 온 경찰관에게 면허증과 메릴랜드대학 신분증을 보여줬습니다. 그 경찰은 신분증을 뒤집어보더니, "좋은 밤 되세요"라고 말했습니다.

그날 밤 아파트에 들어와 문을 잠근 뒤, 당신이 입을 열었습니다. "절대 재네에게 먼저 총 쏠 기회를 주면 안 돼. 재넨 쏠 거야. 또 쏠 거야. 또 쏠 거야." 당신이 왜 세 번이나 같은 말을 반복했는지, 왜 '우리도 총을 쏘자'고는 안 하는지 궁금했습니다. "미시시피든 메릴랜드든, 어디에 있든 상관없어. 재넨 틈만 나면 네 까만 엉덩이에 총알을 박아 하늘에서 널 떨어뜨릴 거야. 만약 네가 그 총안을 피해 달아나다 심장마비로 죽으면, 재넨 총을 숨기고 네가 자살했다고 말할걸."

"알겠어요." 나는 건성으로 대답하고, 당신을 웃게 만들 방법을 찾으려 애썼습니다. "근데 아까 그냥 '바꾸지 않았습니다' 대신에 '안 바꿨어요'라고 하지 그랬어요. '내리지 않을 겁니다'도 '안 내려요'가 훨씬 더 자연스럽지 않아요?"

"만약 내가 올바른 영어를 쓰지 않는다면, 저 경찰이 우리에게 총을 쏠 가능성이 더 커지니까."

"안 그랬을걸요." 내가 말했습니다. "그 바보는 엄마가 표준 영어를 완벽히 썼기 때문에 더 화를 낸 것 같은데요."

당신은 내 말을 곱씹는 듯한 표정으로 날 바라보더니 말했습니다. "어쩌면 네 말이 맞을지도 몰라, 키. 그렇지만 결국 긴 안목으로 봤을 때, 올바른 영어를 쓰면 흑인 남자에게 이로울 확률이 커."

"근데 엄마한테도 그게 안전장치가 되어줄까요?"

"난 도움받을 필요가 없단다." 당신이 말했습니다. "위기에 처한 종족은 내가 아니니까."

"나도 아니에요." 내가 말했습니다. "난 위기에 처한 종족이 아니라, 그냥 배에 가스가 잔뜩 찬 종족이에요. 금방 올게요. 그경찰 때문에 배가 뒤틀려 죽겠어요."

당신은 깔깔 웃다가, 웃음을 멈췄습니다.

내가 방으로 들어가 옷을 갈아입고 나오는 동안, 당신은 내게 경찰과 있었던 일을 글로 써보라고 했습니다. 하지만 난 뭘 써야 할지 몰랐습니다. 그들이 우리의 날개를 쏴 떨어뜨릴 기회를 주지 않으려면 어떻게 살아야 하는지, 그게 전혀 감이 안 잡혔으니까요. 그냥 운전하는 것, 집에 들어가는 것, 자기 일 하는 것, 심지어 자몽을 자르는 것만으로도 충분히 총 맞을 수 있다는 게 보였습니다. 그리고 가장 큰 문제는, 경찰만 총을 쏘는 게 아니라는 사실이었습니다. 그저 경찰에게는, 우리가 어떤 '날아오르는 방식'을 맘에 안 들어할 때, 총과 감옥으로 협박할 합법적 권리가 있다는 게 달랐을 뿐이지요.

나는 우리가 날아오르는 '방식'을 너무나 사랑했습니다.

크리스마스 방학 동안, 라톤은 나를 머러고등학교에 데려갔습니다. 거기서 우리는 키가 205센티미터인 우리가 아는 고등학교 1학년생 오델라가 몸 풀기 시간부터 전반전, 하프타임 슛 연습까지 모든 슛을 다 넣는 걸 지켜봤습니다. 오델라는 40점 넘게 넣고, 덩크만 12개를 했으며 리바운드도 20개 이상 잡아내는 걸로 경기를 마쳤지요. 4쿼터는 거의 뛰지도 않았습니다. 라톤과 나는 그 경기를 완전히 말없이 지켜봤습니다.

"오델라가 전국 고등학교 1학년 중에 최고래." 라톤이 집에 가는 길에 처음 말을 꺼냈습니다.

"미시시피 최고가 아니라?"

"아니, 진짜로 전국 최고야. 완전 게임 체인저라고."

"메릴랜드에 있는 우리 학교 애들은 우리 미시시피 사람들을 '배마들'이라고 부르면서 무시해." 내가 말했습니다. "우리가 그렇게 시골 촌놈이라면, 어떻게 고등학교 1학년 중에 전국 최고 선수가 나올 수 있겠어? 게다가 헐리우드 로빈슨이나 크리스 잭슨도 다 우리 쪽인데."

"월터 페이튼*도 있지." 라톤이 말했습니다.

"패니 루 해머**도."

"백인으로 치면 브렛 파브***도 있고."

"오프라†도 있잖아." 내가 말했습니다. "오프라는 바바라 월터스††보다 더 크게 될 거야. 저 사람들 참 답이 없다니까."

"맞아." 라톤이 말했습니다. "늘 답이 없지. 근데 우리가 할 건 뭘까? 나랑 너."

그날 밤, 라톤과 나는 우리가 하던 농구와 오델라가 하는 농구가 전혀 다른 종목처럼 보인다는 걸 깨달았습니다. 우린 농구 하는 걸 좋아했지만, 오델라는 진정한 실력자였습니다. 오델라 해링턴 덕분에 그날 밤 라톤 시몬스는 엔지니어로서의 삶을 상상하기 시작했고, 나는 중학교 교사가 되어서 랩으로 부업을 하는 인생을 그려봤습니다.

메릴랜드로 돌아오고 몇 주 뒤, 나는 세계사 시험에서 커닝하

---

* 미시시피 출신의 전설적인 미식축구 선수로, 미국 프로풋볼 명예의 전당에 헌액되었다.

** 미시시피 소작농 출신의 미국 인권 운동가로, 흑인 유권자 등록 운동과 시민권 운동에 중요한 역할을 했다.

*** 미국 프로풋볼 명예의 전당에 헌액된 미시시피 출신의 쿼터백으로, 주로 그린베이 패커스 팀에서 뛰며 많은 성공을 거두었다.

† 세계적으로 유명한 토크쇼 진행자, 배우, 제작자 및 자선사업가인 오프라 윈프리. 미시시피 출신이며, 미디어 산업에서 큰 영향력을 발휘하고 있다.

†† 미국의 저명한 방송 저널리스트로, 매사추세츠주 보스턴에서 태어나 뉴욕에서 자랐다. 여러 대통령과 세계 지도자들을 인터뷰한 것으로 유명하다.

다가 감독관으로 들어온 릭스 코치에게 걸리고 말았습니다. 전날 나는 숙제로 내준 세계사 교과서 읽기를 거부하고 『비포 더 메이플라워』*라는 책을 읽고 있었고, 다음날 부정행위를 했지요. 당신이 학교에 나를 데리러 왔을 땐, 이거 또 맞겠구나 싶었습니다. 메릴랜드에 온 이후로 당신한테 맞은 적은 없었지만, 그날은 등짝이 완전히 아작날 것 같았죠.

그런데 당신은 차에 타자마자 "네가 무슨 짓 하는지 안다. 이제 그만둬"라고 했습니다.

"무슨 짓이요?" 내가 물었습니다.

"그만둬, 키."

그게 전부였습니다. 매질도, 뺨 맞는 일도, 벌로 뭘 쓰라는 명령도 없었습니다. 당신은 내가 태어나서 본 모습 중 가장 행복해 보였습니다. 밤중에 내 방에 들어와 울지도 않았고, 내 뺨에 입맞춤하고, 방귀 농담을 하며, 뜻밖의 순간까다 내 손을 잡았습니다.

"여기선 내가 교사가 아니야." 당신은 할머니와 통화할 때 몇 번이나 그렇게 말했습니다. "난 그냥 학자거든. 글 쓰고 연구할

---

* 미국의 흑인 역사가 러론 베넷 주니어가 1962년에 출간한 책으로, 아프리카 대륙에서 시작해 노예 무역, 노예 제도, 시민권 운동에 이르기까지 흑인의 역사와 미국 사회에 대한 기여, 투쟁을 상세히 다룬다. 제목은 미국 백인 중심의 역사 서술이 '메이플라워호'에서 시작되었다는 관점을 비판하며, 흑인의 역사가 그 이전부터 존재했음을 강조한다.

시간을 벌었다는 게 내게는 정말 큰 의미야, 엄마. 난 지금 키랑 나 자신을 제대로 사랑하는 법을 배우고 있어. 늦더라도 안 하는 것보다 낫겠지."

나는 당신이 말한 그 "학자"라는 부분이 정확히 뭔지 몰랐습니다. 어쨌든 메릴랜드에선 내가 당신을 알아온 이래 처음으로 차에 기름이 다 떨어져 길에 선 적이 없었습니다. 전기도 끊기지 않았지요. 그렇다고 냉장고가 음식으로 가득하거나 돈이 남아도는 건 아니었지만, 굶주린 적은 정말 한 번도 없었습니다.

봄 방학 때 그린벨트 레크리에이션 센터에서 농구하고 돌아왔을 때, 당신은 내게 미시시피에서 쓰던 노트에 적은 문장들을 읽어보라고 시켰습니다. "네가 본 거, 들은 걸 글로 쓰긴 했지만, 되돌아보질 않아서 더 나은 답을 찾지 못했잖니. 좋은 질문은 언제나 평범한 답을 이긴단다." 당신이 말했습니다.

"글쓰기에서, 그리고 사실 인생에서도 가장 중요한 건 '고쳐 쓰기'야."

다른 사람에게 고통을 주는 것에 무감각하면, 그 사람은 폭력적인 사람일까?

나는 잭슨에서 이런 문장을 썼고, 워싱턴 D.C.의 시장이던 마리온 배리*가 TV에 나와 코카인을 피우다 체포된 장면을 보고 그 문장을 다시 고쳐 썼습니다. 그날 밤 나는 당신이 왜 그렇게 울면서 속상해하는지 이해할 수 없었습니다. "이건 전부 폭력이야. 백인들은 이 영상을 몇십 년 동안 흑인 정치인들 공격하는 데 쓸 거야. 키, 네 할 일을 해. 계속 고쳐 써. 그리고 절대, 절대로, 이런 인간들 앞에서 실패하는 모습 보이지 마."

학교에서 배운 어떤 것도 미시시피, 메릴랜드, 그리고 미국 전역에 만연한 폭력이 이토록 영구적이라는 걸 설명해주지 못했습니다. 방과후, 나는 내 글에 쓰인 단어들을 읽고 재배열하며, 폭력이라는 개념을 어떻게 이해해야 할지 고민했습니다. 내 인생에서 처음으로, '진실을 말하는 것'과 '진실을 찾아내는 것'은 완전히 다르며, 진실을 찾아내려면 단어를 다시 읽고 재배열해야 한다는 걸 깨달았습니다. 단어를 고치고 배열하는 데에는 어휘뿐 아니라 의지와, 어쩌면 용기도 필요했습니다. 고쳐 쓴 단어 패턴은 곧 고쳐 쓴 사고방식이고, 고쳐 쓴 사고방식은 기억을 형성하니까요. 그 모든 말을 들여다보니, 그 안에 기억이 있었습니다. 다만 내가 할 일은 재배열하고, 더하고, 빼고, 멈춰서 곱씹으며, 그 기억을 해방시킬 방법을 찾는 것뿐이었죠. 당신은 미시시피에서 "고쳐 쓰기가 곧 글쓰기 연습"이라고 했는데, 메릴랜드에

---

* 워싱턴 D.C. 흑인 공동체를 대표하는 인물로, 시민권 운동가에서 정치 지도자로 성장했고, 시장 재임중 흑인 고용 확대와 복지 향상에 기여했다. 마약 스캔들로 수감되었음에도 불구하고 여전히 '민중의 시장'으로 불리며 지지를 받았다.

와서야 나는 그 말이 맞다고 믿게 됐습니다. 실은 글쓰기 연습이라는 건 앉아서 가만히 시간을 보내는 연습을 뜻했고, 내 몸은 결코 가만히 있길 원치 않았습니다. 억지로라도 앉아 있을 때면, 내 머릿속은 2단 덩크를 상상하거나 나를 좋아해주는 어떤 여자와 입맞추는 생각으로 가득찼습니다. 하지만 가만히 앉아 있는 것 역시 글쓰기의 일부였고, 그것도 연습이 필요했습니다. 대부분의 날에 내 몸은 그 연습을 완강히 거부했지만, 그럴수록 나는 몸을 설득했습니다. 가만히 앉아 글을 쓰는 일이 기억으로 향하는 길을 열 거라고 말입니다.

나는 래퍼들이 쓴 수만 개의 문장을 베껴 쓰고 암기하면서, '흑인 아이들이 외우고 싶어할 문장을 직접 쓴다는 건 어떤 기분일까' 생각했던 때를 떠올렸습니다.

이어 라톤의 새 서브우퍼에서 흘러나오는 우렁찬 베이스에 이끌려 잭슨 시내를 날아다녔던 기억. 〈크리미널 마인디드〉와 〈도프맨〉을 쩌렁쩌렁 크게 틀어놓고, 라톤이 할아버지의 커틀라스* 운전석을 45도쯤 뒤로 젖힌 채 운전하던 모습을 조수석에서 느긋이 구경하던 기억. 경찰에게 무모하게 말대꾸하다가 차에 타고 있던 모두가 총 맞을 뻔했을 때, 라톤이 내게 "넌 흑인의식을 좀 심하게 밀어붙일 때가 있어"라고 말하던 기억.

---

* 올즈모빌에서 제작한 자동차 모델. 특히 1960년대에서 1980년대 사이에 인기가 많았던 모델이다.

맬러카이 헌터가 집에 왔을 때 내가 〈벤슨〉과 〈나이트 코트〉를 볼륨을 높여 봤던 기억. 중학교 3학년 미술 시간 2교시에 카말라 래키가 내게 "자기 가슴 만져보라"고 했을 때 가슴이 쿵 내려앉았던 기억. 평생 단 한 번도 여자애에게 키스 못 해도, 레일라나 카말라 래키가 내게 가슴 만져보라고 제안하던 그 순간의 상상을 평생 자위감으로 삼을 수도 있다고 생각했던 기억.

모자를 왼쪽으로 비껴 쓴 친구가, 오른쪽으로 비껴 쓴 친구에게 총을 쏴서 죽이는 걸 지켜본 기억. 그 친구들이 그후로 종적도 없이 사라져버린 걸 지켜본 기억.

당신이 "우리 1년 동안 미시시피를 떠나야 해"라고 했을 때, 내가 할머니에게 "제발 여기 남게 해주세요"라고 애원했던 기억. 할머니 집 현관에 앉아, "네가 가버리면 내가 너무 외롭지 않겠냐"고 말하던 할머니를 지켜본 기억. 잭슨에서 당신이 날 자꾸 때린 이유가, 잭슨이 당신을 때리고 있었기 때문이라고 할머니가 말해줬을 때, 당신을 용서하게 된 기억.

어느 날 아침 일찍 일어나보니, 뷰라 보퍼드의 집에 있던 그 어른 흉내내는 남자애들이 다 사라져버린 걸 발견했던 기억. 알고 보니 그중 둘은 학교 근처에서 마약을 팔다 잡혀 감옥에 갔고, 한 명은 주 밖으로 쫓겨났으며, 레일라는 할머니 할아버지 댁이 있는 멤피스로 이사 갔다고 했지요.

그리고 레일라가 잭슨주립대 홈커밍 경기를 보러 돌아왔을 때, 그 애에게 "그날 뷰라 보퍼드의 집에 두고 간 걸로 화난 거 아니야?" 하고 물어본 기억. 레일라는 "나도 너희처럼 수영하고 싶었을 뿐이야. 난 니들 같은 놈들 신경 안 써"라고 말했는데, 나는 그 말을 들으며 괜히 폼을 잡았지요.

메릴랜드를 떠나기 전, 나는 인생에서 두번째로 병원에 갔습니다. 좋은 소식은 내 키가 185.4센티미터이고 몸무게는 94.3킬로그램으로, 잭슨을 떠날 때보다 키가 5센티미터 더 컸고 몸무게는 9킬로그램이나 줄었다는 거였습니다. 나쁜 소식은 심장에서 "웅얼거림"이 들린다는 것이었습니다. 당신은 그 "웅얼거림"이 심장이 기능하고 있는 거라고 괜찮다고 하면서도, 우리 둘이 로욜라 메리마운트 농구팀의 포워드였던 행크 개더스가 앨리웁을 받고 나서 심장마비로 세상을 떠나는 걸 TV로 지켜보았듯이 늘 경계해야 한다고 했습니다.

나는 "웅얼거림"이라는 말이 참 듣기에 좋았고, 그걸 안고 좀 더 몸집이 줄어든 채, 게다가 글쓰기, 수정, 기억, 그리고 당신과의 새로운 관계를 장착하고, 미시시피로 돌아간다는 사실이 기뻤습니다.

미국은 다른 사람에게 고통을 주는 걸 좋아하면서도, 정작 그 고통이 아프다고 말하면 싫어하는 폭력적인 인간들로 가득 차 있는 것 같다.

헐크

당신은 할머니의 소파 한쪽 끝에서 소리를 지르고 있었고, 나는 반대편 끝에서 얼굴 한쪽을 움켜잡고 있었습니다. 우리가 미시시피로 돌아온 지 일주일도 채 되지 않았을 때, 내가 말대꾸를 했다는 이유로 당신은 패트릭 유잉 아디다스의 뒤축으로 내 얼굴을 내리쳤습니다. 맞은 부위가 부어오르기 시작했지만, 잭슨을 떠나기 전과는 다르게 왜 유잉 뒤축에 얼굴을 맞았는데도 그렇게 아프지 않은지 이해할 수 없었습니다. 나는 키가 185센티미터에 몸무게가 97킬로그램이었고, 당신보다 23센티미터나 더 크고 18킬로그램 이상 더 무거웠습니다. 내 마음과 몸의 부드러운 부분들은 점점 단단해지고 있었고, 그 단단해진 부분으로 당신을 다치게 하고 싶지는 않았지만, 다시는 당신에게 상처받고 싶지도 않았습니다.

나는 친구 아버지들보다 키와 몸무게가 더 나갔지만, 겨드랑
이 아래의 솜털, 듬성듬성한 음모, 그리고 얼굴에 전혀 없는 수
염 따위는 내가 아무리 몸집이 커도 여전히 그대로인 듯했습니
다. 털만 놓고 보자면, 나는 여전히 아이였습니다. 하지만 라톤,
도니 지, 자바리 같은 아이들은 이미 제대로 된 콧수염과 턱수
염이 자라나기 시작했습니다. 개학을 앞둔 주말, 당신은 월요일
에 나를 이발소에 데려가서 머리를 깎아주겠다고 약속했습니다.
그런데 월요일이 되자, 나는 한 주 동안의 점심값과 이발 중에서
하나를 선택해야 했습니다. 나는 점심값을 택했고, 당신은 "집
에서 직접 해주는 최고의 페이드 컷"을 보여주겠다며 나를 부추
겼습니다. 왜 내가 당신을 믿었는지는 잘 모르겠습니다. 당신은
재능이 많았지만, 자가 있든 없든 선을 반듯이 그리거나 컬러링
북에 선을 따라 색칠하는 일조차 전혀 못 했으니까요.

페이드가 좀 엉성할 거란 건 각오했습니다만, 당신이 해준 페
이드는 내가 미시시피에서 본 실제 사람 머리카락에 해놓은 것
중 최악이었습니다. 페이드가 제대로 '서서히' 이어지지 않았을
뿐 아니라, 어느 부분도 대칭적으로 보이지 않았습니다. 새로 깎
인 머리를 보고 있자니 눈물이 핑 돌았습니다. 당신이 내 반응
을 보고 배를 잡고 웃다가 눈물까지 흘리는 동안, 나는 당신에
게 화장실 밖으로 나가달라고 했습니다. 그리고 문을 잠근 채
바클리나 조던처럼 아예 머리를 밀어버리면 어떨까 하고 고민했

습니다.

문을 열었을 때, 당신은 기겁하며 "민머리를 하면 백인들이나 경찰이 너를 더 위협적으로 볼 거야"라고 말했습니다. "잘됐네요"라고 내가 대답했고, 다시 문을 닫은 뒤 남은 머리카락을 모두 씻어냈습니다.

샤워를 마치고 나와보니, 머리카락도 얼굴 수염도 전혀 없는 내 모습이 거울에 비쳤습니다. 풍성한 '라몬트 샌포드 수염'이 아니라 라톤이나 다른 친구들처럼 아련하게 드러나는 콧수염이 있다면 어떨지 궁금해졌습니다. 그래서 서랍을 뒤져 당신의 마스카라를 찾은 뒤, 윗입술 위 피부에 검은색을 문질러 내 얼굴도 몸만큼이나 좀더 남자처럼 보이고 느껴지도록 만들었습니다.

학교로 가는 내내, 당신은 내 민머리에 대해 계속 이야기를 늘어놓았고, 나는 새로 만든 가짜 콧수염만 생각했습니다. 내가 가방을 들고 차에서 내리려 한 때, 당신은 "네 몸에 인내심을 가져, 키. 사랑해"라고 말했습니다. 나는 당신이 패트릭 유잉 아디다스로 내 얼굴을 후려쳤던 그날도 오늘 같았으면 좋았을 텐데 하고 생각했습니다.

잭슨으로 돌아온 뒤 처음 몇 달 동안, 나는 커다란 민머리 상태로 라톤의 소파에서 자바리의 2층 침대 아래칸으로, 거기서 다시 도니 지의 손님방으로, 그리고 세인트 조지프 고등학교의 대표 농구 연습장으로 전전하며 지냈습니다. 어느 날 밤, 농구 경기가 끝나고 유리알 같은 눈을 지닌 통통한 백인 고등학교 1학년 소녀가 검은색 컨버터블을 몰고 와서 내게 바나나 셰이크를 사주겠다고 했습니다. 그녀의 이름은 애비 클레어몬트였습니다. 이틀 뒤, 자바리의 밴 뒷자리에서 애비는 나에게 지금까지 몇 명의 여자아이와 키스해봤냐고 물었고, 나는 사실 한 번도 없었지만 "대여섯 번쯤?"이라고 거짓말을 했습니다. 그러자 애비는 내 입술에 키스를 했습니다. 몇 주 뒤, 애비는 나에게 섹스를 몇 번이나 해봤냐고 물었고, 나는 사실 한 번도 없었지만 "네 번 반 정도?"라고 거짓말을 했습니다. 그러자 애비는 도니 지의 어머니가 일하러 간 사이, 그의 집에서 섹스를 하자고 제안했습니다.

애비는 나를 제대로 알지도 못하고, 나 역시 애비를 잘 알지도 못했지만, 나는 남은 인생을 애비와 함께하고 싶었습니다. 나는 어른 흉내내는 남자애들이 여자친구를 두고 바람을 피운다는 이야기를 많이 들었지만, 그때마다 좀 혼란스러웠습니다. 사랑하는 사람과의 섹스가 역겨움의 정반대이자 초라함의 정반대라는 걸 다들 알고 있을 텐데 말입니다. 사실 그것은 내가 인생에서 느껴본 그 '흑인의 풍요로움'만큼이나 좋았던 거의 유일한 것이었습니다. 그래서 사랑하지 않는 사람과의 섹스가 어떻게 비슷한 만족감을 줄 수 있는지 도무지 이해가 되지 않았습니다.

"고마워." 우리가 처음으로 섹스를 하고 누워 있을 때 애비가 말했습니다. "네가 무서워했다는 거 알아."

"네가 어떻게 알아?" 내가 물었습니다. "내 리듬이 별로였나? 다음엔 더 잘할 수 있어."

"전혀 아니야." 그러고 나서 애비는 기침이 나도록 웃었습니다. "네가 무서워했던 건 내가 널 사랑하기 때문이야. 그리고 네가 날 사랑한다는 것도 느껴져. 그게 무서운 거지."

나를 만져준 어떤 여자도 오직 나에게만 만져지길 원하지 않았습니다. 그렇기에 내가 바라는 전부는, 애비가 나를 행복하게 만들어준 만큼 애비 역시 행복하길 바라며 모든 것을 해주는 것이었습니다. 나는 미시시피에서 백인 소녀에게 성적으로 만져지고 사랑받는다는 것이 무슨 의미인지 궁금해하면서도, 동시에 당신과 할머니, 그리고 레나타를 빼고는 미시시피의 그 어떤 여자나 소녀에게 만져지고 사랑받는 기분이 어떤지 알 수 없다는 사실에 혼란스러웠습니다. 나는 늘, 내가 좀더 나이를 먹고, 괜찮은 일을 구하고, 허벅지 살을 많이 뺀 뒤에 레일라와 처음으로 '진짜' 섹스를 하리라고만 생각했었습니다.

라톤은 애비 클레어몬트 이야기를 듣고 나를 배신자이자 호구라고 불렀습니다. "우리는 홀리 패밀리 출신이야." 그가 말했습니다. "그런 짓 하면 안 된다는 거 알잖아. 너, 우리가 어디 출신인지 잊었어?"

나는 연습이 끝난 뒤 라톤과 함께 시간을 보내거나, 금요일 밤에 그와 함께 미드-사우스 레슬링을 보러 가는 대신, 어떻게든 애비 클레어몬트와 함께할 방법을 찾았습니다. 사실 라톤에게 내 몸이 사랑과 섹스를 통해 어떤 감각을 느끼는지 털어놓고 싶었고, 그의 몸도 나와 비슷하게 느끼는지 물어보고 싶었습니다. 섹스할 때 옷을 벗지 않고 티셔츠를 입은 채로 하는지, 오르가슴 직전과 직후엔 어떤 기분이 드는지, 섹스 중에 땀이 눈에 들어가면 어떻게 하는지, 만약 여자친구가 차 안에서 섹스하고 싶어하는 상황에서 샤워부터 먼저 해야겠다고 느껴질 땐 어떻게 말하는지, "아, 나 땀냄새 심해서……"라고 미리 밝혀서 역한 냄새에 놀라지 않게 하는지, 이런 것들을 전부 묻고 싶었습니다. 나는 라톤에게 내가 배신자가 아니고, 백인 여자애한테 반한 것도 아니라고 말하고 싶었지만, 그 말을 꺼내기가 어려웠습니다. 왜냐하면 나는 딱 배신자 같았고, 사랑에 빠진 사람처럼 행동하고 있었으니까요. 지붕을 연 그녀의 검은색 컨버터블을 타고 다니거나, 쉬는 시간마다 손을 잡고 다닌다거나, 또는 그녀의 백인 친구들이 우리가 없애려고 애쓰던 모음 발음을 아무렇지 않게 쓰는 걸 보면서도 그 애들 면전에 대고 절대 그 발음이 형편없다고 말하지 않는 그런 행동들 말입니다.

내가 다니는 학교에서 나에게 만져달라고 직접 부탁했던 유일한 다른 여학생은 내 친구 카말라 래키였습니다. 카말라 래키는 덩치가 컸지만 그 몸집에 비해 움직임이 날렵했고, 나보다 피부가 더 짙었으며, 세인트 조지프 고등학교에서 가장 재치 있는 2학년 학생이었습니다. 그리고 나처럼 차도 면허도 없었습니다. 그녀는 학교에서 32킬로미터 정도 떨어진 캔턴에 살았습니다. 그러니 만약 카말라 래키가 나에게 손잡기나 미술 준비실에서 가슴을 만지는 것 이상의 무언가를 제안한다면, 우리는 꽤나 진지한 계획을 세웠어야 했을 겁니다. 나는 여자아이와 뭔가를 계획하거나 뭘 해보자고 먼저 말하는 게 늘 겁났습니다. 왜냐하면 만약 그 여자아이가 내가 계획한 뭔가에 "예스"라고 답한다면, 그건 혹시 내가 너무 거구여서 거절하기 두려웠기 때문이 아닐까 하는 생각이 들었기 때문입니다. 난 누구도 자기 몸으로 하고 싶지 않은 일을 억지로 하게 만들고 싶지 않았습니다.

만약 카말라 래키가 먼저 나에게 키스했다면, 나도 기꺼이 그녀와 키스했을 겁니다. 만약 그녀가 나에게 섹스를 하자고 했다면, 기쁘면서도 두려운 마음으로 응했을 겁니다. 하지만 카말라 래키와 섹스를 하고 나서 내가 과연 애비와 섹스를 한 뒤처럼 그렇게 세상을 다 가진 듯한 기분이 들지는 확신이 서지 않았습니다. 그래도 똑같이 '아름답다'고 느끼긴 했을 거라는 생각은 합니다. 카말라 래키는 매일 세번째 수업이 있을 때마다 "애비 클레어몬트는 완전 정글 열병(jungle fever)*에 걸렸어, 그리고 너는 그 커다란 정글이잖아"라고 내게 말했습니다. 왜냐하면 애비의 전 남자친구 역시 나처럼 살찐 흑인 소년이었기 때문입니다. "나도 그 커다란 정글이야." 카말라 래키가 말했습니다. "빅 올 정글들(The big ol' jungles)**은 빅 올 정글들이랑 붙어 있어야 해."

나는 그녀의 농담에 배꼽 잡고 웃었습니다. 그러다가 어느 순간부터는 웃지 못했습니다.

나는 애비 클레어몬트와의 관계를 비밀로 했습니다. 당신이 내가 백인 소녀와 섹스를 한다는 사실을 알면 분명 나를 때릴 거라는 걸 알았기 때문이기도 했지만, 무엇보다도 내가 당신이 보기엔 '못생겼다'고 생각해서 백인 여자아이를 만나는, 몸집만 큰 배신자라고 믿게 하고 싶지 않았기 때문입니다. 내가 정말 배신자인지도 확신은 없었지만, 당신이 세상에서 가장 아름다운 여성이라는 사실만큼은 알고 있었습니다. 나는 상상 속에서만 당신과 대화를 나눴습니다. 오직 나하고만 섹스하고 싶어하는 여자아이와 섹스하는 게 너무 좋아서, 자주 그렇게 하게 됐다고 털어놓자 당신은 고개를 저으면서도 나를 안아주었지요. 나는 그런 사람은 세상에서 애비 클레어몬트밖에 없다는 사실도 고백했습니다. 상상 속에서, 나는 "그런 사람(for whom)"***이라

---

* 다른 인종, 특히 흑인에게 강한 성적 끌림을 느끼는 것을 의미하는 속어.

** 몸집이 큰 흑인을 가리키는 속어.

*** 원문 "for whom"은 일상 회화보다는 문어체, 또는 격식체에서 사용되는 표현으로, 화자는 상상 속 대화에서 굳이 고전적이고 격식 있는 말을 씀으로써, 자신의 어른스러움이나 교양, 학식 등을 어머니에게 인정받고 싶은 마음을 내비친다.

는 세련된 표현까지 써가며 말을 했고, 당신은 그 말을 하는 내 뺨에 입을 맞췄습니다.

애비 클레어몬트와 나는 자주 섹스를 했지만, 우리의 관계에 대한 질문은 절대로 하지 않았습니다. "왜 먼저 하자고 하지 않아?"나 "기분 좋았어?" 같은 질문 말고는 아무것도 물어본 적이 없었습니다. 나는 어떻게 대답해야 할지 몰랐고, 괜히 잘못 말하면 애비 클레어몬트가 나를 약하다고 생각하고 더이상 나만을 원하지 않게 될까봐 걱정했습니다.

금요일 밤과 토요일 밤이면, 애비와 그녀의 친구들은 세인트 리처드 주차장에서 술을 마시며 어울렸습니다. 가끔 거기에 있는 흑인은 나 혼자뿐일 때도 있었습니다. 그런 날이면, 나는 그녀가 집에 갈 준비가 되거나 너무 취해서 어디가 어딘지 모를 때까지 차 안에서 블랙 시프의 새로운 테이프를 들으려 애썼습니다. 애비 클레어몬트는 술에 취했을 때 섹스를 원하는 날이 많았습니다. 보통은 내 몸이 거부감을 느껴서 "안 돼"라고 말했지요. 한번은 만져지고 싶어서 충동적으로 "예스"라고 했지만, 혹시라도 그녀가 내 손길을 시시하게 여기진 않을까 잔뜩 긴장했습니다. 하지만 술에 취한 애비 클레어몬트와 섹스를 하고 난 다음날, 나는 뭔가 잘못을 저질렀다는 걸 느꼈습니다. 애비 클레어몬트는 자기가 원하는 모든 걸 나와 이미 했다고 말했지만, 나는 그녀가 그 모든 일을 어떻게 기억할 수 있을지 알 수가 없었습니다.

내가 취한 상태에서 섹스하는 것에 대해 이야기하고 싶다고 말했을 때, 애비는 "난 널 믿어. 걱정하지 마. 네가 날 다치게 하지 않을 거라는 거 알아. 넌 좋은 사람이잖아"라고 말했습니다.

농구 시즌이 중반에 접어들었을 무렵, 나는 농구가 내 세상에서 가장 중요한 것이라는 사실을 잊은 듯이 플레이했습니다. 우리 코치인 필 시칠러는 텁텁한 목소리를 가진 백인 남자이자 학교에서 가장 인기가 많은 선생님이었는데, 그는 도니 지에게 내 문제가 "그 백인 여자애" 때문인 것 같다고 말했다고 합니다.

나는 시칠러 코치와 얘기를 하러 갔고, 그는 나에게 우선순위를 명확히 하고 애비 클레어몬트를 쫓아다니는 짓을 그만두라고 요구했습니다. "그 문란한 애랑 어설프게 놀아나는 건 너한테 득될 게 없다." 그가 말했습니다. "플레이오프 끝날 때까진 참아. 그 다음엔 네가 원하는 만큼 실컷 싸러 다녀도 좋아."

"싸러 다닌다(chasing nut)"라는 말은 그후 내 친구들이 성관계 자체에는 열을 올리지만 진지한 관계에는 관심 없는 사람을 묘사하는 표현으로 쓰이기 시작했습니다. 라톤은 나를 배신자라고 여기면서도, 내가 "저 녀석은 맨날 싸러 다닌다니까?"라고 말할 때마다 배꼽이 빠지게 웃었습니다. 라톤에게 사실 그 말이 시칠러 코치한테서 들은 표현이라는 사실은 끝내 말하지 않았습니다.

1991년 3월 4일, 우리가 플레이오프에서 탈락하고 몇 주 뒤였습니다. 나는 자유 운동 시간 후에 자바리의 집에 갔습니다. 그날 밤 늦게 애비 클레어몬트가 나를 픽업해서 레드 랍스터 주차장에서 섹스를 하고, 우리집 길 끝에 나를 내려주기로 했습니다. 우리는 농구 경기를 보다가, 뉴스가 긴급 속보로 전환되는 걸 지켜봤습니다. 화면에는 백인 경찰 무리 중간에 다른 백인 경찰 네 명이 있었고, 그 네 명이 쇠사슬로 묶인 흑인 남성을 집단 구타하는 영상이 나오고 있었습니다.

우리는 뉴스가 그 영상을 네 번 반복해서 재생하는 걸 지켜봤습니다.

우리 모두 예전에 경찰에게 거칠게 당해본 적이 있고, 쫓겨본 적이 있고, 총을 들이밀려본 적이 있으며, 우리 이름도 아닌 다른 욕설로 불린 적이 있습니다. 우리 모두 경찰이 우리 어머니나, 이모, 혹은 할머니를 모욕하는 장면을 봤습니다. 그래서 우리 모두는 I-55 고속도로를 달리며, 경찰과 그들이 지키고 보호하는 모든 것들을 가사로 물리쳐내는 듯한 랩을 했습니다. "젊은 깜둥이가 개고생하는 건 피부색 때문이지."* 하지만 현실은, 우리가 안전하다고 느끼던 공간에서, 백인들이 백인 경찰을 보고, 또다른 백인 경찰들이 우리 몸을 파괴하는 장면을 지켜보는

---

* 미국 힙합에서 자주 인용되는 가사로, 유색인종 청년으로서 겪는 고통과 차별을 표현한다.

걸 지켜보게 된 상황이었습니다.

밖에서 기다리던 애비 클레어몬트가 빵 하고 울린 경적 소리에 나는 화들짝 놀랐습니다.

"뭔 일 있어?" 그녀가 내가 차에 타자마자 물었습니다.

"아무것도 아니야." 나는 자바리 집에서 집어 온 작은 양파링을 만지작거리며 말했습니다. "지붕 좀 닫고, 그냥 집에다 내려다줄래?"

"왜?"

"엄마가 오늘은 평소보다 일찍 들어오래. 몸살이 났대. 독감."

"웃기시네. 도대체 왜 지붕을 닫고 싶어하는지 말해봐. 묻잖아. 그리고 이 냄새는 뭐야?"

내가 전에는 그녀에게 한 번도 짓지 않았던 표정으로 쳐다보자, 그녀가 말했습니다. "왜 그렇게 봐? 말해봐."

"그냥 내일 뭐할지 얘기하면 안 될까?"

보통 나는 애비 클레어몬트의 컨버터블에서 내릴 때, 혀를 섞어 입맞춤을 하곤 했습니다. 그런데 그날 밤은 그녀의 뺨에만 가볍게 키스하고, 나를 그렇게 잘 대해줘서 고맙다고 말했습니다. 그녀가 자기 아버지와 어머니 사이에 무슨 일이 있는지 얘기하려고 했지만, 나는 지금은 그 얘기를 할 수 없다고, 엄마가 아파서 빨리 들어가봐야 한다고 말했습니다.

"재수없어." 그녀는 내가 차에서 내릴 때 그렇게 말했습니다.

"오늘밤도 내일도 전화하지 마."

내가 집안에 들어서자마자 당신은 벨트로 내 목덜미를 후려 쳤습니다. 그날 낮에 당신 친구 중 한 분이자 우리 학교 교사인 앤드루스 선생님이 필 시칠러 코치에게 들었다며 당신 아들이 백인 여자아이와 성적인 관계를 맺고 있다는 말을 전해준 겁니다. 그리고 소식을 들은 그날, 당신은 또다시 백인 경찰 무리가 쇠사슬로 묶은 흑인 남자를 죽이려는 장면을 지켜봐야 했습니다. 그 경찰들은 나중에 그 흑인 남자가 "헐크 같은" 힘을 지녔다고 주장했지요.*

나는 로드니 킹을 알지 못했지만, 그가 몸을 뒤틀고, 뒹굴고, 달아나려 애쓰는 모습을 보니 그가 헐크가 아니라는 건 분명했습니다. 헐크라면 자비를 구걸하지도 않았을 테고, 매질을 피하려고 허둥대지도 않았을 겁니다. 헐크에게는 기억도, 엄마도 없을 테고요. 나는 헐크에게 '깜둥이'와 '경찰'이라는 존재가 과연 어떤 의미일지 궁금했습니다. 그리고 모든 열여섯 살짜리 미국 아이들이 저마다 작은 헐크를 품고 있는 건 아닐까도 생각했

---

* 1991년 3월 3일 로스앤젤레스에서 일어난 로드니 킹 구타 사건으로, 흑인 청년인 킹이 경찰에 체포되는 과정에서 심하게 폭행당한 장면이 비디오로 촬영되어 전국적 분노를 불러일으켰다. 이 사건을 계기로 경찰 폭력과 인종차별에 대한 비판이 거세졌으며, 구타에 가담한 경찰이 무죄 판결을 받자 1992년 4월 로스앤젤레스 폭동이 발생했다. 로드니 킹 사건은 이후 미국 사회에서 인종 관계와 경찰 개혁 논의에 중요한 전환점이 되었다.

습니다.

어쩌면 그때 처음으로 받아들였는지도 모르겠습니다. 누가 내게 무슨 짓을 하든, 누구에게도 자비를 구걸하진 않으리라는 것을요. 나는 결국 다시 회복될 테고, 누군가가 나를 죽이지 않는 한 내 심장을 빼앗아갈 수는 없다는 사실도요. 당신도, 할머니도, 나도 가슴속에 똑같이 그 헐크 같은 뭔가를 지니고 있다고 나는 생각했습니다. 우리는 결국 다시 회복될 것이었습니다. 그날 당신이 나를 때릴 때, 나는 어느 순간부터 저항을 멈추고 당신이 때리게 내버려뒀습니다. 비명을 지르지도, 소리를 치지도 않았고, 그저 숨만 쉬었습니다. 나는 당신이 말하기 전에 알아서 셔츠를 벗었고, 당신이 내 등을 때리도록 놔뒀습니다. 그리고 인생에서 처음으로, 당신이 온 힘을 다해 나를 때리는 모습을 지켜보면서 이상하게도 기분이 좋았습니다.

매질이 끝난 후, 당신은 내 방으로 왔습니다. 당신은 누군가를 사랑하는 것과 누군가가 나를 통해 느끼게 만드는 감정을 사랑하는 건 전혀 다른 문제라는 걸 분명히 생각해보라고 했습니다. 그리고 만약 내가 애비 클레어몬트가 내게 주는 그 기분이 좋다면, 대체 왜 좋은 건지 스스로에게 물어봐야 한다고 했습니다. 당신은 거듭거듭 내가 얼마나 아름다운 존재인지 말해주었습니다. 그러면서 학교에 흑인 여자아이들이 얼마든지 있으니, 그중 한 명을 사귀는 게 훨씬 안전할 거라고 말했습니다. 그리고 "페티

시"실험"이종간 결합" 같은 단어를 사용하면서, 애비 클레어
몬트네 부모가 우리의 관계 때문에 갈라서려 한다고도 말했습니
다. 당신은 애비 클레어몬트가 나를 사랑할 정도로 나를 잘 알
리 없고, 그저 그녀의 아버지를 미치게 하는 흑인 남자아이와 함
께 있다는 위험에서 오는 스릴에 빠져 있을 뿐이라고 했습니다.

나는 당신이 옳은지 확신할 수는 없었지만, 당신이 맬러카이
헌터와 겪었던 일을 생각하면, 내게 관계에 대해 충고할 입장은
아니라고 느꼈습니다.

그래서 나는 그 말을 당신에게 그대로 했습니다.

당신은 그날 밤 나를 또 한번 아주 심하게 때렸습니다. 나는
울지 않았습니다. 당신이 팔에 힘이 빠질 때까지 매질하는 동안,
나는 그냥 당신의 팔놀림을 지켜봤습니다.

"대체 왜 이러니, 키?" 당신은 계속 물었습니다. "네가 이렇게
싸가지 나쁜 애가 아닌 거 알아. 근데 도대체 왜 이러냐고?"

나는 아무 대답도 하지 않았습니다. 나 스스로도 왜 이러는
지 몰랐기 때문입니다.

어쨌든 애비 클레어몬트와 나는 학년 말까지 섹스를 계속했
습니다. "우린 그냥 친구로 지내는 게 안전할 것 같아요"라고 거
짓말하며 당신을 안심시켜놓고 말이죠. 어느 주말, 맬러카이 헌
터가 당신을 뉴올리언스로 초대했을 때, 나는 라톤네 집에 가서
지내겠다고 또 거짓말을 했습니다. 그리고 당신이 떠나자마자,

미리 열어둔 창문으로 다시 들어와 이틀 밤 내내 당신의 침대에서 애비 클레어몬트와 섹스했습니다. 우리는 콘돔을 쓰지 않았습니다.

그 주 일요일 밤, 애비 클레어몬트는 당신 방 침대 가장자리에 앉아서 자기 집안에 대대로 내려오는 우울증의 악순환과, 우리의 관계가 자기 부모에게 뜻밖의 반응을 일으키고 있다고 이야기했습니다. 나는 실제 삶에서 누군가가 "우울증"이라는 단어를 입에 올리는 걸 그때 처음 들어봤습니다. 내가 아는 우울증 얘기를 하는 예술가는 스카페이스* 정도밖에 없었습니다. 나는 '우울증'이 뭔지 몰랐고, 아마도 그저 "엄청 슬픈"을 뜻하는, 스카페이스가 어디선가 가져온 허무맹랑한 '백인 단어'라고 여겼습니다. 나는 애비 클레어몬트에게, 우리 둘의 관계가 서로 집안 식구들을 그렇게까지 슬프게 만든다면 차라리 그만두는 게 낫지 않겠냐고 물었습니다. "난 극도의 슬픔을 얘기하는 게 아니야." 그녀가 말했습니다. "진짜 '우울증' 얘길 하는 거라고."

몇 주 뒤, 나는 애비 클레어몬트가 잭슨에서 점프력이 최고라는 도니 지의 사촌과 엮일 생각을 하고 있다는 소식을 듣고 방

---

* 미국 남부 힙합 그룹 게토 보이즈의 핵심 멤버이자 솔로 래퍼로, 1990년대부터 활발히 활동했다. 내면의 고통과 우울증, 빈곤과 폭력 같은 주제를 거침없이 다루며 힙합계에서 독특한 위치를 차지했으며, 이후에도 남부 힙합 사운드 형성과 사회적 메시지 전달에 큰 영향을 미쳤다.

에서 울고 있었습니다. 그때 당신이 들어와서 왜 우느냐고 물었고, 나는 "엄마랑 아빠가 좀더 서로 노력해보지 않은 게 속상해서"라고 거짓말했습니다.

그 말에 당신도 울며 사과했습니다.

당신이 우는 걸 보고 나는 미소 지으며 또다시 거짓말을 쏟아냈습니다.

농구 하고, 글 쓰고, 애비 클레어몬트와 섹스하는 것 말고도, 당신이 느끼고 싶지 않은 감정을 억지로 느끼게 만드는 일, 그런 것이 내게는 세상에서 가장 짜릿한 기분 중 하나였습니다. 또다른 즐거움은 애비 클레어몬트와 다시 만나게 된 이후부터 그녀를 속이면서도 들키지 않는 것이었고, 도니 지가 연 파티에서 다른 여자애들과 키스나 야한 대화만 나누고 섹스는 하지 않았다는 사실을 내심 대견하게 여겼습니다.

도니 지는 고등학교 2학년 내내 농구 장학금을 받으려고 술을 마시지 않았습니다. 나는 그에게 같은 이유로 술을 마시지 않는다고 거짓말을 했는데, 사실은 술에 취하면 나 자신이나 다른 누군가를 해칠까봐 두려워서였습니다.

도니 지의 집에서 그해 첫번째 파티가 열리기 전에, 도니 지와 나는 세인트 아이즈* 1.2리터짜리 두 병을 샀습니다. 그리고 몰

---

*1980~1990년대 미국에서 유행한 몰트 리큐어 브랜드로, 힙합을 비롯한 흑인 청년 문화에서 널리 언급되었다. 일반 맥주보다 알코올 도수가 높고 맛이 강하며

트주를 전부 버린 다음, 그 빈 병에 싸구려 사과 주스를 채워 넣었습니다. 우리는 서로의 콧구멍에 지저분한 게 없는지 확인했고, 입냄새가 심한지 확인했습니다. 그리고 입안에 사과 맛 나우 앤 레이터즈랑 체리 너즈를 잔뜩 물고 있었습니다. 도니 지의 초인종이 울리자, 우리는 비틀거리며 집안을 돌아다니면서, 우리를 피하지 않는 여자아이들 귓불 아래 몇 센티미터 지점에 조데시의 노래 가사를 나지막이 속삭였습니다.

애비 클레어몬트는 그 파티에 오지 않았습니다. 나와 만나고 있다는 이유로 집에서 '벌'을 받는 중이었기 때문입니다.

파티가 시작된 지 세 시간쯤 지났을 때, 카말라 래키가 나한테 침실 중 하나로 따라오라고 했습니다. 나는 카말라 래키의 뒤를 따라 어두운 방으로 들어가면서 〈시나리오〉라는 노래에서 파이프 독이 피처링한 벌스 부분을 시끄럽게 랩하고 있었습니다. 우리가 들어간 그 방은 도니 지와 내가 예전에 클래런스 토머스**가 "최첨단 린치"***를 당하고 있다고 주장하던 뉴스를 봤던 곳이

가격이 저렴하다는 특징이 있다.

** 1991년 미국 대법관으로 지명된 흑인 남성으로, 지명 과정에서 아니타 힐이 성희롱 혐의를 제기해 큰 논란을 일으켰다.

*** 클래런스 토머스가 성희롱 혐의를 부인하면서 사용한 표현으로, 그가 자신이 흑인이라는 이유로 부당한 대우를 받는 상황을 "최첨단 린치"에 비유한 것이다. 이는 과거 미국 백인들이 흑인들을 집단 폭력과 공개 처형(린치)으로 탄압했던 역사를 현대적으로 재해석한 표현이다.

었습니다. 아니타 힐*이 그를 성희롱으로 고발했을 때였지요. 나는 클래런스 토머스가 거짓말을 한다고 확신했습니다. 아니타 힐이 거짓말을 할 이유가 전혀 없었고, 내가 아는 어른 남자들 중 누구도 자신이 대우받고 싶은 대로 여자를 대하지 않았기 때문입니다. 모든 어른 남자들은 잠자리를 원하는 여자에게만 그 욕망을 드러낼 뿐이었습니다. 클래런스 토머스 역시 내가 보기엔 다른 비겁한 어른 남자들과 전혀 다르지 않아 보였습니다.

카말라 래키와 방에 들어갔을 때, 나는 보이지도 않는 그녀의 머리 모양을 칭찬했고, 맡을 수도 없는 향수가 어디 것인지 물었습니다. 그리고 불을 켰습니다. 카말라 래키는 도니 지의 침대 가장자리에 걸터앉아 이불을 움켜쥔 채 창문 쪽을 바라보고 있었습니다. 나는 그녀가 얼마나 취했는지 가늠해보았습니다.

"너, 오늘 완전 시어 헉스터블** 같아." 카말라 래키가 더듬거리듯 말하며 일어나 불을 껐습니다.

하지만 나는 땀에 젖고, 민머리에, 키 185센티미터에 몸무게 101킬로그램쯤 나가는 미시시피 잭슨 출신의 흑인 소년이었습니다. 갖고 있는 청바지 한 벌은 당신 것이었는데 기르보 짝퉁이었

---

* 미국의 흑인 여성 법학자이자 교수로, 1991년 클래런스 토머스 대법관 지명 청문회에서 그가 자신을 성희롱했다고 증언해 큰 파문을 일으켰다.

** 1980~90년대 초반에 방영된 인기 미국 시트콤 〈코스비 가족 만세〉의 등장인물. 이 시트콤은 중산층 흑인 가족의 일상을 다루었으며, 시어는 젊고 매력적인 캐릭터로 시청자들의 큰 사랑을 받았다.

고, 제대로 된 맨투맨도 하나뿐이었습니다. 내 외모나 말투, 걸음 걸이 어디에도 시어 헉스터블과 닮은 부분은 전혀 없었습니다.

카말라 래키가 "내 가슴 볼래?"라고 물었을 때, 나는 그녀가 완전히 취했다고 짐작하고 대답 대신 내가 〈코스비 가족 만세〉에서 싫어하는 점들을 이야기하려 했습니다. 그 스웨터들, 유치한 아이들, 문제 같지도 않은 문제들, 부드러운 재즈 음악, 인위적이고 깔끔한 가정 환경, 전혀 빈곤하지 않은 모습 같은 것들 말이죠. 코스비 가족은 결코 생활고에 시달리는 일이 없었고, 그들 주변의 흑인 친척이나 친구들도 경제적으로 어려움을 겪지 않았습니다. 주로 백인 아기들을 받는 흑인 의사 남편과 백인 로펌에서 일하는 흑인 여성 변호사 아내가, 집에 돌아와서 백인들이 벌이는 지독하고 폭력적인 작동 방식에 대해 단 한 번도 푸념하지 않는다는 설정 자체가 내게는 공상과학 같았습니다. 클레어 변호사의 사무실에서 벌어질 법한 남자들의 추근댐조차 다루지 않았으니까요. 내가 하려던 말은, 실제 흑인들에게 그런 삶이 가능했던 적은 역사상 단 한 번도 없었고, 그것이 오직 〈코스비 가족 만세〉에서만 가능한 이유는 빌 코스비가 백인들이 흑인들을 어떻게 보는지, 흑인들이 우리 자신을 어떻게 보는지, 그리고 우리가 그를 어떻게 바라보는지에 지나치게 집착했기 때문이라는 것이었습니다.

물론 나는 정확히 이런 식으로 말하지 않았습니다.

"빌 코스비랑 쟤들은 거짓말을 너무 많이 해." 내가 말했습니다. "다 가짜야. 백인들이 지켜보고 있어서 그런 걸까?"

"근데 너는 왜 아직도 그 프로그램 보는데?" 카말라 래키가 물었습니다. "〈어 디퍼런트 월드〉*가 훨씬 재밌잖아."

내가 데니스가 왜 더이상 그 시트콤에 안 나오게 됐는지 물어 보려 할 때, 카말라 래키가 다시 한번 "내 가슴 볼래?"라고 물었 습니다.

물론 나는 카말라 래키의 가슴이 궁금했습니다. 혹은, 최소 한 내가 그녀의 가슴을 보고 싶어한다고 그녀가 생각하기를 바 랐습니다. 아니면, 적어도 그녀가 자기 가슴을 보여주고 싶어한 다는 것을 내가 안다는 걸 눈치채주기를 바랐습니다. 내가 가짜 로 하품하면서 기침을 하자, 카말라 래키가 일어나더니 혹시 남 은 나우 앤 레이터즈가 있냐고 물었습니다. 내가 남은 사탕을 건 네주자, 그녀는 내가 정말 취했는지 물었습니다. 내가 대답하기 도 전에, 카말라 래키는 자기도 취하지 않았다고 말했습니다.

그녀는 도니 지의 침대에 등을 기댄 채 바닥에 앉아 내 무릎 에 몸을 기대더니, 지금부터 자기 이야기를 절대 다른 사람에게 말하지 말라고, 약속하라고 했습니다.

---

* 1987년부터 1993년까지 방영된 미국 TV 시트콤으로, 〈코스비 가족 만세〉의 스 핀오프이다. 본편의 주요 등장인물 중 둘째 딸인 데니스 헉스터블이 '힐먼 칼리 지'라는 가상 흑인 대학에서 생활하며 겪는 이야기를 중심으로 전개된다.

나는 약속했습니다.

30분 후, 카말라 래키가 이야기를 멈췄을 때, 그녀는 도니 지의 헝클어진 카펫을 손가락으로 파헤치고 있었습니다. "내가 무슨 말 하는지 알겠어?" 그녀가 마침내 묻더니, 침대 앞에 일어섰습니다. "가끔은 내가 죽어가는 것 같아."

나는 안다고 대답했지만, 왜 그녀가 그런 얘기를 하는지는 전혀 이해하지 못했습니다.

"아무 말 안 해?" 그녀가 물었던 걸 기억합니다. "응? 너 말할 수 있다는 거 모르니?"

나는 카말라 래키에게 말하고 싶었습니다. 어릴 때, 지금 우리가 있는 곳에서 몇 킬로미터 떨어진 곳에서, 당신이 집에 쌓아두었던 박스 와인을 마시고 취해본 적이 있다고요. 그렇게까지 마시면, 우리집에서 입술, 젖꼭지, 목, 허벅지, 음경, 그리고 질 등에 가해진 일들을 견디는 데 도움이 되었다고요. 모든 것이 너무 무서웠고, 나는 벗어나지 못한 기분이었고, 분명 사랑 같기도 하다가 아닌 것 같기도 했습니다.

그럴 때면 죽을 것 같았습니다.

하지만 나는 그 어떤 것도 말하지 않았습니다. 대신 "이야기해줘서 고마워"라고 말했습니다. 그리고 "네가 얘기한 걸 친구들에게 절대 말하지 않을 테니, 너도 내가 술 취한 척했다는 걸 네 친구들에게 말하지 말아줘"라고만 했습니다. 그뒤 우리는 둘 중 누가 먼저 방을 나갈지 서로 눈치만 봤습니다.

　도니 지의 파티에 온 대부분의 또래 애들처럼, 나도 당신과 당신 친구들이 해주는 이야기를 수백 번 넘게 들어왔습니다. 엉뚱한 동네에서 흑인 후드 티를 절대 입지 말 것, 밤에 조깅하지 말 것, 공공장소에서 손을 항상 보여줄 것, 백인 여자와 사귀지 말 것, 제한 속도를 넘지 말고 정지 신호에서는 살짝 멈추는 '롤링 스톱' 같은 거 하지 말 것, 백인들 앞에서는 항상 표준 영어를 사용할 것, 학교나 공적인 자리에서 절대로 백인 학생들에게 뒤처지지 말 것, 그리고 무엇보다 백인들은 너를 어떻게든 잡아먹으려 든다는 걸 언제나 기억할 것.

　나는 귀담아들었습니다.

　하지만 가족이든 선생님이든 목사든 그 누구에게서도 "성폭력"이나 "폭력적인 섹스" 혹은 "성적 학대" 같은 말을 직접 들어본 적은 단 한 번도 없었습니다. 그러나 내 몸은 경찰이나 백인들이 우리에게 할 수 있는 그 어떤 짓만큼이나, 성폭력과 폭력적인 섹스 또한 잘못된 거라는 사실을 알고 있었습니다.

　그날 밤, 카말라 래키가 나에게 이야기를 털어놓은 후, 나는 들어올 때와 같은 모습으로 방을 나왔습니다. 파이프의 〈시나리오〉 벌스 부분을 크게 랩하고, 한 손에는 기울인 1.2리터 병을 들고, 다른 손으로는 나의 그곳을 움켜쥔 채 말입니다. 카말라 래키는 내게 눈을 돌리며 고개를 젓더니 왼쪽 복도로 사라졌습니다.

　나는 오른쪽으로 갔습니다.

　그뒤 도니 지가 "카말라 래키랑 섹스했어?"라고 물었을 때, 나는 히죽거리며 "바보야, 뭘 생각하는 거야?"라고 대꾸했습니다. 나는 도니 지에게 거짓말하지 않았고, 카말라 래키를 건드리지도 않았으니, 엄밀히 보면 내가 유일하게 키스했던 여자애, 애비 클레어몬트를 두고 바람을 피운 것도 아니라고 스스로에게 말했습니다.

　카말라 래키가 그날 밤 내게 털어놓은 이야기를 듣고, 나는 앞으로 이 세상의 그 어떤 여자나 소녀에게 성적 폭력이나 학대를 저지르지 않겠다고 다짐했습니다. 그리고 그 다짐이 있다는 사실만으로, 나는 애비 클레어몬트나, 나와 섹스하고 싶어했던 다른 모든 여자아이들에게 거짓말을 하면서도 나 자신을 어느 정도 용서할 수 있었습니다. 그때 나는 열여섯 살이었습니다. 이미 헐크보다 훨씬 폭력적인 존재가 되어 있었습니다. 나는 거짓말쟁이에 바람둥이였고, 술수꾼에다, 뚱뚱하고, 즐겁지만 슬프기도 한, 민머리 흑인 소년이었습니다. 심장에는 웅얼거림이 있었고요. 그런데도 당신과, 내가 매일 속이는 그 백인 소녀에게, 나는 좋은 사람이었습니다.

깡

고등학교 졸업반이 거의 끝나갈 무렵, 나는 당신과 함께 당신의 멘토인 마거릿 워커* 선생님의 집에 갔습니다. 그때 내 키는 185센티미터에 몸무게 104킬로그램이었고, 잭슨에서 라톤이랑 같이 전화번호부를 배달하며 번 돈 208달러가 주머니에 있었는데, 나는 내가 부자라도 된 줄 알았습니다.

당신은 지난 몇 년 동안 워커 선생님의 애런 헨리** 전기 작업

---

* 미국의 저명한 흑인 여성 시인이자 소설가이며 학자. 아프리카계 미국인 문학과 역사를 오랫동안 연구하고 가르쳤다. 대표작으로 시집 『나의 민족을 위하여』와 소설 『주블리』가 있고, 미시시피주 잭슨주립대에서 교수로 재직하며 후학 양성에 힘썼다.

** 미시시피주 클락스데일 출신의 흑인 인권 운동가이자 정치인으로, NAACP 미시시피 지부 회장을 맡아 투표권 확대와 교육 기회 평등을 위해 활약했다. 작가 마거릿 워커는 그의 삶을 기록하기 위해 자료를 수집하고 전기를 집필했으며, 두 사람은 협력 관계를 유지했다.

을 도우며 자료 정리를 하고 있었습니다. 나는 당신과 워커 선생님이, 몇 달 전 주지사 메이버스를 꺾고 반동적인 공화당원 커크 포디스가 당선되게 한 미시시피의 역풍에 대해 이야기하는 것을 지켜보았습니다. 워커 선생님 댁은 내가 잭슨에서 본 집 중 우리 집보다 책, 파인천, 아프리카 가면, 아프리카 로션이 더 많이 있는 유일한 곳이었습니다. 나는 워커 선생님이 긴장하고, 다음에 뭘 할지 허둥대는 모습이 좋았습니다. 선생님은 캐비닛 속 파일철을 하나씩 살피는 것 같았는데, 나는 그 장면을 좇으며 그녀가 나를 쳐다보지 않고 말하는 것을 느꼈습니다.

"그러니까 네가 메리의 아들, 위대한 미리엄 마케바의 이름을 물려받은 젊은 작가란 말이로구나?"

"저 작가 아니에요." 내가 말했습니다. "그냥 학교 신문에 사설만 쓰고 있어요. 제 중간 이름이 마케바고, 이름은 키에스예요."

"우리 글에 자부심을 가져야지, 키에스 마케바." 마거릿 워커 선생님이 말씀하셨습니다. "네 배짱은 어디 있니? 이름에 자부심을 가지렴. 너는 미시시피 태생의 열일곱 살 흑인 아이야. 알아듣니?"

나는 고개를 끄덕였지만, 정확히 무슨 뜻인지는 몰랐습니다.

워커 선생님은 당신보다도 훨씬 집요하게 연설을 했는데, 우리 할머니처럼 매끄러운 느낌은 아니었습니다. 선생님은 우리가 서로 소통하는 일을 소중히 여기고, 우리의 싸움을 당당히 이어가야 한다고 했습니다. 소통 능력은 우리 민족이 물려준 가장 강력한 선물이니, 내가 쓰고 읽는 모든 단어, 내가 그리는 모든 그림, 내가 내딛는 모든 걸음은 우리 민족을 위해 봉사해야 한다는 거였습니다. "흔들리지 말고, 목표를 향해 나아가거라. 걔네들은 널 흔들고, 널 죽이려 할 거야. 그게 걔네들이 가장 잘하는 짓이지. 널 혼란에 빠뜨리고, 죽이는 거. 그러니 너는 우리 민족에게, 우리 민족을 위해 써야 해. 절대 흔들리지 마라."

나는 워커 선생님에게 이해한다고 말했지만 거짓말이었습니다. 나는 선생님의 시「나의 민족을 위하여」를 읽었고, 그 시를 정말 좋아한다고도 말했지만, 그 역시 거짓말이었지요.

"대학은 정했니? 네 엄마 말로는, 잭슨주립대에 안 가겠다고 했다던데. 거기 가면 엄마가 네 일에 참견한다고 싫다고 했다면서?"

"밀샙스대학에 갈지도 몰라요." 내가 말했습니다. "농구로 스카우트 제의 받고 있거든요."

"오 맙소사." 선생님이 말했습니다. "나는 혁명을 말하고 있는데, 이 애는 밀샙스에 가서 농구를 하겠다고 하네."

워커 선생님은 바닥에 있던 책을 집어 내게 건넸습니다. 표지는 반쯤 빛바랜 분홍색이었고, 어떤 여자의 얼굴 절반이 제목 쪽을 향해 있는『비 오는 날의 솜사탕』*이라는 책이었습니다.

"밀샙스에 갈 거라면" 그녀가 말했습니다. "니키의 책을 되도록 많이 읽어야 할 거야."

집으로 돌아오는 길에 나는 『비 오는 날의 솜사탕』을 단숨에 읽었습니다. 그러고는 내 방에 도착해 다시 읽었습니다. 가장 좋았던 부분은 이것이었습니다.

> 난 화가들과 같은 욕망을 나눕니다
> 삼차원의 그림을
> 일차원의 표면 위에 담고자 하는 열망을

나는 워커 선생님의 연설 중 기억나는 부분을 책 마지막 페이지에 적었고, 자꾸만 돌아가서 그 문장을 다시 읽었습니다. "그들은 널 흔들 거야. 그들은 널 죽이려 할 거야. 흔들리지 마라. 목표를 향해 나아가거라. 우리 민족에게, 우리 민족을 위해 써라." 나는 그 문장들을 사랑했지만, 누군가'에게' 쓰는 것과 누군가를 '위해' 쓰는 것의 차이를 이해하지 못했습니다. 나에게 우리 민족을 위해, 우리 민족에게 글을 쓰라고 가르쳐준 사람은 아무도 없었습니다. 그들은 포크너를 모방하는 법, 그리고 선생님들을 위해 글을 쓰는 법만 가르쳐주었습니다. 내 선생님들은

---

* 미국의 흑인 시인 니키 지오바니의 시집.

모두 백인이었습니다. 당신에게 쓸 때는, 내가 쓴 글이 나를 때리지 않을 만큼 괜찮기를 바라며 썼던 것입니다. 나는 책장으로 가서 시집 『나의 민족을 위하여』를 찾았습니다. 마지막 연의 마지막 구절이 나를 매혹시킨 동시에 혼란스럽게 만들었습니다. 마거릿 워커는 이렇게 썼습니다.

이제 한 무리의 남성들이 일어나 세상을 주도하게 하라(Let a race of men now rise and take control).

시에 감명받은 나는 이 느낌을 이어받아 "저항과 투쟁의 노래 (martial songs)"를 쓰고 싶었지만, 이 구절에서 "한 무리의 남성들"*이 어떤 모습인지 이해하지 못했고, 왜 마거릿 워커가 이 시의 마지막을 남성들이 일어나 주도권을 쥐는 희망으로 끝맺었는지도 납득하지 못했습니다. 『나의 민족을 위하여』를 쓴 것은 남성들이 아니었습니다. 내게 우리 민족을 위해 그리고 우리 민족에게 글을 쓰라고 말해준 사람들도 남성들이 아니었습니다. 내가 아는 대부분의 남성 집단은, 자신들을 파괴하지 않으려 애쓰

---

* 마거릿 워커의 시 구절 중 "a race of men"은 특정 성별이 아닌 한 인종 또는 민족을 지칭하는 표현이다. 그러나 고등학생 시절의 키에스는 이 표현을 "한 무리의 남성들"로 이해하고, 남성 중심적 세계에서 여성과 소녀들이 겪는 억압을 떠올리며 불편함을 느낀다.

는 여성들과 소녀들을 오히려 파괴하는 데 익숙했습니다. 만약 어떤 남성 집단이 실제로 일어나 주도권을 쥔다면, 그들이 당신이나 마거릿 워커에게 분노했을 때, 당신들이 어디에 있을지 나는 알 수 없었습니다.

다음날인 1992년 4월 29일, 로드니 킹 사건의 판결이 난 밤에 당신은 나를 무릎에 앉히고 두 시간 동안 어르듯이 흔들어주었습니다. 우리는 L.A.가 불타는 모습을 지켜보았습니다. 카메라는 한 백인 남성이 트럭에서 끌려나와 L.A.의 교차로에서 흑인과 라틴계 남성들에게 두들겨 맞는 장면을 비추고 있었습니다.

"넌 저들이 보여주지 않는 걸 봐야 해." 당신이 말했습니다. "오늘밤 백인들이 어떤 감정을 느끼는지에 대해 에세이를 써봐. 분명히 저들은 우리를 탓하고 있을 거야."

나는 당신이 미쳤나 싶게 쳐다봤습니다. 왜냐하면 나는 백인들이 뭘 느끼는지는 조금도 중요하지 않았기 때문입니다. 나는 고작 열일곱 살이었지만 이미 백인들의 감정을 달래기 위해 무의미한 미소나 시큰둥한 '우월성' 같은 걸 갖다 바치는 일이 너무 지겨웠습니다. 백인들이 우리에게 저지른 일에 대해, 혹은 빼앗아간 것들에 붙잡혀서 책임진다는 소리는 들어본 적이 없었지요. 백인 경찰이든, 백인 선생이든, 백인 학생이든, 다른 동네 백인이든 간에 말입니다. 나는 백인들에게 훔치지 말라고 가르치고 싶지도 않았고, 우리를 존중해달라고 요구하고 싶지도 않았습니다. 그냥 백인들과 정정당당히 붙어서 이기고 싶었고, 때려 눕히고 싶었습니다. 때려 눕히는 것보다 더 중요한 건, 다시는 그들에게 지지 않는 것이었습니다.

우리가 빼앗긴 모든 것을 되찾지 않는 한, 절대 지지 않는 방법은 없다는 것을 알고 있었습니다. 나는 그들이 강탈한 돈, 안전, 교육, 건강한 선택권, 그리고 두번째 기회를 모두 되찾고 싶었습니다. 우리가 언젠가 마땅히 받아야 할 것을 얻기 위해서는, 들키지 않고 그것을 되찾아야 한다고 생각했습니다. 왜냐하면 이 지구상 어떤 존재도, 한 흑인의 잘못 하나로 전체 흑인을 처벌하는 데 있어서 백인들만큼 능숙한 존재는 없었기 때문입니다. 그들은 소수의 흑인들에게 더 큰 고통을 주는 새로운 방법을 고안하는 데 천재였습니다. 어렸을 때부터 들어온 말은, 우리의 초능력은 인내심이라는 것이었습니다. 아무리 많은 것을 빼앗겨도 살아남는 능력. 하지만 나는 왜 살아남는 것이 우리의 초능력인지 이해할 수 없었습니다. 백인들이 그렇게 많은 우리를 살아남지 못하게 만들었기 때문입니다. 그리고 살아남은 우리조차도 너무 많이 굽히는 법만 익힌 탓에, 결국 부러질 운명이었습니다.

그날 밤 당신이 드디어 코를 골며 잠들었을 때, 나는 부엌으로 몰래 가서 차고 문을 열고 당신의 차 올즈모빌에 올라탔습니다. 기어를 중립에 놓고 천천히 밀어 차도 밖으로 밀어냈습니다. 멀리는 가지 않았고, 도로를 따라 1.6킬로미터쯤 떨어진 식료품점까지 갔습니다. 나는 빵 트럭이 도착하기를 주차장에서 기다렸습니다. 그러고는 운전사가 가게 안으로 들어가자마자, 차에서 내려 통밀빵, 흰 빵, 햄버거 빵, 시나몬 롤을 가능한 한 많이 낚아채 차로 돌아와 도망쳤습니다. 식료품점을 벗어나 로스바넷 저수지를 내려다보는 주차장에 도착했습니다. 그날 밤 나는 시나몬 롤, 햄버거 빵, 흰 빵을 너무 많이 먹다가 오한이 왔고 결국 토했습니다.

다음날 아침, 나는 버터를 바른 통밀 토스트를 당신에게 가져다주었습니다. 당신은 내 목을 껴안고 고맙다고 말했습니다. 그리고 우리가 싸움에서 반드시 이길 거라고도 말했습니다.

당신은 그 빵이 어디서 났는지 묻지 않았습니다.

일주일 뒤, 나는 시칠러 코치의 고등학교 3학년 문학 수업을 듣고 있었습니다. 우린 『과거와 미래의 왕』*에 대해 오 주째나 토론해야 했는데, 나는 더이상 그 책에 대해 토론하고 싶지 않았습니다. 그래서 『비 오는 날의 솜사탕』을 꺼냈습니다. 시칠러 코치는 내가 그 책을 읽는 것을 보더니 말했습니다. "키이스, 그 흑인 권력 난동 책일랑 내려놓고 수업에 집중해."

나는 작고 불편한 나무 책상에 앉아서 주먹을 무릎에 올린 채 왼쪽에는 라톤, 오른쪽에는 자바리와 함께 니키 지오바니의

---

* 영국 작가 T.H. 화이트가 쓴 아서 왕 전설을 다룬 소설.

시집 구절을 중얼거리기 시작했습니다. 시칠러 코치가 들을 수 있을 정도로요.

"저 뚱뚱한 맬컴 엑스* 좀 봐라." 시칠러 코치가 말했습니다. 라톤과 다른 모든 학생들이 일제히 웃음을 터뜨렸습니다. "키스 엑스, 그게 네 새 이름이냐? 잘 들어라, 키스 엑스(X), 오늘 밤 애비 클레어몬트 와이(Y)를 만날 때 그거 꼭 읽어라."

"제길, 이거 선 넘는데." 라톤이 말했습니다.

시칠러 코치는 내가 점점 열받아 하는 걸 보고, 사실은 자기가 그 시를 정말로 좋아한다며, 기말 과제 에세이로 써보라고 제안했습니다. 그러고는 특히 시의 끝부분이 좋더라고 덧붙였습니다.

난 그 말을 믿었습니다.

나는 시칠러 코치의 문학 수업 기말 과제로 니키 지오바니의 책과 아사타 샤쿠르**의 작품을 이용하기로 했습니다. 글에 대

---

* 미국의 저명한 흑인 인권 운동가로, 본명은 맬컴 리틀이었다. 그는 흑인으로서의 정체성을 되찾기 위해 '리틀'을 버리고 'X'를 사용했는데, 이는 노예제를 통해 잃어버린 아프리카 조상의 성을 상징한다. 흑인의 자치와 자립, 인종차별에 대한 강력한 저항을 주장했으며, 그의 연설과 저서는 광범위한 영향력을 끼쳤다.

** 미국의 흑인 해방 운동가로, 흑표당과 흑인 해방군의 일원으로 활동했다. 1970년대 FBI의 감시 대상이 되어 조작된 범죄 혐의로 수감되었으며, 1973년 뉴저지주에서 발생한 주 경찰 살해 사건으로 체포되었다. 1979년 교도소에서 탈출한 후 쿠바로 망명하여 현재까지 거주중이다. 그녀는 자서전 『아사타: 한 흑인 여성의 자서전』에서 자신의 삶과 투쟁을 기록했다.

해 코멘트하는 것을 귀찮아하던 시칠러 코치는 우리가 수업 시간에 읽은 문학 작품과 문학적 기법, 그리고 각자 읽은 책을 반영해 쓴 에세이들에 녹음된 코멘트를 남겨주었습니다. 그는 그 코멘트를 카세트테이프에 담아 학기말에 우리에게 돌려주었습니다. 나는 피드백이 너무 늦은 만큼 그가 우리 글을 좀더 후하게 평가해주리라 기대했습니다. 사실 나는 내 글이 마음에 들지 않았습니다. 『모비 딕』에 대해 쓰고 싶지 않았기 때문입니다. 하지만 마지막에서 두번째 단락만큼은 제출한 글들 중에서 가장 잘 쓴 부분이라고 생각했습니다. 그 단락에는 『모비 딕』에 관한 암시, 두운법, 그리고 우리나라에 대한 논평이 포함되어 있었습니다. 마거릿 워커가 말했듯이 나는 "우리 민족을 위해" 그 단락을 쓰려고 했습니다. 하지만 결국 점수를 매길 사람은 시칠러 코치였기에 그를 염두에 두고 쓸 수밖에 없었지요.

나는 아사타 샤쿠르의 말, "피곤하고 멀미에 시달리는 선원들이 조종하는 길 잃은 배라도 여전히 항구로 안내될 수 있다"에 공감한다. 하지만 피로와 멀미에 시달리는 미국의 선원들과 그 가족들이 건강하고 존엄한 삶을 누릴 가능성은 희박하다는 것을 안다. 일부 미국인들이 먼저 자신들의 책임을 인정하고, 이 나라의 거친 바다를 잠재우려는 노력을 기울이지 않는다면 말이다.

나는 시칠러 코치의 코멘트가 담긴 테이프를 집으로 가져와 라톤의 집에서 녹음했던 테이프들처럼 침대 옆 작은 라디오에 넣었습니다.

"키이스 레이-문." 테이프가 시작되었습니다. 시칠러 코치는 내가 애비 클레어몬트와 사귀고 있다는 사실을 안 뒤로, 내 이름을 마치 자기집 마당 잔디를 깎으라고 돈을 준 초라한 프랑스 남자의 이름처럼 불렀습니다.

"키이스." 그가 다시 말했습니다. "먼저 말하고 싶은 건, 대학에서 농구를 하려면 체중 관리에 신경써야 한다는 거야. 네 몸무게가 거의 110킬로그램에 육박하고 있는데, 그러면 3부 리그에서도 농구를 하기 힘들어. 너는 다음 단계에서 슈팅가드가 되어야지, 파워 포워드가 아니라. 네 에세이의 문제는 전적으로 잘못된 논리에 의지하고 있다는 거야." 그가 페이지 넘기는 소리가 들렸습니다. "3페이지에 잘못된 논리. 4페이지에도 잘못된 논리. 이 글 전체는 온통 잘못된 논리 투성이야. 논쟁적인 사고를 하려는 시도는 보인다만, 네 잘못된 논리가 주장을 스스로 약화시키고 있어. 어쩌면 네가 교내 신문에 사설을 쓸 때 네 엄마의 도움을 받는 것처럼, 이 수업 과제 역시 엄마의 도움을 받아야 할지 모르겠구나."

그는 모든 것을 모험으로 여겼고, 흑인 소년들 한 명 한 명의 가슴속에 영웅이 숨겨져 있다고 보는 사람이었습니다. 흑인과 백인 소녀들은 그에게 사랑스러운 존재이거나, 구원받아야 할 연약한 존재, 혹은 저주받은 운명의 존재로 분류되었습니다. 나는 그가 나를 단어, 문단, 문장 부호를 무기로 싸우는 젊은 흑인 미시시피의 영웅으로 보아주길 바랐습니다. 그리고 내 글이 미시시피, 잭슨, 아니면 적어도 우리 고등학교에서 나온 최고의 글이 될 잠재력이 있다고 말해주길 원했습니다.

시칠러 코치의 테이프를 들은 그날 밤, 당신은 내 방을 들락거리며 내가 왜 울고 있는지 물었습니다. 나는 나도 왜 이러는지 정말 모르겠다고 대답했습니다.

"키, 나한테 거짓말하고 있구나. 사실대로 얘기해봐." 당신이 말했습니다.

나는 눈을 굴리며 에세이를 당신 손에 쥐여주고는 테이프에 담긴 그 코멘트를 다시 재생했습니다.

"엿이나 먹으라 그래." 당신이 시칠러 코치의 목소리를 1분 정도 듣더니 말했습니다. "내 말 듣고 있니? 이 사람이 하는 개소리를 맘에 담아둘 필요 없어. 내일 너랑 같이 학교에 가서 이 사람 엉덩이에 내 발을 통째로 박아넣어줄 테니까."

나는 학교에 와서 나를 곤란하게 만들지 않겠노라고 약속하라고 했고, 당신은 고개를 끄덕이며 내 옆에 앉았습니다. 당신은 눈물로 얼룩진 내 글을 꺼내 큰 소리로 읽어주었습니다. 그리고는 에세이에서 잘된 부분과 부족한 부분을 차분히 짚어주며, 단어 선택과 전개 속도, 당신이 '정치적 상징주의'라고 부르는 요소에 대해 질문했습니다. 당신은 이 글에서 진짜 말하고 싶은 게 무엇인지 물으며, 그 메시지부터 시작해보라고 조언했습니다. 나머지 뒷부분을 쓰는 동안 내가 아직 깨닫지 못했거나 느끼지 못했던 아이디어와 질문들을 발견하라고 권하기도 했습니다. "진정한 호기심에 기반한 좋은 질문은 진부한 표현이나 억지스러운 은유보다 훨씬 중요해."

그날 밤이 끝날 무렵, 당신은 내 에세이를 자랑스러워할 만한 작품으로 다듬는 데 도움을 주었습니다. 이미 코치에게 C학점을 받았음에도 불구하고 말입니다. 그날 처음으로, 나는 코치를 포함한 내 주변의 흑인 남성들이 일부러 문제를 만들고, 그걸 스스로 해결하면서 심리적 주도권을 쥐려 한다는 사실을 깨달았습니다. 그 방식은 학생들에게 '선생의 행동이 그렇게 심서가 되진 않았다'고 느끼게 만들며, 스스로 안도하게 하는 교묘한 심리 조작이기도 했습니다.

"저들이 내뱉는 가학적인 헛소리를 내면화하면 넌 미쳐버릴 거야, 키." 당신이 침실로 들어가기 전에 말했습니다. "너를 너무 사랑해서, 네가 아파하는 걸 보는 게 너무 싫어."

나는 당신을 믿었습니다.

다음날, 시칠러 코치에게 가서 설명을 해달라고 했을 때, 그는 자기가 할 말은 모두 테이프에 있다고 말했습니다. 나는 테이프 속 말들이 이해가 안 된다고 말했습니다. 그리고 엄마가 내 에세이를 읽어주긴 했지만, 대신 써준 적은 없다고 덧붙였습니다.

"엄마는 선생님이세요." 그에게 말했습니다. "하지만 제 에세이를 대신 써주진 않아요."

"너 지금 달려들 것처럼 보이는데." 시칠러 코치가 반 아이들 앞에서 말했습니다. 그의 뻔뻔함에 나는 어안이 벙벙했습니다. 그는 책상 뒤에서 걸어나왔습니다. "어른처럼 나한테 달려들면, 어른처럼 맞을 줄 알아."

나는 주먹을 꽉 쥐었습니다.

시칠러 코치가 어깨를 맞대고 서자, 나는 아무 말도 하지 않고, 내 체중을 거의 그의 어깨 위에 실었습니다. 그가 먼저 한 대라도 치면, 그의 가슴팍을 완전히 파묻어버릴 기세였지요.

그는 한 걸음 물러나 책상 뒤로 돌아갔습니다.

"네 문제가 뭔지 알아?" 그가 손가락으로 나를 가리키며 물었습니다. "오만함이나 그 쓸데없이 말대꾸하는 거 말고, 키이스 레이-문, 네 문제는 말야, 집에 아빠가 없다는 거야."

그날, 그는 당신 이야기까지 꺼냈고, 앤드루스 선생님과 라톤, 그리고 다른 두 명의 선생님이 달라붙어 겨우 내가 시칠러 코치에게 달려드는 걸 막을 수 있었습니다. 나는 당신에게 코치가 무슨 말을 했는지 말하지 않았습니다. 그러면 이번엔 내가 당신과 그를 뜯어말려야 했을 테니까요.

결국 나는 시칠러 코치의 문학 수업에서 낙제 바로 직전인 D 학점을 받았습니다. 그나마 고등학교 시절 미시시피 학술언론협회에서 받은 몇 개의 상과 농구부 스카우트 제안, 그리고 대학 입학 시험 점수도 괜찮아서 나는 밀샙스대학에 진학할 수 있었습니다.

하지만 내 평점은 부끄러울 정도였습니다.

학년이 끝나기 두 주 전, 나는 학교 신문에 에세이를 실었습니다. 대부분 흑인인 세인트 조지프의 졸업생들에겐 주지사 커크 포디스 같은 반동적 공화당 인사가 졸업식 연사로 오는 것보다 훨씬 더 많은 것을 받을 자격이 있다는 내용이었습니다. 학교가 어쨌든 포디스 주지사를 초청하자 나는 라톤, 당신, 그리고 선생님들에게 졸업식에 참석하지 않겠다고 말했습니다. 아무도 나를 믿지 않았습니다.

나는 결국 졸업식에 가지 않았습니다.

솔직히 내가 작가가 된 순간은, 어떤 문단을 쓸 때보다도 이 결정을 내렸을 때였습니다. 그저 졸업식에 가지 않았기 때문이 아니라, 그 전날 밤 당신이 도대체 왜 졸업식에 가고 싶지 않은지 전부 글로 써보라고 했기 때문이었죠. 진짜 이유는, 내가 충분히 열심히만 했더라면 반에서 상위권에 들 수 있었고, 그래야 당신과 나 자신을 실망시키지 않았을 텐데, 그러지 못한 채 반 꼴

찌권으로 졸업하게 된 나 자신이 부끄러웠기 때문이었습니다.

내 친구들과 가족 대부분은 졸업식을 빼먹는 나의 결단력을 높이 샀지만, 당신과 할머니는 그러지 않았습니다. 라톤과 내 동급생들이 커크 포디스와 시칠러 코치 앞에서 졸업장을 받고 있을 때, 나는 할머니 댁 식탁에서 당신과 함께 두번째 접시 가득 담긴 맥앤치즈를 먹고 있었습니다.

그리고 내가 세번째 접시를 집어들려 하자, 당신은 할머니에게 쟤 이제 그만 먹어야 한다고 말했습니다.

"난 더 먹고 싶은데, 왜 충분히 먹었다고 하세요?" 나는 당신에게 물었습니다.

"일어나서 밖으로 나가"라고 당신이 말했습니다. "정신 좀 차려."

나는 눈을 굴리며 혀를 차고는 현관으로 나갔습니다.

"진짜로 알고 싶냐?" 뒤따라나온 할머니가 나란히 현관에 앉으며 말했습니다. "그동안 네가 당한 매질이나, 한 푼도 못 받은 양육비를 생각하면, 졸업식 무대에 올라서 엄마랑 아빠가 기뻐하는 꼴을 보고 싶지 않았을 수도 있지. 널 탓하려는 게 아니란다, 키. 하지만 문제는, 그 사람들이 너한테 어떤 상처를 줬는지 알리는 과정에서 오히려 너 자신을 다치게 하고 있다는 거다. 신께서 우리에게 다섯 가지 감각을 주신 데에는 이유가 있단다. 내 말 알아듣겠니? 그 감각들을 잘 써야 해. 쓸데없는 데 정신 팔지 말고, 네 발목을 스스로 잡는 짓도 이제 그만하고. 세상은 너를 짓밟으려는 걸로 넘쳐나는데, 너까지 거들 필요는 없잖니. 나는 네 엄마가 네가 가진 문제 중 가장 작은 거라고 생각하는데. 그 나저나, 선생님들한테 감사 인사는 했니?"

나는 초등학교 시절부터 고등학교 때까지를 떠올려보았습니다. 대부분 흑인 학교였고, 세인트 리처드와 드마타에서 보낸 한 해를 제외하면 모두 그랬습니다. 4학년 때 담임인 아놀드 선생님은 나를 가르친 유일한 흑인 선생님이었습니다. 홀리 패밀리에서 6학년과 중학교 1학년을 가르쳤던 라파엘 선생님은 우리를 너무 예뻐해주셔서 라톤이랑 내가 실수로 '엄마'라고 불렀던 적도 있었습니다. 그 외 다른 선생님들도 각자 최선을 다하려 했겠지만, 그 '최선'을 더 나은 무언가로 끌어올릴 도움이 필요한 경우가 많았습니다. 우리 교실이든 도시든 주든 국가든, 선생님들이 집에 가서 조금만 진지하게 숙고하고 준비해왔다면 훨씬 달라졌을 것들이 너무 많았지요. 하지만 그들 중 누구도 "경제적 불평등" "주거 차별" "성폭력" "대량 투옥" "동성애 혐오" "제국주의" "대량 퇴거" "외상 후 스트레스 장애" "백인 우월주의" "가부장제" "신(新) 남부연합" "정신 건강" "부모 학대" 같은 단어를 입에 올리지 않았습니다. 학생이든 선생님이든 우리 모두는 그 단어들이 만든 세계 속에서 살고 있었는데도 말입니다.

나는 모든 선생님을 사랑했고, 그들도 우리를 진심으로 사랑해주길 바랐습니다. 그들이 제대로 된 월급을 받지 못한다는 사실도 알고 있었고, 준비가 되지 않은 일을 하도록 강요받는다는 것도 알았습니다. 하지만 나는, 우리가 그들에게 우리의 과거를 존중하라고 가르치는 데 많은 시간을 썼고, 그들은 우리가 정당한 대우를 요구한다는 이유로 우리를 벌하는 데 많은 시간을 쓴 것처럼 느껴졌습니다.

그해 여름이 끝날 무렵, 라톤이 앨라배마대학으로 떠나기 전에 그를 만났습니다. 우리는 여전히 친구였지만, 내가 애비 클레어몬트와 사귀기 시작하면서부턴 소원해졌지요. 라톤은 프릭닉(Freaknik)*에서 일이 좀 꼬여서 학교에 사실이 알려지기 전에 해결해줄 변호사가 필요하다고 했습니다. 그래서 맬러카이 헌터에게 부탁하고 싶다고 했지만, 나는 요즘 맬러카이 헌터와 전혀 연락하지 않고, 어쩌면 그 사람도 법적인 문제에 휘말렸을지 모른다고 말했습니다.

"우리 중에서 경찰이랑 안 얽힌 놈은 너뿐일 거야." 라톤이 말했습니다. "근데 넌 우리가 아는 놈 중에 제일 또라이인데."

"나 그렇게 또라이는 아니야."

---

* 미국 애틀랜타에서 1980년대 후반부터 1990년대 후반까지 매년 봄에 열렸던 흑인 대학생들의 거리 축제. 처음에는 문화적 연대감, 춤과 음악, 자유로운 자기 표현의 장으로 긍정적인 의미를 지녔다. 그러나 규모가 커지면서 교통 마비, 음주 및 약물 문제, 성희롱과 범죄 증가 등 각종 사회적 문제가 불거지자 결국 금지되었다.

"형제여." 라톤이 눈도 깜빡이지 않고 나를 쳐다봤습니다. "네가 그렇게 또라이가 아니라니. 초등학교 4학년 때부터 학교에서 제일 많이 쫓겨난 게 누구였는데? 엄마가 반대하는 걸 알면서도 백인 여자애랑 뒹군 놈이 누구였냐고. 백인들 면전에서 매번 '팩트 폭행' 했던 놈도 너고, 매직 존슨이 HIV 걸린 얘기하며 콘돔 없이 섹스하면 안 된다고 버스 안에서 일장연설 때린 놈도 너고, 경찰 앞에서 경찰을 경찰 아니란 듯이 욕해댔던 놈도 열두 살 때부터 너였다. 솔직히 난 네가 아무 때고, 어디서고, 뭐든 입 밖으로 뱉거나 행동으로 옮길 놈이라는 걸 알아. 난 진짜로 궁금해. 어떻게 넌 그만한 깡이 있는데도, 단 한 번도 체포당하지 않았을까?"

"아직은."

"넌 아직도 술 안 마시고 대마도 안 해?"

"아직은."

"아직은?" 라톤이 비웃듯 되뇌었습니다. "이제까지 피워본 적 없으면 앞으로도 안 할 놈이네. 네 엄마가 네 엉덩이 때려대서 그런 거 같지 않냐?"

나는 라톤과 주먹 인사를 하고 그를 껴안았습니다. "아냐." 내가 말했습니다. "엄마가 내 엉덩이 팬 것 때문에 그런 것 같진 않아. 우린 다 뭔가를 무서워하잖아."

"농담이야. 예민하게 굴지 마." 라톤이 말했습니다. "네가 잭슨에 남아서 그 빌어먹을 백인 사립대에 간다니 안 믿긴다. 우리 중학교 2학년 때 그 백인 학교 다녔을 때 얼마나 비참했는지 다 까먹었냐?"

"사랑한다, 형제여." 나는 처음으로 라톤에게 그렇게 말했습니다. "공대 가서도 우리 잊지 마라."

"나도 사랑한다. 야, 근데 너도 그 백인 사립대 가서 퇴학당해도 우리 잊지 마라."

"아마도 대학에서 짤릴 일 없을 거야." 내가 말했습니다. "아직도 그 '흑인의 풍요로움' 맞지?"

"너도 알고 있잖냐." 라톤이 말했습니다. "항상. 매일매일. 근데 걔들은 아직도 전혀 몰라."

집에서 만들어진 것

판타스틱

당신은 운전을 하며 메리 제이 블라이즈의 〈리얼 러브〉를 틀리게 부르며 흥얼거리고 있었고, 나는 조수석에 앉아 당신이 좀더 속도를 내주길 바랐습니다. 우리는 공항으로 가는 길이었습니다. 당신은 또다른 박사후 연구원 자리를 얻었는데, 이번엔 하버드대학교에서 1년 동안 연구할 예정이었지요. 나는 열여덟 살이었고, 몸무게는 109.7킬로그램이었고, 가진 돈은 175달러가 전부였습니다.

"매번 일부러 가사를 틀리게 부르는 거예요?" 내가 물었습니다.

"가끔은."

우리는 공항의 출국 게이트 앞에 도착할 때까지 아무 말도 하지 않았습니다. "우리한텐 이런 시간이 좀 필요한 것 같아." 당신이 말했습니다. "네가 뭘 하든 어차피 통제할 수 없다는 걸 알면, 덜 걱정하게 될지도 몰라."

"그럴 수도요."

"아니, 그럴 거야." 당신이 말했습니다. "정말 그럴 거야."

내가 기숙사에 가져갈 책 몇 권을 집에서 챙겨도 되냐고 묻자, 당신은 내 목을 끌어안고 머리에 입을 맞췄습니다. 나는 슬며시 몸을 피했습니다. "책들이 널 지켜줄지도 모르지." 당신이 말했습니다. "필요한 책은 전부 가져가. 그리고 화났을 땐 싸우지 마. 대신 생각하고, 글을 쓰고, 책을 읽어. 내가 없는 동안 백인들이 널 쓰러뜨리게 두지 마." 당신이 탑승줄 끝으로 걸어갈 때, 나는 눈을 굴리며 이를 세게 물었습니다. "착하게 살지 마." 당신이 말했습니다. "완벽하게 살아. 판타스틱하게 살아."

당신은 미소를 지었고, 나도 미소를 지었습니다.

당신은 손을 흔들었고, 나도 손을 흔들었습니다.

당신은 하품을 하는 척했고, 나도 하품을 하는 척했습니다.

당신이 시야에서 사라지자, 나는 자유로워졌습니다.

나는 당신이 보스턴에서 안전하게 지내고 연구도 잘하길 바랐습니다. 그리하여 마침내 당신이 건강하고, 존재 자체를 인정해주는 사랑을 찾길 바랐습니다. 성인 대상 라디오 프로에서 흘러나오는 노래들이 말하는 그런 사랑 말입니다. 그리고 동시에, 내가 미시시피에 있는 동안에는 당신이 다시는 돌아오지 않기를 바랐습니다.

밀샙스로 돌아가는 대신, 나는 경기장 맞은편에 있는 와플 하우스로 향했습니다. 던킨도너츠 바로 옆에 있었지요. 나는 메뉴 왼쪽에 있는 무제한 스페셜을 주문했습니다. 나 혼자 운전해서 식당에 가본 적이 한 번도 없었는데, 혼자 앉아서 와플, 오믈렛, 해시브라운, 치즈 그리츠, 패티 멜트, 그리고 피칸이 올라간 또다른 와플을 주문하니, 마치 어른이 된 기분이었습니다. 나는 접시를 깨끗이 비우고, 이번엔 옆 가게로 가서 도넛 열두 개가 든 상자를 샀습니다. 그 덕에 때깔이 좋아진 내 얼굴이 다른 사람들 눈에 어떻게 보일지, 전혀 신경쓰지 않았습니다.

그때 나는 정말이지 자유로움을 느꼈습니다.

다음날, 모든 1, 2학년 흑인 소년들은 클린턴 메이스의 방에 모였습니다. 금요일 밤, 아무도 술을 마시지 않을 때 우리는 서로를 좋아했고, 토요일 밤, 대부분이 술에 취했을 땐 서로를 사랑했지요.

나는 7년 동안 술을 마시지 않은 터였습니다. 내가 나 자신이나 다른 누군가에게 총을 쏠까봐 두려웠기 때문입니다. 대신 나는 많이 웃었고, 고개를 끄덕였으며 사람들의 말에 귀기울였고, 붉게 충혈된 큰 눈을 천천히 깜박였습니다. 그리고 8분에 한 번씩 "그거 진짜 웃긴다"라고 말했습니다. 내가 잭슨 출신이라는 사실만으로, 사람들은 내가 술이나 약에 취해 있다고 생각했으니까요. 그 주말 동안 나는 "우린 해낼 거야"라는 문장을 서른네 번 넘게 들었습니다. 그 말은 항상 포옹이나 "너도 알잖아" 혹은 목이 길쭉한 선배 마일스가 건네주는 페퍼민트 한 알과 함께 따라왔죠.

그 주말에 나도 "너도 알잖아"와 "우린 해낼 거야"라고 말하는 법을 배웠습니다. 하지만 왜 우리가 못 해낼 수도 있다는 전제를 깔고 그런 말을 반복하는지는 이해되지 않았습니다. 우리 대부분은 미시시피에서 고등학교를 졸업했습니다. 밀셉스대학에서는 그저 책을 읽고, 리포트를 쓰고, 시험을 보는 것뿐이었습니다. 주변엔 백인 학생들뿐이었지만, 우리 모두는 미시시피 출신이고, 흑인이며 풍요로운 존재였습니다. 그 말은 곧 우리가 패니 루 해머, 아이다 벨 웰스*, 메드가 에버스**와 혈연 공동체를 이루는 가족이라는 것을 뜻했습니다. 우리는 백인 학생들이나 교직원, 교수들보다 더 재치 있고 강인하며 상상력이 풍부할 수

---

* 미시시피주 출신의 미국 언론인, 사회운동가, 여성 참정권 운동가로, 흑인들의 권리와 여성의 권리를 위해 평생을 바쳤다. 1891년 세 명의 친구가 린치로 살해된 사건을 계기로 린치 반대 운동을 적극적으로 펼쳤다. 웰스는 린치의 실상을 국제적으로 알리고, 전미유색인종지위향상협회의 설립을 도우며, 흑인 여성 참정권 운동에도 앞장섰다.

** 미시시피주 출신의 민권 운동가로 그는 제2차세계대전 후 미시시피주에서 흑인 유권자 등록 운동을 주도하며, 전미유색인종지위향상협회에서 활동했다. 1963년 자택 앞에서 백인 우월주의자에게 암살당한 그의 죽음은 미국 전역에 큰 충격을 주었고, 민권 운동의 중요성을 일깨우는 계기가 되었다.

밖에 없다고 나는 믿었습니다. 살아남기 위해서라도 그래야만 했으니까요.

나는 위노나 출신의 대선배인 레이 건에게 그가 짝퉁 스토클리 카마이클*처럼 생겼다고 말했습니다. "그러니까, 콰메 투레 영감이 젊었을 때랑 내가 닮았다는 거겠지." 그가 말했습니다.

나는 그에게 밀샙스의 교수들이 강의실 안팎에서 우리 모두가 그저 졸업하는 것 이상을 성취할 수 있도록 모든 노력을 다할 것이라고 말했습니다. 그는 이해할 수 없다는 듯 눈을 깜박거렸습니다. 그는 부끄러움이 없었고, 쓸데없는 은어를 만드는 데 열정을 쏟았기에 우리가 처음 만났을 때부터 잘 맞았습니다. "밀샙스 교수들은 말야." 그가 말했습니다. "수업이 끝나면 우리 같은 멍청한 흑인 애들한테는 신경도 안 써. 넌 특별하지 않아. 나도 그렇고. 아니면 너무 특별해서 인종의 예외라고 생각할 수도 있고. 곧 알게 될 거야. 거울을 보면서 '판타스틱하다' 같은 단어를 연습해두는 게 좋을 거야. 밀샙스는 멍청한 애들이 자신이 누구처럼 되고 싶었는지를 잊게 만드는 것으로 유명하니까."

밀샙스에는 흑인 소년들이 많지 않았는데, 그들은 거의 다 미

---

* 1960년대 미국 시민권 운동의 핵심 인물 중 하나로, 비폭력학생조정위원회의 의장이었고, 흑인 해방을 위한 급진적인 구호인 "Black Power(흑인 권력)"를 대중화시킨 인물로 유명하다. 이후 아프리카로 이주해 '콰메 투레(Kwame Ture)'로 개명하고, 범아프리카주의 운동에 참여하며 정치적 활동을 계속했다.

시시피 출신의 미식 축구 또는 농구 선수들이었습니다. 레이 건은 자기 반 흑인 소년들 대부분이 운동선수 자격을 잃은 뒤, 학업을 중단하고 집으로 돌아가거나 일을 시작했다고 말했습니다. "그뿐만이 아니야." 그가 말했습니다. "젠장, 구두 시험과 작문 시험이 우리 플로우를 다 망쳐놨어. 플로우 파괴자들 같으니. 그들은 생각보다 더 빨리 쓸모없는 녀석들을 줄여나가고 있어."

그 주말, 내가 처음 만난 흑인 소녀들은 운동선수로 선발된 게 아니었지만, 우리처럼 돈 많은 부유한 백인들 틈에 있어본 적이 거의 없었습니다. 대부분 의사, 회계사 또는 변호사가 되고 싶다고 했지요. 그중 세련되게 옷을 입은 오다리를 가진 응졸라 존스턴이라는 여학생은 자신을 "밤에는 가짜 데니스 헉스터블" 그리고 "낮에는 가짜 클레어 헉스터블"이라고 불러 방안을 웃음 바다로 만들었습니다. 응졸라는 모든 여학생들 앞에서, 그리고 우리 모두 앞에서 흑인 여자애들은 스스로를 챙겨야 한다고, 흑인 여자들은 백인들에게 의지를 할 수 없고, 또는 "저기 있는 흑인 남자애들"이 결코 챙겨주지도 않는다고 말했습니다.

나는 수업도 듣고, 교내 식당도 가고, 농구도 하고, 가끔 외식도 했지만, 학기 첫 몇 주 동안은 대체로 방안에 틀어박혀 짜투리 글을 쓰며 보냈습니다. 언젠가 과제에 끼워 넣을 수 있기를 바라면서요. 나는 미시시피 출신의 똑똑한 흑인 소년 역할을 연기했습니다. 옷이 몸에 맞지 않아서 겉모습까지는 따라가지 못했지만요. 나는 근로장학금으로 내 몸에 맞는 옷을 사는 대신 고구마 파이를 사거나 자동차 기름값으로 다 썼습니다. 한 달이 지나자, 내가 좋아하던 카키 바지는 엉덩이를 감싸기조차 어렵게 됐습니다.

학기초, 나는 몇 번이나 내 방에서 신분증 제시를 요구받았고, 문학 수업 시간에는 "양가적인"이라는 단어를 사용했다는 이유로 표절 의심을 받기도 했습니다. 나는 그 교수에게, 나는 글을 쓸 때 유의어 사전도 안 보는데 왜냐하면 그조차 부정 행위 같아서라고 말하고 싶었습니다. 그날 이후 나는 모든 수업에 다섯 권의 책을 들고 다니기 시작했습니다. 보통은 수업 내용과 관련이 없는 책들이었습니다. 때로는 책들을 책상 위에 쌓아두었고, 때로는 하나씩 꺼냈다가 아주 천천히 도로 가방에 넣기도 했습니다. 백인 교수와 학생들에게 내가 당신들보다 책을 더 많이 읽었다는 암시를 전하기 위해서였습니다.

수업 시간엔 흑인을 옹호하는 명확한 논리를 펼 수 있을 때만 발언했습니다. 질문을 하거나 근거 없는 주장을 하지는 않았습니다. 백인들로 꽉 찬 그 강의실에서 무지해 보이는 실수를 하는 건 너무 큰 위험이 따랐기 때문입니다. 내 인생에서 처음으로, 강의실이 무섭다는 생각이 들었습니다. 그리고 두려울 땐 늘 케이크를 찾았습니다. 케이크는 안전했고, 은밀했고, 기념일 같았습니다.

케이크는 결코 반격하지 않았습니다.

내가 응졸라 존스턴을 다시 만났을 때쯤에는 허벅지가 쓸리고 새로 생긴 튼살들이 배를 가로지르고 있었습니다. 어느 수요일 밤, 내가 그릴 식당 테이블에 앉아 세 덩어리나 되는 기름진 레드벨벳 케이크를 먹으며 데릭 벨의 『우물 바닥의 얼굴들』*을 읽고 있을 때였습니다.

응졸라 존스턴은 풍성한 눈썹과 인상 깊은 주름을 뽐내며 내 테이블을 지나 밖으로 나갔습니다. 그녀는 내가 만난 사람들 중 할머니 다음으로 주름이 가장 깊었습니다. 그녀는 갭(GAP) 매장에서 일하는 사람처럼 옷을 입었고, 하루 종일 트라이브 콜드 퀘스트**의 음악을 듣는 것 같았지만, 말투는 갭에서 일하며 같은 음악을 듣는 남자들에게 몹시 질린 듯했습니다.

"책 좋아하나봐?" 그녀가 물었습니다. 나는 아무 말 없이 천천히 고개를 끄덕였습니다. "오, 알겠어" 그녀가 말했습니다. "난 케냐타의 룸메이트 응졸라야. 네가 디거블 플래닛(Digable Planets)을 좋아하고 자유교양 수업에서도 꽤 그럴듯하게 말하더라고 케냐타가 말하던데."

---

* 미국의 법학자이자 비판적 인종 이론의 선구자인 데릭 벨의 대표작으로, 인종차별이 미국 사회의 영구적인 특징임을 우화 형식을 통해 탐구한다.

** 1990년 데뷔한 미국 힙합 그룹으로, 재즈와 힙합을 결합해 재즈 힙합 장르를 개척했다. 철학적이고 깊이 있는 가사로 사회적 메시지와 긍정적 주제를 다루며, 지적이고 예술적인 음악 세계로 1990년대 힙합 신에서 독보적인 위치를 차지했다.

"좋네." 내가 말했습니다. "네가 누군지 알아. 우리 전에 만났어."

"내 엉덩이 쳐다봤다고 우리가 만난 건 아니야. 이름 의미가 뭐야?"

"기쁨." 내가 말했습니다. "키콩고어로. 아빠가 내가 태어났을 때 자이르에 있었거든. 넌 응졸라가 무슨 뜻이야?"

"알고 싶으면 직접 찾아봐. 나중에 꼭 보자, 키에스."

나는 그날 밤, 응졸라 존스턴이 내 책 읽는 모습을 보길 바라며 일주일 내내 매일 다른 책을 들고 그릴*에 가기로 결심했습니다. 그날 밤 도서관에 남아 '응졸라'가 무슨 뜻인지 찾아보려 애썼지만 결국 찾지 못했습니다. 그러자 사서가 인터넷에서 찾아보라고 권해주었습니다.

"인터넷? 그게 뭔데요?" 내가 물었습니다.

"신경쓰지 마세요." 그녀가 말했다. "찾아보고 뭔가 알아내면 알려줄게요."

응졸라 존스턴이 나중에 꼭 보자고 말한 지 엿새가 지난 어느날 밤, 나는 그녀가 두 명의 흑인 선배에게 "나중에 꼭 봐"라고 말하는 모습을 지켜보았습니다. 그들은 그녀에게 과도하게 집착하며 땀을 뻘뻘 흘리고 있었습니다. 그녀가 그릴을 나가자 그들

---

* 학생들이 식사나 간식을 즐기며 교류하는 장소.

도 그녀를 따라 나갔지만, 응졸라는 곧 다시 돌아왔습니다.

그녀가 첫 대화에서 말했습니다. "너 뭔가로부터 도망치고 있는 것 같아. 하긴 나도 그래. 뭐로부터 도망치는지는 잘 모르겠지만, 난 분명 도망치고 있어. 넌 어때?"

"뭐가 어때?"

"넌 뭔가로부터 도망치고 있어." 그녀가 다시 말했습니다. "그렇지 않으면 내가 다시 나타나길 바라며 이곳에 올 리가 없지." 내가 뭐라고 말하기 전에 응졸라는 계속 말을 이어갔습니다. 그녀는 몇 년 동안 WJTV*에서 당신이 선거 분석하는 걸 봤다고 했습니다. 그녀는 당신을 자신의 영웅 중 한 명이라고 지칭했습니다. 그리고 그렇게 강인하고 똑똑한 흑인 여성의 밑에서 자란 삶이 어땠는지 내게 물었습니다. 내가 대답하려 하자 그녀가 덧붙였습니다. "여기 백인 여자애들은 너무 하찮은 것에 신경써. 그중 몇몇은 성신이 있는 것 같지만, 대부분은 지능이 없어. 아주 조금도. 하지만 돈은 다 가지고 있지. 정말 짜증나. 넌 어떻게 생각해?"

"나 말야?"

"돈 문제가 짜증나지 않아?"

나는 밀샙스의 백인들이나 응졸라가 내가 방금 은행 계좌

---

* 미국 미시시피주 잭슨에 위치한 CBS 계열의 텔레비전 방송국.

를 만들었고, 그 안에 고작 37달러밖에 없다는 사실을 알기를 원치 않았습니다. 또한 매달 셋째 주 무렵이면 우리 가족에게 37달러가 꽤 큰 여윳돈이라는 사실도 그들이 알지 못하기를 바랐습니다.

"걔들은 걔들이고, 우린 우리지." 내가 말했습니다. "난 뭐 돈 괜찮아. 근데 너 '사랑'이라는 뜻의 이름을 가진 게 이상하니?"

"괜찮다고?" 그녀가 내 얘기를 무시하며 물었습니다. "뭐 돈에 구애받지 않을 정도로 자유로운 건가? 나도 구애받지 않으려고 하는 중이야. 내 이름 뜻 알아냈다고 네가 뭐 대단한 줄 아나 본데?"

"그래." 내가 말했습니다. "네 이름 뜻 알아낸 내가 좀 대단한 것 같아." 나는 응졸라를 짝퉁 앤절라 데이비스*라고 불렀습니다. 그리고 나도 구애받지 않으려고 노력하고 있고, 지금 가진 돈이면 됐다고 생각하는 게 도움이 된다고 말했습니다. 그러자 그녀는 왜 내가 항상 내가 가진 돈에 대해 괜찮다고 말하는지 물었습니다. 나는 웃고, 웃었으며 웃음이 멈출 때까지 계속 웃었습니다.

---

* 미국의 정치 활동가이자 학자, 작가로, 민권 운동과 여성 해방 운동의 중요한 인물이다. 흑인 해방, 반인종차별, 반자본주의를 주장하며, 특히 흑인 민족주의와 여성주의에 큰 영향을 미쳤다. 1970년대 초반, 흑인 혁명 운동과 관련된 혐의로 FBI의 지명 수배를 받았으나 무죄로 풀려났다.

나와 응졸라는 그릴에서 만나 닷새 연속으로 기름진 레드벨벳 케이크를 먹었습니다. 그 다음주엔 내가 디거블 플래닛의 신곡 테이프를 그녀에게 사줬고, 매일 점심이나 저녁으로 중국 뷔페 식당에 데려갔습니다. 그 다음주엔, 새로 만든 신용카드의 한도가 초과되었고, 두 장의 수표가 결제 중지되었으며 응졸라, 레이 건, 그리고 내가 각기 다른 문학 수업 시간에 표절 의심을 받은 바로 그 다음주엔 이조드 럭비 셔츠를 산 두 장의 수표도 결제 중지되었습니다.

나는 캠퍼스를 걸을 때마다 사람들이 내 진짜 모습을 보지 못하게 하려고 애썼습니다. 사람들의 시선을 다른 곳으로 돌리는 일은 재미있었지만, 너무도 피곤한 일이었습니다. 나는 내가 누구인지 확신하지 못했지만, 내가 어디에 있는지는 잘 알고 있었습니다. 나는 내 도시, 잭슨의 중심에 있었지만, 집에서는 너무도 멀리 떨어진 곳에 있었습니다.

밀샙스대학에 입학했을 때, 나는 학교 한쪽에는 부유한 백인 자유주의자들이 사는 벨헤이븐 지역이 있고, 다른 쪽에는 노스 엔드라는 가난한 흑인 동네가 있다는 것을 알았습니다. 노스 엔드 쪽 출입문은 항상 잠겨 있었고, 벨헤이븐 쪽 출입문은 늘 열려 있어 언제나 환영받는 듯한 분위기였습니다. 내가 다녔던 흑인 학생이 다수인 고등학교에서는 백인 학생들이 남부연합기가 그려진 티셔츠를 입거나 옛 남부의 영광을 자랑하면 흑인 남학생들에게 심하게 얻어맞곤 했다는 사실도 알고 있었습니다. 그런데 밀샙스에서는 그 깃발이 가짜 폴로 셔츠나 이조드 티셔츠만큼 흔했습니다.

한 학기가 지나자 나는 교내 정원을 돌보는 사람들이 대부분 흑인 남성이고, 식당 직원과 기숙사 청소 직원 대부분이 흑인 여성임을 알게 되었습니다. 반면 기숙사, 강의실, 행정실, 길거리, 파티장 등 학교 곳곳은 백인 학생과 교수, 행정직원 들로 가득차 있었습니다. 그들은 우리 흑인 학생들이 학교에 존재한다는 사실만으로 자신들이 결백하며 결코 인종차별적이지 않음을 증명한다고 믿고 있었습니다. 단 한 학기 만에 나는 책이 나를 구원해줄 수 없다는 사실을 깨달았습니다. 대학도, 강의도, 도서관도, 기숙사도, 식당도 모두 부유한 백인들을 위해 존재하고 있다는 것을 말입니다. 나는 이런 감정을 내 도시 한복판에서 느끼게 될 줄은 전혀 예상하지 못했습니다.

입학하고 두 주 후, 응졸라와 나는 그녀의 방에서 룸메이트가 자고 있는 사이 마치 내일이 없는 것처럼 서로의 목에 열정적으로 키스했습니다. 나는 응졸라의 침대 밑에서 남자친구의 사진들을 발견했는데, 그 사진들은 푸른 그림들과 갈색 철망 조형물 옆에 놓여 있었습니다. 응졸라 남자친구의 턱선은 매우 뚜렷했고, 〈코스비 가족 만세〉에 나오는 시어의 친구 랜스와 꼭 닮아 있었습니다.

응졸라는 우리가 빌 클린턴과 힐러리 클린턴처럼 되었으면 좋겠다고, 단 흑인을 사랑하되 흑인이 우리를 위해 해준 것만 사랑하는 게 아니기를 바란다고 말했습니다.

"좋아." 나는 그녀의 이마에 키스하며 말했습니다. "하지만 네 남자친구는 네가 나랑 결혼하는 걸 좋아하진 않을 거야."

"네 백인 여자친구도 마찬가지일걸." 응졸라가 대꾸했습니다. 나는 응졸라에게 애비 클레어몬트와의 관계를 말하지 않았지만, 누군가에게 이미 들은 모양이었습니다.

"백인 여자친구? 누구?"

"와." 응졸라가 말했습니다. "백인 여자랑 안 사귀는 척하네? 요즘 놈들, 진짜 요즘 놈들처럼 굴긴."

삼 주 뒤, 추수감사절 방학 직전, 우리는 자정이 넘은 시간 학술관 무대 위에서 여태까지 경험한 것 중 가장 격렬한 애무를 나누고 있었습니다. 응졸라는 내 아랫입술이 너무 좋다며, 절대 그 입술에 키스하는 걸 멈추고 싶지 않다고 말했습니다.

나는 그녀를 믿지 않았습니다.

그녀는 캠퍼스 곳곳에 숨겨진 카메라가 우리가 하는 모든 행동을 지켜보고 있다며, 조용한 곳으로 갈까 하고 물었습니다. 케냐타가 주말 동안 방을 비운 터라 우리는 그녀 방으로 향했습니다. 바닥에 앉아 있을 때, 응졸라는 내게 콘돔을 건넸습니다.

"네 남자친구 이름이 뭐야?" 내가 물었습니다. "우리보다 훨씬 나이가 많고 의사라며?"

"그냥 좋은 친구일 뿐이야." 그녀가 말했습니다. "그리고 그래, 그 사람은 의사야. 스물일곱 살이고."

"좋은 친구라는 스물일곱 살 의사 친구 이름이 뭐야?

"제임스."

"어떻게 넌 골든 그레이엄스 같은 평범한 이름을 가진 제임스 의사 선생님과 어울리게 됐어?" 그녀에게 물었습니다.

"네 여자친구 이름은 뭐야? 몰? 아니면 클레어?" 그녀가 말했습니다. "사실 그 백인 계집애 이름이 뭔지는 중요하지 않아. 너한테 물어보고 싶은 게 있어."

"뭔데?"

"나랑 있을 때 느낌이 어떤지 말해줘."

"진짜로?"

"응." 그녀가 말했습니다. "정말로. 나랑 있을 때 네 마음속에서 어떤 감정이 일어나는지 말해줘."

"무거워." 그녀에게 말했습니다.

"깊고 심오한 의미로 무거운 거야?"

"그런 느낌도 조금 있지만, 더 거대하다는 의미에서 무거운 거야. 마치 멍청하고 뚱뚱한 것처럼. 넌 어떤데?"

"하지만 무거운 것과 거대한 것, 그리고 멍청하게 뚱뚱한 것은 완전히 다른 거야." 그녀가 말했습니다.

"그렇게 생각해?"

"난 작지만 내가 무겁다는 건 알아. 너는 어때?"

응졸라의 헐렁한 옷과 통통한 볼은 그녀의 작은 체구를 감추고 있었습니다. 그녀는 단지 나에 비해 작은 정도가 아니었습니다. 애비 클레어몬트에 비해서도 작았고, 내게 키스했던 그 어떤 여자와 비교해봐도 작았습니다. "네가 물어봐서 내가 말해줬잖아. 근데 나 개강 이후로 18킬로그램이나 쪘는데, 티 안 나?"

"모르겠어." 그녀가 말했습니다.

"왜 거짓말해?"

"거짓말하는 거 아니야. 정말 모르겠어. 근데 티가 난다 해도 그게 뭐 어때서?"

나는 응졸라에게 기숙사로 돌아가 과제를 마무리해야 한다고 말했습니다. 그녀는 함께 가도 되냐고 물었습니다. 나는 아침에 과제를 제출해야 하는네, 누군가 옆에서 공부하면 집중하기 힘들다고 설명했습니다.

"다른 사람의 숨소리가 네 생각을 방해하나보구나, 키에스?"

"음, 그런 것도 있고……"

"넌 정말 이상한 녀석이야, 키에스 레이먼." 그녀가 말했습니다. "네가 거짓말한다는 걸 알면서도, 난 그냥 미친 듯이 네가 안쓰러워."

"왜?"

"왜냐하면 네가 숨기고 있는 걸 절대 나한테 같이 짊어지자고 하지 않을 걸 아니까."

나는 그녀의 말을 곱씹었지만, 정작 내가 뭘 숨기고 있는지는 떠올리지 않았습니다. 사실 밀샙스에 있는 내내, 나는 한 번도 그걸 생각해본 적이 없었습니다. "너도 나한테 숨기고 있는 걸 털어놓지 않았잖아. 그리고 너도 나만큼이나 뭔가를 숨기고 있는 게 분명해."

"그래, 네 말이 맞아." 그녀가 말했습니다. "근데 그건 달라. 난 너희 같은 애들을 잘 알아. 너희는 우리가 무너지는 걸 보고 싶어하잖아."

"난 네가 무너지는 걸 보고 싶은 게 아니야."

"네가 거짓말하면서도 내가 믿어주길 바란다면," 그녀가 말했습니다. "그건 결국 내가 무너지는 걸 보고 싶어한다는 뜻이야."

추수감사절에 웅졸라는 나를 자기집에 초대했지만, 나는 가지 않았습니다. 그녀의 새엄마가 항상 웅졸라의 몸무게에 대해 말하며, 자기 새딸에게는 "잘생기고, 멋지고, 모든 게 제대로 된 남자"가 어울린다고 말하곤 했기 때문입니다. 나는 10년 가까이 집 안팎에서 '남자' 대접을 받아왔습니다. 하지만 동시에 나는 결코 '잘생기고 멋지고 제대로 된 남자'가 될 수 없는 흑인 소년이었습니다. 나는 너무 뚱뚱해서 잘생길 수 없었고, 너무 초라해서 제대로 된 사람처럼 보일 수도 없었습니다.

기숙사가 문을 닫자, 나는 목요일부터 일요일까지 학생 라운지에서 지냈습니다. 웬디스의 99센트 메뉴에서 내가 살 수 있는 건 전부 사 먹었습니다. 웬디스 음식이 다 떨어지자, 나는 캠퍼스 자판기를 털었습니다. 나는 그들의 문 파이, 핫 프라이즈, 트윅스, 그랜마의 바닐라 샌드위치 크림을 훔쳤습니다. 그들의 소파에 다리를 올리고, 그들의 TV로 〈아세니오 홀 쇼〉를 시청했습니다. 잠들기 전, 나는 그들의 도서관에서 빌린 토니 케이드 뱀버러의 책을 읽기 시작했습니다. 책 제목은 『고릴라, 내 사랑』*이었습니다.

자전적 소설을 써봤자 소용없다. 책이 서점에 깔리는 순간, 네 엄마는 "어떻게 그럴 수 있어?"라고 소리치고, "죽음이여, 너의 쏘는 맛은 어디 있느냐"라며 한숨을 쉰다. 그러곤 너를 침대에서 끌어내, 브루클린에서 무슨 일이 있었는지 캐묻기 시작한다. 그때 엄마는 세 가지 일을 하며 네 삶의 형편을 나아지게 하려고 애쓰고 있었는데, 책 42페이지에서 네가 동네에 사는 그 지저분한 남자애랑 엮였다는 걸 알아채고는 울음을 터뜨린다. 그러면 당연히 가족들은 졸린 눈을 비비며 새벽

---

* 1972년에 출간된 토니 케이드 뱀버러의 단편소설집으로, 일상적인 삶과 흑인 사회의 복잡한 현실을 생생하게 묘사한다. 이 소설집은 특히 어린이와 청소년의 시각을 통해 가족, 사랑, 신뢰, 사회 정의 등의 주제를 탐구한다.

다섯시에 벌어지는 이 가정극을 보기 위해 거실로 하나둘씩 몰려든다. 하지만 엄마 입장에서는 지금이 1940년대쯤이고, 넌 여전히 엉덩이 맞아도 싼 철없는 애일 뿐이다.

그 책의 첫 문장은 내게 첫 문장이란 우리를 위해 특별히 설계된 롤러코스터가 될 수 있다는 걸 알려주었습니다. 나는 그 문장을 다시 읽었습니다. 그러고 나서 그 부분을 필사했습니다. 뱀버러는 웰티의 작품의 장점을 배워, 누구도 보호받지 않고 고립되지 않으며 백인도 아닌 세계를 창조해냈습니다. 그 세계 속 모든 사람들은 어떤 형태로든 이상했고, 경이로웠고, 약간은 엉뚱했으며, 철저히 흑인이었습니다. 지루함과 폭발력을 모두 품은 흑인성은 뱀버러의 작품을 관통하는 역사적이자 상상력의 핵심 배경이었습니다. 글 안에서도, 삶 속에서도 나는 그런 자유를 원했습니다. 언젠가 나도 그런 첫 문장을 써보고 싶었고, 그런 첫 문장이 내게 매일같이 쓰이기를 바랐습니다.

나는 여전히 매일 밤 글을 쓰고 아침마다 고쳐 썼지만, 강력한 문장을 만들어내는 연습은 결국 나를 '강력한 문장을 잘 쓰는 사람'으로 만들 뿐이었습니다. 글쓰기의 다른 절반은 단순한 연습 이상의 무언가를 필요로 했습니다. 그것은 흑인들의 사랑을 냉정하게, 감정에 치우치지 않고 깊이 탐구하는 것이었지요. 우리의 이상함을 기꺼이 수용하는 태도도 필요했습니다. 그리고 무엇보다도, 기존 구조를 개조하는 것이 아닌 완전히 새로운 구조를 창조하겠다는 각오가 있어야 했습니다. 나는 18년 동안 흑인을 사랑하지도, 진정성 있게 바라보지도 않는 이른바 '탁월한 문장가'들의 글을 읽으며 자라왔습니다. 그들은 종종 우리를 위해 글을 썼지만, 우리를 향해 쓰지는 않았습니다. 밤바라의 작품을 읽고 나서야 나는 처음으로 이런 생각을 하게 되었습니다. 만약 한 문장, 한 문단, 한 권의 책이 미국 남부의 흑인들을 위해, 그리고 그들을 향해 쓰였다면, 미국 문학은 얼마나 더 위대해질 수 있었을까.

겨울방학 며칠 전, 응졸라가 나를 그릴로 불러 기름진 레드벨벳 케이크를 함께 먹자고 했습니다. 나는 『고릴라, 내 사랑』을 가져갔습니다. 그녀가 첫 문장을 읽을 때의 표정을 보고 싶었기 때문입니다. "제임스가 크리스마스 때 자기를 보러 오라고 했어." 우리가 케이크를 먹고 있을 때 그녀가 말했습니다.

"잘됐네." 나는 말하며 책을 가방에 다시 넣었습니다. "릭 제임스 의사 선생님에게 안부 전해줘."

"나 가고 싶지 않아, 키에스." 그녀가 말했습니다.

"정말로? 빌 클린턴이라면 어떻게 할 것 같아?"

"그 인간은 거짓말하고, 하고 싶은 사람이랑 자고" 그녀가 웃음기 없는 얼굴로 말했습니다. "그러고 나서 또 거짓말하겠지." 나는 그녀에게 빌 클린턴에 대한 에세이를 쓰고 있다고 말했습니다. "그게 다야?" 그녀가 물으며 내 목을 껴안았습니다. "정말로 그게 다야?"

"응."

"그럼 나중에 보자. 에세이 잘 써. 원하면 나한테 보내줘. 판타스틱한 휴식을 보내길 바랄게."

그날, 우리가 사귀었다고 할 수도 없으면서 이별했던 그날, 응졸라는 나와의 대화에서 처음으로 "판타스틱"이라는 단어를 썼습니다. 내가 아는 흑인 중에 그 단어를 입에 올린 사람은 그때까지 단 두 명뿐이었습니다. 당신과 내게 경고의 말을 날릴 때의 레이 건.

그날 밤, 나는 기숙사 안 쓰레기통을 뒤지며 먹다 남은 피자 조각을 찾았습니다. 1층과 2층에서만도 조각을 모아보니 한 판, 여덟 조각짜리 피자를 만들 수 있을 정도였습니다. 나는 그 조각들을 종이 타월 위에 포개어놓고, 기숙사 주방의 전자레인지를 켜려 했습니다. 그때 레이 건이 내 어깨를 툭 치며 말했습니다.

"씨발, 뭐 하는 짓이야?"

나는 응졸라가 나한테 작별 인사를 하면서 "판타스틱"이란 말을 썼다고 말했습니다.

"아, 그럼 끝났네." 그가 말했습니다. 그러면서 내 피자를 한 조각씩 쓰레기통에 던져 넣었습니다. "검둥이, 너 우울하냐?"

"무슨 말이야?"

"말 그대로야. 너 우울하지, 안 그래?" 레이 건은 밀샙스에서 9학기째를 보낼 때 한 교수에게 정신과 진료를 권유받았던 이야기를 꺼냈습니다. "그때 나도 지금 너처럼 감정이 몸으로 나타났어. 살도 찌고, 엉망이었지. 그래서 상담가한테 자살이나 정신착란 같은 얘길 했어. 근데 갑자기 이 백인 놈이 나한테 항우울제를 처방한 거야."

"효과가 있었어?"

"그 약 먹고 내가 완전 백인처럼 느껴졌지."

"백인처럼이라니. 어떻게?"

"그냥 백인처럼." 그가 말했습니다. "너무 기쁘지도 않고, 너무 슬프지도 않은 상태. 애들이 왜 '진짜 아무 상관 없어'라고 할 때 있잖아? 내 장담하는데 그런 말 하는 애들은 절대 항우울제 안 먹어봤어. 항우울제는 아무것도 상관없게 만들거든. 그래서 백인처럼 느껴졌다는 거야." 나는 웃다가 숨이 넘어갈 뻔했습니다. "진짜야. 뻥 아니라고. 만약 상담받을 거면 정신과 의사 말고 심리학자한테 가."

"뭐가 다른데?"

"하나는 네 얘기를 들어주고 네 엄마랑 아빠를 탓하려고 할 거고, 또하나는 네 뚱뚱한 엉덩이를 백인처럼 느끼게 해줄 약을 준다는 차이지."

"아니야, 난 괜찮아." 내가 말했습니다.

"뭐가 괜찮아? 너는 다리 예쁘고 똑똑한 천재가 네 뚱뚱한 엉덩이에 반해서 진심으로 좋아해줬는데, 너는 걔가 작별 인사로 '판타스틱' 같은 말이나 쓰게 만들고 끝장났잖아. 넌 내가 이 대학에서 만난 가장 똑똑한 바보야. 또 12학기 동안 내가 본 가장 슬픈 멍청이일 수도 있고. 슬플 때는 먹지 마. 진심이야. 슬플 때는 먹지도, 마시지도, 도박도 하지 마. 기도해. 아니면 나랑 얘기하든가, 아니면 운동을 하든가. 그것도 아니면 그냥 자든가. 넌 이 모든 상황에 무너지는 걸 그대로 방치하고 있어. 그게 걔네들이 원하는 거야." 레이 건이 단호하게 말했습니다. "내 말을 믿어. 나도 그런 적이 있었거든. 넌 내 후배이자 친구지만, 다른 대학으로 편입을 생각해보는 게 좋을지도 몰라. 지금 있는 곳엔 '판타스틱'한 게 아무것도 없어. 네 상황을 바꿔. 스위치 히터 (switch hitter)*가 돼."

"스위치 히터? 또 시작이네. 그거 원래 다른 뜻 있는 거 알지?"

"그게 뭘 뜻하든, 나는 내가 말하려는 대로 말하는 거야." 그가 말했습니다. "내가 임팔라 타고 다니면서 변속기 바꾸는 거

---

* 원래는 야구 용어로, 왼손과 오른손 모두로 타격할 수 있는 선수를 의미한다. 하지만 속어로 사용될 때는 남성과 여성 모두와 성적 관계를 맺는 사람, 즉 양성애자를 지칭하는 말로도 쓰인다. 이 장면에서는 성적 의미가 아닌 비유적 의미로, 상황에 따라 유연하게 스타일을 바꾸고 인생의 방식을 전환하라는 뜻으로 사용되었다.

봤지? 내가 계속 스타일 바꾸는 것도 봤잖아? 나처럼 해, 멍청아. 스위치 히터가 되라고."

나는 레이 건과 친근하게 주먹 인사를 나누며 그가 무슨 말을 하는지 전혀 모르겠다고 말했습니다. 그리고 그의 임팔라까지 같이 걸어갔습니다.

"야, 이제야 형이 이해되네." 내가 말했습니다. "형은 그냥 영원히 90년대 스타일의 검둥이야. 70년대에도 그랬고, 2000년대에도 여전히 90년대 스타일로 살고 있을 그런 검둥이."

"그걸 이제 알아챘냐? 멍청한 놈아."

"그래, 이제 깨닫고 있어." 내가 말했습니다. "진심으로 그 약얘기 들려줘서 고마워. 진짜로 고마워."

방으로 돌아왔을 때, 나는 레이 건이 쓰레기통에 버린 기름진 피자가 먹고 싶어졌습니다. 하지만 식욕을 떨쳐내기 위해 글쓰기에 몰두하려 애썼고, 그래서 공책을 꺼내 레이 건이 항우울제가 자신을 백인처럼 느끼게 했다고 말한 게 왜 그렇게 웃겼는지 써보기 시작했습니다.

나는 글을 읽었습니다.

창밖을 내다보았습니다.

페인트칠 된 시멘트 벽에 머리를 기댔습니다.

다시 글을 읽었습니다.

다시 창밖을 내다보았습니다.

다시 조용히 글을 썼습니다.

한 시간쯤 지나, 기숙사 주방으로 내려가 쓰레기통에서 피자 여덟 조각 중 여섯 조각을 꺼냈습니다. 따뜻한 물에 헹군 뒤 페퍼로니를 떼어내고 두번째 저녁을 데워 먹었습니다.

나는 우울하지 않았습니다. 백인처럼 느끼지도 않았습니다. 정말 자유로웠습니다. 정말 판타스틱한 기분이었습니다.

재앙

크리스마스 방학 때, 집에 돌아온 당신은 나를 보고 고개를 저으며 물었습니다. "도대체 너 자신에게 무슨 짓을 하고 있는 거니?"

그러고는 내게 당신 앞에 있는 체중계 위에 올라가보라고 했습니다.

116.1.

119.7.

122.0.

123.4.

124.7.

130.2.

134.3.

나는 당신에게 나가달라고 말한 다음, 옷을 다 벗고 살금살금 다시 체중계에 올라갔습니다.

132.9.

한 학기, 정확히는 딱 석 달 반 만에 나는 체중이 23킬로그램 이상 늘었습니다. 그 무게의 유일하게 괜찮았던 점은, 내가 무관심한 척할 때 당신이 끔찍하다는 듯한 표정을 지었다는 거였지요.

다음날, 컷코 칼을 팔고 집에 돌아왔을 때, 당신은 방에 있었습니다. 그날 밤, 나는 당신이 통화하는 소리를 엿들었습니다. "왜 그렇게 말해? 때가 되면 말할게. 지금은 아니야. 시간 나면 갈게."

누구와 이야기하고 있는지는 몰랐지만, 그 다정하고 속삭이는 말투로 보아 맬러카이 헌터는 아니었습니다. 맬러카이 헌터는 다른 여자와 아이까지 생겼으면서도 당신을 놔주지 않았지요. 그건 정말 당신을 다시 원했던 게 아니라, 당신이 다른 누구도 원하지 않기를 바랐기 때문이었습니다. 그가 일방적으로 찾아오겠다고 할 때마다, 당신은 내가 집을 비우지 않도록 했습니다. 그의 차가 진입로에 들어오면, 나는 당신의 베개 밑에서 총을 꺼내 주머니에 넣었습니다.

그날 밤 당신이 전화로 속삭이고 있을 때, 맬러카이 헌터가 노크도 없이 내 방에 들어왔습니다. 나는 이불 속, 허벅지 사이에 총을 숨기고 있었습니다. 그는 안녕도, 어떻게 지내냐는 말도 없이, "백인 놈들은 어떻게든 널 잡을 거다"라고 말했습니다. "흑인이 학자가 되어서 자유로우려면, 독립적으로 부자가 돼야 해. 근데 그렇게 돈을 벌면 뭐 하나. 결국 백인의 일꾼이 될 텐데. 네 엄마가 나이로비에서 열리는 혁명가들 회의에 가야 한다고 치자. 아무리 똑똑해도, 거기에 갈 돈이 있겠냐?"

"나이로비에서 혁명가들 회의가 열려요?"

"레이먼, 정신 차려. 너 작가가 되겠단 애가. 상상력 좀 발휘해 봐. 제기랄."

그때 당신이 문가에 나타나 그에게 그만 가는 게 좋겠다고 말했습니다. 당신과 그는 싸우지도, 목소리를 높이지도 않았습니다. 맬러카이 헌터는 당신 얼굴을 보고 비웃고는 마치 당신이 거기 없는 사람인 것처럼 말을 계속 이어갔습니다. "네 엄마는 여전히 자유롭지 않아, 레이먼." 그가 말했습니다. "세상에서 가장 똑똑한 여자지만, 자유롭진 않지. 이 집에는 자유와 흑인이란 단어를 서로 모순이라고 생각하는 치즈 먹는 놈들(cheese-eating niggas)*이 너무 많아. 난 이런 집에 알레르기가 있어. 나간다, 레이먼."

나는 그를 따라 현관 밖으로 나갔습니다. 그러고는 그의 재규

---

* 백인의 문화나 가치에 순응하거나 체제 안에 안주한 흑인들을 비하하는 풍자적 표현.

어 불빛이 보이지 않을 때까지 진입로에 서 있었습니다.

그날 밤 늦게, 당신이 내 방문을 두드렸습니다. 그때쯤 나는 밀샙스대학에 관한 세태 비평 에세이를 쓰고 있었고, 거기엔 내가 '레이먼식 해석(Laymon's terms)'*이라 부르는 나만의 방식이 녹아 있었습니다.

"키, 들어가도 될까?"

나는 노트를 내려놓고 아무 말도 하지 않았습니다. 당신은 침대 끝에 앉아 카펫만 바라보고 있었습니다. 무슨 질문이라도 해주기를 바라는 눈치였지만, 나는 "무슨 일이에요?" 외에는 묻고 싶은 게 없었습니다.

"키, 나도 잘 모르겠어." 당신이 말했습니다. "가끔은 내가 한 재앙이 끝나면 또다른 재앙으로 계속 옮겨다니는 것 같아."

"근데 왜요?" 내가 물었습니다.

"뭐가 왜야?"

"왜 계속 재앙에서 재앙으로 옮겨다니는 거냐고요."

"어쩌면 그런 빠르고 파괴적인 폭풍 속에서 가장 평온함을 느끼는 것 같기도 해."

---

* 작가의 성 "Laymon"과 영어 관용 표현인 "Layman's terms"를 섞은 말장난(pun)이다. "Layman's terms"는 '비전문가도 이해할 수 있도록 쉽게 풀어쓴 말'이라는 뜻이며, "Laymon's terms"는 작가 자신만의 시선, 언어, 유머, 분노, 사회 비판이 담긴 개인화된 해석 방식을 의미한다.

"하지만 평온함 속에서 더 평온해질 수도 있잖아요."

"그래." 당신이 말했습니다. "네 말이 맞는 것 같아. 적어도 재앙 하나는 피했으니까. 네가 고등학생일 때 맬러카이와 관계를 끝낸 건, 그 관계가 너에게 해롭다는 걸 알았기 때문이야. 그나저나 오늘 마지막 수표를 썼어. 다음 수표가 올 때까지만 쓸 수 있게 40달러만 빌릴 수 있을까?"

나는 한마디도 하지 않았습니다. 그저 눈만 깜박이며 이 모든 게 헛소리 같다는 생각만 했지요. 하지만 결국 나는 당신이 내 방에 온 이유를 건넸습니다. 긴 포옹, 40달러, 그리고 몇 번의 재앙을 겪더라도 당신을 언제나 사랑하겠다는 약속. 나는 당신과 통화하던 남자가 누구인지는 몰랐지만, 그가 또다른 재앙이라면 당신이 맬러카이 헌터와 만들었던 것보다는 훨씬 덜 파괴적인 뭔가를 만들 수 있기를 온 마음을 다해 바랐습니다.

그날 밤, 나는 『깜둥이 소년』*을 나시 읽기 시작했습니다. 밀샙스에서 이 책을 처음 읽었을 땐 마치 전투 개시를 알리는 신호처럼 느껴졌습니다. 하지만 우리집, 당신 방에서 몇 걸음 떨어진 내 침대에서 읽을 때는 따뜻한 속삭임처럼 다가왔습니다. 리처드 라이트는 재앙에 대해 쓰면서, 미국의 재앙은 '모든 게 무너

---

* 미시시피 출신 작가 리처드 라이트의 회고록으로 흑인으로서 겪은 가난, 인종차별, 폭력 속 성장기를 그렸다. 남부에서 북부로 이주하며 작가로서 정체성을 찾아가는 과정을 담은 미국 흑인 문학의 고전으로 평가받는다.

진 그날'부터 시작된 게 아니라고 독자들에게 말하고 있었습니다. 나는 포크너보다는 라이트처럼 글을 쓰고 싶었습니다. 아니, 사실은 라이트처럼 글을 쓰고 싶었던 게 아니었습니다. 나는 그처럼 싸우고 싶었습니다. 백인들에게 멋지게 한 방 먹이는 문장을 만들어내고, 그들이 방금 본 그 스타일에 대해 감히 아무 말도 못하게 도발하고 싶었습니다. 나는 왜 라이트가 잭슨을 떠났고, 왜 미시시피를 떠났고, 딥사우스*를 떠났고, 결국 이 나라까지 떠났는지 이해했습니다. 하지만 나는 자꾸 생각하게 됐습니다. 왜 할머니는 떠날 수 있었는데도 떠나지 않았을까. 왜 당신은 떠났다가 다시 돌아오기를 선택했을까. 왜 나는 이곳에 남기로 했을까. 만약 라이트가 미시시피를 떠나지 않았다면, 세상은 그의 글을 과연 읽었을까. 라이트가 미시시피를 마음의 안식처와 같은 고향으로 상상했더라면, 그 이후 미시시피에서 태어난 흑인 아이들은 그의 글을 읽으며 더 많이 웃고 더 따뜻하게 미소 지었을까. 나는 그가 시카고로 떠나던 날, 머지않아 고향으로 돌아올 수 있다고 생각했을지 궁금했습니다.

다음날, 집안의 전등이 모두 꺼져 있었습니다. 언제나처럼 당신은 "이 동네 전체에 전기 문제가 있는 것 같아"라고 말했습니다. 하버드로 돌아가기 위해 공항으로 떠나기 전, 당신은 우편물

---

* 미국 남부 중에서도 특히 전통적인 남부문화, 노예제의 역사, 흑백 인종차별의 뿌리, 보수적 정치문화가 깊게 자리잡은 지역.

을 확인했지요. 그 안에는 당신이 집안으로 들이길 거부했던 청구서 더미 위에 밀샙스대학 성적표가 놓여 있었습니다.

나는 완벽한 학생이 아니었습니다.

책장 앞에 서서 당신을 기다리고 있었습니다. 당신은 방으로 성큼 들어가더니 옷장 문을 열고 벨트를 꺼내 들고 나왔습니다. 당신은 벨트를 휘둘러 내 어깨를 한 번 내리쳤습니다. 그리고 내 배 위로 또 한번 내리쳤습니다. 나는 꿈쩍도 하지 않았습니다. 당신은 내가 자유로워질 수 있는 유일한 기회를 망쳤다고 계속해서 쏟아냈습니다.

그 순간 나는 당신 손에서 벨트를 낚아채 책장 쪽으로 내던졌습니다. 당신은 내 인생에서 처음으로, 맬러카이 헌터가 화났을 때 그를 바라보던 눈빛으로 나를 바라봤습니다. 나는 알았습니다. 당신의 몸이 내 몸을 두려워한다는 걸. 그리고 당신도 알았습니다. 우리의 삶에서 처음으로, 내 몸이 당신의 몸을 두려워하지 않게 되었다는 걸.

맬러카이 헌터는 집밖에서 계속 경적을 울리고 있었습니다.

집을 나서기 전, 당신은 내가 당신이 아는 사람 중 가장 슬프고 자기 파괴적인 아이라고 쏘아붙였습니다. 나는 당신에게, 만약 엄마 말을 듣게 하고 싶다면 전기요금부터 제대로 내고, 재앙 같은 인간들의 차는 그만 좀 타라고 맞받아쳤습니다.

우리는 둘 다 진실을 말하고 있었습니다.

우리는 둘 다 거짓말을 하고 있었습니다.

우리는 둘 다 진실을 말하고 있었습니다.

이미

나는 그릴에 가서 응졸라 존스턴을 두 주 동안 기다렸습니다. 그녀는 끝내 나타나지 않았습니다. 레이 건은 그녀가 캠퍼스에서 수염을 아주 깔끔하게 손질한, 나이든 황갈색 피부의 형제와 함께 걷는 것을 봤다고 말해줬습니다. 그는 그 황갈색 피부의 남자가 안짱다리였고, 빨간 서류가방을 들고 다녔다고 했습니다. 엉덩이는 좁았지만 팔뚝이 엄청 굵었다고 했습니다.

"뽀빠이 팔뚝은 아니지만" 레이 건이 말했습니다. "브루투스* 랑 비슷했어. 진짜야, 하늘에 맹세해."

"형 마치 그 남자가 자기만의 노을을 들고 다니는 것처럼 말

---

* 고전 만화 및 애니메이션 시리즈 〈뽀빠이〉에 등장하는 가공의 캐릭터로, 주인공 뽀빠이의 주된 라이벌이다. 덩치가 크고, 팔뚝이 굵으며, 거칠고 폭력적인 성격을 가진 것이 특징이다.

232

하네."

"그 킹카는 그냥 노을 그 자체였지." 그가 말했습니다. "나는 원래 다른 남자를 부러워하지 않는데, 그 킹카는 정말 완벽했어."

"보기만 하고 어떻게 완벽하다는 걸 알아?"

"직접 보면 안다니까. 확실히 헬스장에서 무거운 거 들고 유산소 운동도 엄청 하는 놈이야. 그러니까……"

"알겠어." 내가 말했습니다. "이제 그만 말해. 그놈의 킹카 소리. 그 말 거의 1년째 형만 쓰고 있잖아."

레이 건은 나를 바라보다가 왼쪽 콘택트 렌즈를 고치는 척했습니다. "하여간 네 멋진 전 여친이랑 같이 있던 그 멍청한 킹카 놈은 팔뚝이 브루투스 같았다고." 그는 결국 진짜 하고 싶은 말을 내뱉었습니다.

나는 면담 시간에 교수님들을 찾아가지 않았고, 수업에서도 거의 말을 하지 않았습니다. 라틴어, 철학, 영어 수업에서 배정받은 책은 모두 읽었고 과제도 성실히 제출했지만, 내가 꾸준히 출석하고 적극적으로 참여한 수업은 '여성학 개론'뿐이었습니다. 나는 그 수업의 교재를 두 번씩 읽었고, 늘 일찍 도착해 늦게까지 남아 있었습니다. 그 수업 덕분에 어린 시절 봤던 것들을 이해할 수 있는 새로운 어휘를 얻었습니다. 나는 이미 남성이, 인종과 무관하게, 여성과는 다른 방식으로 폭력을 행사할 수 있는 권력을 지녔다는 것을 알고 있었습니다. 그리고 그 권력은 여성의 외면과 내면을 파괴할 뿐 아니라, 남성의 내면 역시 갉아먹는다는 것도 알고 있었지요.

나는 이제 '가부장제'가 무엇인지 알게 되었고, '강제적 이성애'를 정의할 수 있었으며, '교차성'을 레이 건에게 설명할 수 있을 만큼 이해하게 되었습니다. 젠더가 사회적으로 구성된 개념이라는 것도, 세상엔 트랜스젠더와 젠더 플루이드* 같은 사람들이 존재한다는 사실도 배웠습니다. 나는 낙태 클리닉을 지지하는 시위에 참여했고, 안전한 성생활을 위한 집회에도 나갔습니다. 벨 훅스**의 에세이를 복사해서 친구들에게 나눠주기도 했습니다. 나는 세상을 볼 새로운 시각과 틀을 갖게 되었고, 그것을 "흑인 페미니스트"라고 불렀습니다만, 흑인 페미니스트로서 내 삶을 살아간다는 것이 무엇을 의미하는지 정면으로 마주할 용기까지는 없었습니다.

용기가 있든 없든, 여성학 수업을 함께 듣는 백인 여학생들은 나를 가장 해방된 남성 중 한 사람처럼 대했습니다. 몇몇은 함께 걸으며 수업에서 다른 내용을 이야기하자고 했지만, 나는 땀 흘

---

* 자신의 성별 정체성이 고정되어 있지 않고, 시간의 흐름이나 사회적 맥락에 따라 유동적으로 변화할 수 있다고 느끼는 사람을 지칭하는 용어.
** 미국의 저명한 작가이자 페미니스트 이론가로, 교차성 페미니즘과 흑인 여성주의 발전에 크게 기여했다. 인종, 젠더, 계급 등 억압의 교차를 분석하며, 페미니즘을 보다 대중적이고 포괄적인 사회운동으로 확장하는 데 힘썼다.

리고 거칠게 숨쉬며 낯선 여성들 곁에 있는 게 불편해서 가지 않았습니다. 나는 하루 대부분을 웅졸라의 기분을 상상하며 보내거나, 남은 피자를 주워 먹었고, 어둠 속에서 내 몸을 부드럽게 만졌으며, 루실 클리프턴의 시와 『빌러비드』*를 다시 읽었고, 레이 건과 매든 게임을 하며 시간을 보냈으며, 중거리 슛을 던졌고, 레드맨과 더 크로닉, 디온 패리스의 음악을 들었으며, 도서관에서 비디오테이프로 『아이즈 온 더 프라이즈』** 미시시피 편을 반복해 보았습니다.

나는 이제 '밀샙스대학의 제도적 인종차별'에 대한 에세이를 쓸 수 있을 만큼 이 학교를 안다고 느꼈습니다. 나는 마침내 그 이야기를 글로 옮겼고, 그 글은 한 교수를 통해 신문사 편집자 손에 들어갔습니다. 그는 내 글을 '억압받는 자의 목소리'라는 부제로 싣고 싶다고 했습니다.

하지만 나는 한 번도 "억압받는"이라는 단어를 사용한 적이 없었고, 억압받는 목소리가 실제로 어떻게 들리는지도 전혀 몰랐습니다. 편집자는 글의 결말에서 인종적 관점을 훨씬 더 배제해야 한다고 말했습니다. 밀샙스의 흑인 학생들이 어떻게 조직

---

* 미국 소설가 토니 모리슨의 소설로, 노예제도의 잔혹함과 그로 인한 트라우마를 다룬 작품이다.

** 1987년 처음 방영된 미국의 민권운동 다큐멘터리 시리즈로, 1950년대부터 1980년대까지의 민권운동 역사를 다루었다. 마틴 루터 킹 주니어, 로자 파크스, 메드가 에버스 등 주요 인물들과 사건들을 중심으로 전개된다.

을 구성하고, 서로 사랑하며, 제도적 인종차별을 헤쳐나갈 수 있을지를 중심에 두면 독자를 잃게 될 거라고 했습니다. 그는 내 글의 타깃 독자는 이 학교에서 벌어지는 인종차별에 대해 무엇을 해야 할지 알고 싶어하는 백인 학생들이어야 한다고 말했습니다. 의견을 주고받은 끝에 결국 편집자의 뜻대로 글이 실렸습니다. 그가 신문사의 편집자였고, 나는 백인들이 내 글을 읽어주길 간절히 바라고 있었기 때문입니다.

교육을 받는 과정에서 우리는 인종에 대한 편견을 지양하되, 개인의 인격과 성품을 간과해서는 안 된다. 이것이야말로 밀샙스가 백인 중심적 사고에서 벗어나 모든 이들을 평등하게 대할 수 있는 유일한 방법이다.

나는 그 마지막 단락이 정말 싫었습니다. 사실 전반적으로 글이 마음에 들지 않았습니다. 그럼에도 응졸라는 분명 감탄할 거라고 생각했습니다. 한때 자기 손으로 허벅지 안쪽을 쓰다듬었던 흑인 소년이, 제도적 인종차별을 주제로 쓴 2,000단어짜리 에세이로 백인들로 하여금 거의 진실을 직면하게 했다는 사실에 말이지요. 나는 미시시피의 백인들에게 그들의 신문을 통해 거의 진실을 말한 것이야말로, 흑인이 이 사회에서 도달할 수 있는 승리의 가장 가까운 형태라고 응졸라가 생각할 거라는 걸 알고 있었습니다.

에세이가 실린 다음날, 웅졸라는 이메일을 보내 자랑스럽다고 말했습니다. 그리고 당신이 뭐라 하더냐고 물었습니다. 그 에세이는 내가 당신에게 먼저 보여주지 않고 세상에 낸, 첫번째 글이었습니다.

나는 이메일을 사용하기 시작했지만, 당신은 아직 그러지 않았기에 나는 그 글을 팩스로 보내놓고 전화를 걸어 다음해에 제안받은 오피니언 편집장 직책을 수락하는 게 좋을지 물어보려 했습니다. 편집자는 내 칼럼의 제목을 '키 에세이'로 하고 싶어 했습니다.

그런데 본론을 말하기도 전에 당신은 이렇게 말했습니다. "키 에스, 신문사에서 그 글을 교정도 안 본 거야? 첫 페이지에 오타가 네 개나 있던데."

"끊을게요." 내가 말했습니다. 당신 말이 맞더라도 그때 내 마음과 머리에는 당신의 비판을 담아둘 공간이 없었습니다.

"키, 정말 조심해야 해. 미시시피에서는 자신을 진보적이거나 깨어 있다고 믿는 백인들을 '인종차별주의자'라고 부르면, 언젠가 반드시 폭력적인 반격을 당하게 돼. 네가 가장 아끼는 책들을 다시 읽어봐. 문단속 철저히 하고, 무리지어 다니고. 완벽을 지향해야 해. 네 글을 계속 고쳐 써봐. 뭔가 불길해. 혹시 사람들이 너를 하늘에서 쏴 떨어뜨릴까봐 걱정되는 거니?"

"아뇨." 내가 대답했습니다. "무슨 뜻인지 잘 모르겠어요."

"제발 조심해." 당신이 말했습니다. "학교는 언제든 다른 데로 옮길 수 있어. 너, 나한테 뭐 물어볼 게 있다면서."

"괜찮아요. 됐어요." 내가 말했습니다. "근데 엄마가 나한테 무리지어 다니라고 말하다니 정말 믿기지가 않네요."

그 여름 내내, 나는 더 큽의 음악을 들었고, 제임스 볼드윈이 남긴 글들을 모조리 읽었습니다. 나는 그때 알게 되었습니다. 어떤 글이든 한두 번 읽었다고 해서 진짜 읽은 건 아니라는 걸요. 두 번, 세 번, 그 이상 반복해서 읽는 것이야말로 독자에게 주어진 퇴고의 방식이라는 걸요. 나는 『단지 흑인이라서, 다른 이유는 없다』*를 몇 번이고 반복해 읽었습니다. 만약 그 책이 첫 부분만이 아니라, 전체가 볼드윈의 조카를 위해 쓰였다면 어땠을까, 그렇게 쓰였다면 그 책은 어떻게 읽혔을까를 생각했습니다. 그리고 볼드윈이 만약 조카딸에게 글을 썼다면, 그는 어떤 방식으로, 어떤 언어로 써내려갔을까를 상상했습니다. 백인들에게 다가올 불길을 경고하는 목적은 무엇이었을까. 우리는 왜, 그토록 많은 창의적 에너지를 백인들의 변화를 위해 쏟아붓고 있었을까. 그

---

* 제임스 볼드윈이 1963년에 발표한 에세이집. 원제는 'The fire next time'. 인종차별, 흑인 정체성, 종교, 사랑을 주제로 하고 있으며, 제목은 성경의 노아 서사에서 가져온 것으로 새로운 심판에 대한 경고를 담고 있다.

시간 동안 흑인 작가들이 쓰지 못하고 있었던 것은 무엇이었을까. 나는 그걸 자꾸 생각하게 됐습니다.

여름이 시작된 지 삼 주쯤 지났을 때, 나는 볼드윈의 『아무도 내 이름을 모른다』에서 「포크너와 인종 분리 정책 철폐」라는 에세이를 읽었습니다.

진정한 변화는 자신이 항상 알고 있던 세계의 붕괴를 의미하며, 자신에게 정체성을 부여했던 모든 것의 상실과 안전의 종말을 동반한다.

볼드윈은 포크너가 수치스럽고 폭력적인 신남부 백인 미시시피 정체성에 집착하는 태도를 비판하고 있었지만, 나는 그 문장이 마치 나 자신을 향한 지적처럼 느껴졌습니다. 나는 생각에 잠겼습니다. 기억을 피하려고 너무 많이 먹고, 너무 늦게 먹고, 과식하며 스스로를 '안전'이라는 이름의 무덤 속에 숨겨온 내가 떠올랐습니다. 그래서 나는 먹는 것을 하나씩 끊기 시작했습니다. 소고기를 끊고, 돼지고기, 닭고기, 생선까지 끊었습니다. 계란을 끊고, 빵을 끊고, 정제된 설탕이 들어간 음식도 완전히 끊었습니다. 밤에는 달리기를 시작했습니다. 하루에 팔굽혀펴기 300개, 윗몸일으키기 300개를 했고, 여름이 시작될 때 140킬로그램이었던 몸무게는 두 주 만에 131킬로그램, 한 달 만에

127킬로그램, 두 달 후에는 116킬로그램으로 줄었으며, 여름이 끝날 무렵에는 102킬로그램까지 내려갔습니다.

나는 매일 아침저녁으로 5킬로미터 정도를 달렸습니다. 하루에 한 끼만 먹었고, 그것도 이틀에 한 번은 라면 한 봉지로 버텼습니다. 책을 읽지 않거나 뛰지 않는 시간에는 학교 신문에 실릴 세태 비평 에세이 몇 편을 썼습니다. 그 글들은 학생들과 교수들, 졸업생들의 관심을 끌었고, 나는 그때가 내 인생에서 가장 행복했던 시기였다고 말할 수 있습니다. 중학교 때 이후 처음으로 몸무게가 99킬로그램 아래로 내려간 날, 응졸라가 내 방문을 두드렸습니다.

"다들 네 에세이 얘기하고 있어." 그녀가 말했습니다.

"벌써?"

"벌써."

"누가 다들?"

"백인들이지, 아가야." 그녀가 웃으며 말했습니다. "난리 났어. 근데 신경쓰지 마. 좆까라지. 넌 진실을 말했잖아."

응졸라와 나는 웃고 또 웃었습니다. 그러다 서로를 껴안았고, 불을 끄고, 다시 켰으며, 미안하다고 말하고, 무섭다고도 말했습니다. 나는 어색하게 일어나 자넷 잭슨의 〈어게인〉을 틀었고, 우리는 웃었습니다.

"바보야, 그거 CD야." 응졸라가 말했습니다. "그냥 반복 재생하면 되잖아."

나는 CD플레이어를 만지작거리며 거의 1분 가까이 허둥댔습니다. 그러자 응졸라가 다가와 오디오 앞에 서더니 내 손을 잡아 자기 얼굴에 가져다댔습니다. 우리는 입을 맞췄고, 거의 모든 옷을 벗었습니다. 땀이 나기 시작했습니다. 내가 샤워해도 괜찮냐고 묻자, 응졸라는 자기도 함께 가도 되냐고 물었고, 나는 그렇게 하자고 했습니다. 왜냐하면 나는 이제 새로운 몸을 가지고 있었기 때문입니다. 우리는 불을 켜고 입을 맞추며 웃었고, 불을 끄고도 입을 맞추면서 웃었습니다. 우리는 젖은 노란색 해진 수건 위에서, 플라스틱 재질의 작은 침대 위에서, 빈 라면 봉지가 가득한 바닥 위에서, 노먼 록웰의 그림 〈루비 브리지스〉가 걸린 노란 벽 아래에서 서로의 몸을 사랑하며 웃었습니다.

응졸라는 나와 함께 있을 때면 자신이 더 작게 느껴져서 더 안전감을 느낀다고 말했습니다. 그리고 내가 지금의 몸으로 더 행복해 보인다고 했습니다. 나는 그녀에게, 만약 내 광대뼈와 골반뼈, 쇄골까지 다 드러난 모습을 본다면 내가 얼마나 더 섹시할 것 같냐고 물었습니다. 체중을 감량한 뒤로 나는 내가 마치 미래에서 온 사람처럼 느껴졌습니다. 언제든지 사람들한테서 날아갈 수 있을 것만 같았으니까요. '무거움'은 어제의 일이었습니다.

"너 정말 이상해." 그녀가 말했습니다.

"살 빼는 거 너무 좋아." 내가 말했습니다.

"진짜 이상한 소리 하고 있네."

"진심이야." 내가 말했습니다. "살이 빠지니까 지방층도 적어져서 그런지 내 거 더 반짝이는 것 같지 않아?"

"키에스 레이먼, 지금 무슨 말 하는 거야?"

"진짜야. 몸무게 빠지고 나니까, 진짜 내 물건이 더 윤이 나는 느낌이야. 너도 그렇게 생각 안 해? 너희는 다들 그런 거 싫어하잖아, 그 건조하고 거칠고……"

"충분히 반짝여, 키에스."

"그럼 예전엔 덜 반짝였다는 거잖아? 그럼 왜 나한테 로션 좀 바르라고 안 했어?"

응졸라는 웃고 또 웃다가, 이내 웃음을 멈추고 내 두 귀를 잡고 키스했습니다. "내 옆에 있으면 진짜 집에 있는 것처럼 느껴져? 진심으로?"

"정말 집 같은 느낌이야." 내가 말했습니다. "넌 어때?"

"난 평생 지금 이 감정만 느끼고 살고 싶어, 키에스. 제발 제발 몸 크기 걱정 좀 그만해. 그리고 제발, 날 계속 이렇게 안아줘."

두 주 뒤, 맬러카이 헌터는 나와 응졸라가 받은 협박 편지들 때문에 내가 스스로를 지키기 위해 총을 산 사실을 알고, 자신의 사무실로 오라고 했습니다. 밀샙스의 총장 조지 하먼은 내가 신문에 기고한 세태 비평 에세이가 학교의 품위 기준을 위반했다며 교내 신문을 폐간했고, 밀샙스 동문 1만 2천 명에게 공식

서한을 보냈습니다. 그뒤로 나에게 날아온 수많은 편지 중 절반은 나를 "검둥이"라고 불렀고, 나머지는 내가 스스로 학교를 떠나지 않으면 어떻게든 쫓아내겠다고 위협했습니다. 그중 하나는, 내가 신문에 썼던 에세이들의 재로 가득한 봉투와 함께 도착했는데, 그 편지엔 "네가 변하지 않고, 하느님께 자신을 바치지 않으면 너 역시 이 재처럼 타버릴 것이다"라고 적혀 있었습니다.

나는 캠퍼스를 걸어 맬러카이 헌터의 사무실로 향했습니다. 그는 내게 체중 감량을 축하한다며, 종아리 근육을 좀더 또렷하게 만들려면 어떻게 해야 하냐고 묻더니 이내 이렇게 말했습니다. "너 아는 사람 중에 제일 부자인 흑인이 누구냐?"

"아저씨죠."

"그럼 작년에 내가 얼마 벌었을 것 같냐?"

"10만 달러요?"

"야, 말도 안 돼. 나 부자야." 그가 말하며, 내가 숟가락으로 자기를 찌르기라도 한 것처럼 눈 하나 깜빡이지 않고 나를 쳐다봤습니다. "내가 30만 달러밖에 못 벌었다고 치자. 이제 네 엄마 친구 백인 변호사 로저를 보자고."

"로저 누구요?"

"그 백인 로저 말이야." 그가 말했다.

"저는 그 백인 로저가 누군지 몰라요."

"어쨌든 그 백인 로저도 똑같이 30만 달러를 벌었다고 치자.

무슨 말인지 알아? 내가 번 30만은, 백인 로저가 번 30만하고 는 비교가 안 돼. 내가 그 정도를 벌었다 해도, 나는 여전히 내가 아는 사람들 중 유일하게 돈 있는 흑인이야, 알겠어? 내 여자 친구는 돈이 없어. 내가 자고 싶어하는 흑인 여자들도 다 돈이 없어. 우리 엄마, 아빠도 없고, 내 형제자매들도 없어. 삼촌, 이 모, 내가 후원하는 급진 단체들, 그리고 내가 다닌 흑인 학교도 돈이 없어. 그런데 백인 로저 주변의 백인들은 거의 다 뭐라도 있어. 땅이든, 유산이든, 어쨌든 '돈'이 있는 거지. 어쩌면 로저는 연 30만 달러를 벌면서도 그의 가족 중 가장 가난한 사람일지도 몰라."

"『블랙 파워』*는 저도 이미 읽었어요." 내가 말했습니다. "흑 인 민권운동에 대해선 저도 알고 있다고요."

"넌 지금 미시시피의 부자 백인들과 헛되이 싸우느라 시간 낭 비하고 있어." 그가 말했습니다. "내가 묻고 싶은 건, 도대체 왜 그러냐는 거다. 에세이 같은 걸로는 저들과 싸울 수 없어. 너는 조직도 없고, 땅도 없고, 네가 쓰는 글로 누구를 먹여살리는 것 도 아니지. 네가 백인들한테 바라는 게 뭐냐? 그 사람들이 네 글 을 읽고 뭘 할 거라고 생각하는 거냐? 그게 미시시피의 가난한

---

* 스토클리 카마이클과 찰스 V. 해밀턴이 저술한 정치 이론서로, 흑인의 자기결정 권과 집단 권력 강화를 주장한다. 기존의 비폭력주의를 넘어 급진적 흑인 해방을 강조하며, '제도적 인종차별'이라는 개념을 처음으로 명확히 제시했다.

흑인들에게 어떤 도움이 될 거라고 생각하냐? 그게 진짜 중요한 질문이야."

"모르겠어요." 내가 말했습니다.

"넌 모르지. 네가 이 상황을 망치고 있어, 키에스." 그가 말했습니다. "네가 망치고 있다고. 우리가 실수할 기회는 한정되어 있어. 그 이상 하면 완전히 망가지는 거다. 학교는 널 퇴학시킬 수밖에 없을 거다. 넌 그들에게 너무나 쉬운 표적이야. 네 엄마 말로는 협박까지 받고 있다면서?"

"네, 맞아요."

"정말 널 죽일 사람이라면 협박 같은 건 안 할 거야. 그냥 죽이든지, 아니면 말든지 하겠지. 말과 행동은 다르지. 하지만 어쨌든 그 사람들은 널 쫓아낼 거다. 그건 어쩔 수 없이 이미 시작된 일이야. 네 엄마랑 의견이 잘 맞는 편은 아니지만, 이 점에 대해서는 우리 둘 다 같은 생각이다."

"그게 다인가요?"

"조심해라." 맬러카이 헌터가 당부했습니다. "너는 학교가 네 건 줄 아는 것 같구나. 잭슨도 네 거 같고, 미시시피도 네 거라고 생각하는 것 같아. 하지만 네가 가진 유일한 건 네 몸뿐이야. 제발 조심해라."

나는 그가 당신 이야기를 꺼냈다는 이유만으로 그의 새끼발가락에 총을 쏘고 싶었지만, 흑인이 뭘 잘못하고 있는지 늘 아는 척하는 그의 태도 때문에 차라리 발목에 쏘고 싶었습니다. 맬러카이 헌터는 흑인들을 사랑했지만, 그가 흑인들보다 더 사랑하는 건 흑인들이 뭘 잘못하고 있는지를 설교하는 일이었지요. 그는 흑인들이 늘 결국에 망가지는 이유는 그라면 했을 법한 행동을 하지 않아서라고 믿는 것 같았습니다. 나는 맬러카이 헌터를 정말 쏘고 싶었지만, 밀샙스나 나 자신에 대해 전혀 틀린 말을 한 건 아니라는 걸 알고 있었습니다.

하지만 이미 늦었습니다. 체중 감량 외에, 백인들을 흑인의 말로 자극하고 흥분시키는 것만큼 짜릿한 일은 없었습니다. 비드 데이* 아침, 응졸라와 나는 오락실로 아르바이트하러 가던 중이었습니다. 그때 남성 사교클럽인 카파 시그마와 카파 알파의 백인 남학생들이 술에 취해 아프로 가발을 쓰고 남부연합 깃발을 망토처럼 두른 채 거리를 활보하고 있었죠. 그들은 우리가 지나길 때 우리를 뚫어지게 쳐다봤습니다. 그중 하나가 "이거나 글로 써보시지"라고 말했고, 다른 애들은 나를 "깜둥이"라고, 응졸라에게는 "깜둥이 년"이라고 부르기 시작했습니다. 나는 방으로 돌아가 총을 챙기려다가 티볼 배트**를 집어들었습니다.

---

* 미국 대학의 사교클럽(프래터니티·소로리티)에서 신입 회원을 최종 선발하고 공식적으로 받아들이는 날. 신입생들에게 가입 초대장(Bid)을 전달하며, 클럽별 퍼레이드, 단체 행사, 환영 파티 등이 열린다. 일부 캠퍼스에서는 이날 과도한 음주, 퍼포먼스, 인종 및 젠더 차별적 행동이 벌어지기도 한다.
** 어린이용 야구 배트.

우리는 현장으로 돌아가 그 백인 남학생들에게 가까이 다가 갔고, 나는 배트를 던졌습니다. 그러자 그들이 우리를 에워쌌고, 우리는 말로 저항했지만, 결국 말은 부서졌죠. 그들은 스눕 독의 〈지즈와 허슬라스〉를 틀어놓은 채, 우리를 "깜둥이"라고 부르고 있었습니다.

우리는 일터에 도착하자마자, 지역 뉴스에 전화를 걸었습니다. 밀샙스대학 캠퍼스에서 지금 벌어지고 있는 일 중에, 그들이 꼭 봐야 할 게 있다고 말했지요. 오락실에서 일한 지 몇 주밖에 되지 않아서 자리를 비우면 잘릴 수도 있다는 걸 알고 있었지만, 상관없었습니다. 뉴스팀이 곧 도착했고, 내가 한 학기 내내 글로 고발해왔듯이 밀샙스대학을 퇴행적이고 인종차별적인 기관으로 그려내기에 충분한 영상들을 모조리 찍어갔습니다.

그날 밤, 당신이 전화로 말했습니다.

"집으로 돌아와. 다시는 그 캠퍼스에 발 들이지 마. 너는 할 수 있는 만큼 다 했어. 그 학교엔 정말 훌륭한 사람들도 있지만, 백인들의 무지를 바로잡는 건 네가 할 일이 아니야. 그냥 집으로 와. 그 미친 사람들은 내버려두고."

하지만 밀샙스가 집이 아니라면, 도대체 어디가 집이라는 건지 나는 도무지 알 수 없었습니다. 학교에서 벌어지는 모든 폭력과 기이한 일들에도 불구하고, 나는 밀샙스에서 세상 그 어디에서도 느껴보지 못한 자유와 지적 자극을 느끼고 있었습니다. 나는 분명히 표적이 되었지만, 이상하리만치 행복했고, 자유로웠습니다.

응졸라와 나는 카파 알파와 카파 시그마 남성 사교클럽에 맞서 싸웠다는 이유로 징계 유예 처분을 받은 후로 더 자주 다투었고, 더 자주 잠자리를 함께했습니다. 지역 뉴스 방송국들이 매일같이 나를 따라다녔고, 전미유색인종지위향상협회는 우리가 겪은 일이 이 나라에서 교육을 받으려는 젊은 흑인 남성들이 직면하는 신체적 공포의 전형적인 사례라고 말했습니다.

"이 모든 게 그냥, 다 잘못됐어."

응졸라가 어느 날 밤, 내 방 바닥에 앉아 콜라주를 만들며 말했습니다. 그녀는 문에 등을 기대고 있었습니다. 나는 무슨 말을 하려는지 묻지 않았지만, 그녀는 말을 이어갔습니다.

"그 백인놈들, 우리 둘 다한테 '깜둥이'라고 했잖아, 그치? 나만 이상한 거 아니지?"

"아니, 이상한 거 아냐."

"근데 그놈들, 나한테는 '깜둥이'에다가 '년'까지 붙였잖아?"

"맞아."

"'깜둥이 년'이라고 했잖아, 그치?"

"그랬지."

"그런데 뉴스에선, 그 백인놈들이 어떻게 차려입고 있었는지만 떠들고 있어."

"내가 이미……"

"잠깐만. 술에 취한 백인놈들 무리가 나한테 '깜둥이'라고 하고, '깜둥이 년'이라고까지 했어. 그 자리에 있던 모두가 들었고, 너도 들었잖아. 그게 사실이라는 거 알면서 왜 아무것도 안 해?"

"그날 걔네랑 싸우려고 했어. 다음날도 싸우려 했고. 내가 더 뭘 하면 학교에서 쫓겨날 거야."

"내가 묻는 건, 왜 마이크 들이댈 때 그놈들이 나한테 깜둥이 년이라 했다고 말하지 않았냐는 거야."

"인터뷰할 때마다 네 얘기 했어. 우리가 왜 그랬는지도 다 설명했고." 내가 말했습니다. "내가 그러지 않았어? 너 뉴스에서 사람들이 네 얘기 더 많이 하길 바라는 거야?"

"그 얘기가 아니야." 그녀가 말했습니다. "사람들이 마치 네가 혼자서 싸운 것처럼 말하고 있다는 거야. 근데 아니었잖아. 내 말은, 내가 너랑 똑같은 글을 썼다면, 아무도 신경쓰지 않았을 거라는 거야. 너는 그 많은 여성학 수업들을 듣고도 지난 두 주 동안 '가부장제'나 '성차별' 또는 '교차성'에 대해 한마디도 하지 않았지."

"잠깐, 잠깐, 잠깐. 네가 내가 쓴 거랑 똑같은 글을 써도 아무 일도 없을 거라고 어떻게 알아?"

"알아."

"어떻게 아는데?"

"그냥 알아."

나는 짜증이 나서 혀를 쯧 하고 찼습니다. "그래, 근데 어떻게 아냐고? 넌 변명하고 있는 거야." 나는 웅졸라를 바라보며 말했습니다. 그녀는 아랫입술 안쪽을 깨물고 있었습니다.

"무슨 변명을 해?"

"넌 참 웃기는 여자야."

"넌 참 웃기는 놈이지." 그녀가 말했습니다. "키에스, 내가 무슨 변명을 한다는 거야?"

"내가 이 모든 걸 쓰느라 사십팔 시간 동안 밤새고 있을 때, 너도 예술 할 수 있었잖아. 근데 넌 워싱턴 D.C.에 있는 의사 흉내내는 제임스 같은 놈이랑 전화로 시시덕거리고 있었지." 나는 그녀에게 반박했습니다. "그 자식이 다른 여자랑 놀기 전까진 계속 그랬잖아. 그러다 이제 와서 내 예술이 주목받은 게 내가 흑인 남자고 네가 흑인 여자이기 때문이라고? 가끔은 내가 너랑 얘기하는 건지, 네 새엄마랑 얘기하는 건지 헷갈려. 너 진짜 웃기는 여자야. 그건 확실해."

웅졸라는 일어나서 카키 바지 뒤를 털더니 립밤을 살짝 발랐습니다. 나는 다음에 무슨 일이 일어날지 알고 있었습니다. 그 일이 일어나길 바랐습니다. 웅졸라는 팔을 뒤로 젖혔다가 내 왼쪽 눈에 주먹을 날렸습니다.

그녀는 다시 바닥에 앉아 콜라주 작업을 계속했습니다.

그녀가 내 얼굴을 때리도록 놔둔 건 이번이 처음도, 두번째도, 세번째도, 네번째도 아니었습니다. 거의 매번 그녀가 나를 때릴 때는 내가 그녀의 새엄마 이야기를 꺼냈을 때였습니다. 나는 무슨 일이 일어날지 알고 있었고, 일어나길 바랐고, 그래야만 할 것 같았습니다.

그녀에게 맞고 나면 항상 마음이 조금 가벼워졌습니다.

그리고 우리는 섹스를 했습니다. 그게 우리의 사과 방식이었지요. 응졸라는 잭슨의 다른 흑인 학생들과 함께 맬러카이 헌터, 그리고 당신과 함께 에이어스 소송*을 두고 조직적으로 활동하는 게 더 도움이 될 거라고 말했습니다. 당신들은 미시시피주가 '역사적 흑인 대학'**들을 폐쇄하거나 통합하려는 시도를 막기 위해 싸우고 있었고, 거기에는 잭슨주립대도 포함되어 있었습니다. 나는 그녀의 말이 옳다고 인정했지만, 밀샙스 캠퍼스에서 내가 해오던 일을 멈출 생각은 없다고 말했습니다.

우리가 눈을 떴을 때, 응졸라는 여전히 내가 이해하지 못하고

---

* 1975년 흑인 학생의 아버지 제이크 에이어스가 미시시피주를 상대로 제기한 소송. 주 정부가 역사적 흑인 대학(HBCU)에 불공정한 자금 지원을 해왔다는 내용으로, 2002년 세 곳의 흑인 대학에 17년간 총 5억 300만 달러를 지원하는 합의로 마무리됐다. 고등교육 내 인종차별 시정에 중요한 판례로 평가받는다.

** 미국에서 노예제 폐지 이후, 아프리카계 미국인들에게 고등교육 기회를 제공하기 위해 설립된 고등 교육기관. 대부분 1865년 남북전쟁 이후에 설립되었으며, 인종차별이 극심하던 시대에도 흑인 학생들에게 학문적 성장과 전문 직업 진출의 기반을 마련해주었다.

있다고 했습니다. 나는 안다고 했고, 오히려 그녀가 아직 다 이해하지 못하고 있다고 말했습니다.

그녀는 반드시 이해해야만 한다고 말했습니다.

옹졸라는, 셔츠도 입지 않은 채 술에 잔뜩 취한 흑인 남학생들, 두 남성 사교클럽 무리가 출근중인 백인 여성에게 다가가 '싸구려 무식한 백인년'이라고 욕설을 퍼부었다고 가정해보라고, 그런 상황에서 그 백인 여성이 어떤 방식으로든 유죄 판결을 받은 일이 한 번이라도 있을 수 있냐고, 상식적으로 말도 안 되는 일이라고, 대체 어떻게 그걸 아직도 못 본 척하고 있냐고 항변하듯 물었습니다.

"알아." 내가 말했습니다. "진짜로 알아. 그런데, 나더러 뭘 어쩌란 거야?"

우리는 도시 한복판, 물기에 젖고 분노에 뒤틀린 채, 거의 벌거벗은 몸으로 플라스틱 트윈 매트리스 위에 누워 있었습니다. 그 얇은 매트리스 한 장이 우리 등과 장전된 권총 사이를 겨우 갈라놓고 있었습니다.

우리는 우리가 있는 이 공간을 혐오했고, 우리 자신을 혐오했습니다. 우리는 싸우고, 몸을 섞고, 다시 싸우고, 또다시 몸을 섞으며, 결국 또 싸웠습니다. 악의로 가득한 대학 총장, 혼란에 빠진 백인 동급생들, 그리고 우리가 수천 달러의 빚을 지고서 들어온 철문 닫힌 이 제도 속에서 과연 누가 더 깊게, 더 끔찍하게 짓밟혔는지를 두고.

"무슨 생각해?" 웅졸라가 내 뒤통수에 대고 말했습니다.

"뭔가 나쁜 일이 곧 일어날 것 같아. 너는?"

"나쁜 일들은 이미 너무 많이 일어났지."

곤

조지 하먼 총장은 내가 도서관에서 『붉은 무공훈장』*을 무단으로 가져갔다가 체포되지 않은 것을 두고, 운이 좋았다고 당신에게 말했습니다. 밀샙스대학이 내가 책을 들고 나가는 장면이 찍힌 보안 영상을 경찰에 넘겼다면, 나는 현장에서 체포되었을 거라고도 했습니다. 그는 나를 대학에서 퇴학시키고 밀샙스 캠퍼스 출입을 금지했으며, 백인들과 제대로 관계를 맺는 법을 배우기 전까지는 재입학을 고려조차 하지 않겠다며 내 글을 지역 심리학자에게 넘겼습니다.

　그날 나는 당신과 조지 하먼 앞에 앉아 미소를 지었습니다.

---

* 미국 작가 스티븐 크레인이 1895년에 발표한 전쟁 소설로, 남북전쟁을 배경으로 한 젊은 병사의 심리적 성장과 공포, 용기를 다루고 있다. 전투의 실체와 인간의 내면을 사실적으로 그려내어 근대 전쟁 문학의 고전으로 평가받는다.

기뻐서가 아니라, 미국의 어떤 대학생이라도『붉은 무공훈장』을 도서관에서 빌리지 않고 가져갔다는 이유만으로 학교에서 쫓겨나는 일은 말이 안 된다고 생각했기 때문입니다. 그런 일이 가능하리라고는 전혀 생각하지 않았습니다. 내가 사는 도시 한복판에 있는 교수님들이 그런 부당한 일을 용납하지 않을 거라고 믿었습니다. 우리는 그 사무실을 나설 때, 모든 교수님들이 복도에서 하먼을 기다리고 있을 거라고 상상했습니다. 잭슨주립대였다면 도서관 책을 부적절하게 빌렸다가 반납한 이유로 학생을 내쫓는 일은 결코 없었을 겁니다. 그런 일이 벌어졌다면, 당신과 당신의 동료들이 반드시 나섰을 테니까요. 하먼이 당신에게 내 징계 내용을 담은 서한을 건넨 순간부터, 우리가 차로 걸어가기까지의 짧은 몇 분 동안 나는 밀샙스의 교수님들이 당신과는 전혀 다르다는 것을 뼈저리게 깨달았습니다.

당신이 올즈모빌에 시동을 걸었을 때, 우리는 둘 다 내가 끝났다는 것을 받아들였습니다. 나는 더이상 학생이 아니었습니다. 나는 밀샙스대학이 나를 하늘에서 쏘아 떨어뜨리도록 내버려두었습니다. 편입을 고려했던 어떤 학교든, 내가 폭행으로 징계 유예를 받고 도서 절도로 퇴학당했다는 사실을 알게 될 것이었습니다. 맬러카이 헌터가 당신의 눈을 때리고 우리집에 머물렀던 그 밤 이후 처음으로, 나는 살아 있다는 것이 싫어질 만큼의 깊은 수치심을 느꼈습니다.

학교에서 쫓겨나기 두 주 전, 레이 건은 나에게 '반흑인성'이라는 단어를 가르쳐주었습니다. 내가 그에게 가부장제에 대해 이야기하자, 그는 고개를 끄덕이며 가부장제는 반흑인성과 닮았다고 말했습니다. 그는 백인들과 싸우는 데 있어, 아무리 헌신적인 흑인이라도 결국 자기 안에 내재된 반흑인성과 마주해야 한다고 했습니다. 나는 그에게 라톤과 늘 이야기하던 "흑인의 풍요로움"에 대해 말했습니다. 그는 내가 밀샙스에서 백인 학생들을 가르치는 일을 나의 과제처럼 여기기 전에, 흑인의 풍요로움에 대해 훨씬 더 많이 배웠어야 했다고 말했습니다.

그 말이 맞았습니다. 응졸라는 나에게 잭슨주립대 학생들과 함께 조직 활동을 하자고 간절히 부탁했습니다. 맬러카이 헌터는 아무 대가도 없이 백인 미시시피 사람들과 싸우느라 시간을 낭비하지 말라고 했습니다. 레이 건은 밀샙스가 감사할 줄 모르는 흑인 학생을 내쫓기 위해서라면 어떤 일도 서슴지 않을 거라고 말했습니다. 할머니는 내가 싫어하는 공부라도 묵묵히 해내야 한다고 말했습니다. 우리가 수업 시간에 읽은 『검둥이 소년』의 서문을 쓴 제리 워드 박사님은, 미시시피주 잭슨 근교에 위치한 역사적 흑인 대학인 사립 투갈루대학*에서 여전히 강의중이었고, 내가 퇴학당하기 훨씬 전부터 오벌린으로 옮겨 캘빈 헌턴

---

* 1869년 설립된 미시시피주의 사립 흑인 대학으로, 인권과 사회 정의, 학문적 우수성에 중점을 두고 있으며, 미국 남부 시민권 운동에서도 중요한 역할을 했다.

교수님과 함께 공부하라고 조언한 터였습니다. 당신도 나에게, 그들이 나를 하늘에서 쏘아 떨어뜨리게 두지 말라고 간절히 말했습니다. 당신 말을 듣지 않아 정말 죄송합니다. 나는 나를 사랑해주었던 흑인들 중 누구의 말도 듣지 않았습니다. 그분들의 말씀을 듣는 일이 조금도 기쁘지 않았기 때문입니다. 나는 백인들을 도발하는 데 빠져 있었습니다. 정확히 말하자면, 그건 결국 백인들에게 자기 자신을 더 많이, 완전히 사랑하라고 요구함으로써 우리를 자유롭게 해달라고 애원하는 것과 같았습니다.

잭슨주립대에 등록한 나는 밤마다 레이 건의 집에서 지냈습니다. 그는 코와 윗입술 사이 간격이 지나치게 좁은 백인들이 왜 항상 짜증나는 사람들인지부터 시작해서, 흑인 대통령이 가난한 흑인들의 삶을 실질적으로 바꿀 수 없는 이유까지, 모든 것에 대해 끊임없이 이론을 펼쳤습니다. 하지만 그가 시카고에서 온 어린 여동생을 돌보기 시작하면서, 나는 어쩔 수 없이 당신과 함께 집에 머물게 되었습니다. 내가 잉태되고 태어나고 자란 그곳, 역동적인 흑인 학생들과 지친 듯하지만 여전히 열정적인 흑인 교수들로 가득한 학교에서 매일 수업에 참여하는 일은, 내가 그토록 바라던 경험 그대로였습니다. 하지만 당신이 일하는 학교에서 매일을 보내는 건, 내가 가장 두려워하던 일이었습니다. 교수님들은 내가 수업에 어떻게 임했는지, 출석했는지, 얼마나 지각했는지를 당신에게 일일이 보고했습니다. 가장 고통스러웠던 건, 수업을 마치고 잭슨주립대를 나설 때마다 나는 다시 밀샙스 캠퍼스로 향했다는 사실입니다. 건과 응졸라를 보기 위해서였습니다. 그리고 거의 매번 캠퍼스에 도착하면 경비가 나타나 나를 쫓아냈습니다.

어느 금요일 아침, 내가 오벌린대학 편입 신청서를 타자기로 쓸지 손으로 쓸지에 관해 당신에게 말대꾸한 일로 당신이 내게 총을 겨눈 다음날이었습니다. 나는 벌거벗은 채로 찬물 욕조에 앉아 당신의 22구경 권총을 내 관자놀이에 대고 두드렸습니다. 나는 이미 세 학교에서 밀샙스에서 싸움과 절도 혐의로 퇴학당한 이유로 편입 지원조차 받아들일 수 없다고 통보를 받은 터였습니다.

나는 더이상 어떻게 기도해야 하는지 몰랐지만, 어떻게 듣는지는 알고 있었습니다. 욕조에서 무릎을 꿇고 구원과 봉서, 구속의 목소리를 기다렸습니다. 하지만 그런 목소리는 듣지 못했습니다. 대신 할머니의 목소리로 "존재하라(be)" "빈약함(meager)" "중얼거림(murmur)" "없는(nan)" "깡(gumption)" 같은 단어들이 들려왔습니다. 이 모든 단어가 내게는 사랑처럼 들렸습니다. 내가 왜 그런 상태에 있었는지 정확히는 알 수 없었지만, 단 한 가지는 분명히 알았습니다. 당신이나 할머니가 내가 욕조에서 머리에 방아쇠를 당기는 순간처럼 끔찍한 소리가 나는 세상에서 살게 되는 일은 결코 일어나선 안 된다는 것이었습니다.

당신과 웅졸라의 만류에도 불구하고, 나는 그레이스 하우스에서 일하기 시작했습니다. 그곳은 잭슨에 위치한, 홈리스 HIV 양성 남성들에게 돌봄을 제공하는 시설이었습니다. 그레이스 하우스는 거대한 회색 나무 대문으로 둘러싸인 이층짜리 큰 집이었고, 밀샙스에서 불과 30미터쯤 떨어진, 말 그대로 '밀샙스 애비뉴'라는 이름의 길, 노스 엔드라는 동네에 위치해 있었습니다. 아이러니하게도 그 이름은 내가 쫓겨난 바로 그 대학의 이름과 같았습니다. 처음 그 대문을 지나 들어선 날, 나는 왜 그 집이 잭슨에서 가장 가난하고 가장 흑인이 많은 동네에 있을 수밖에 없는지, 왜 백인 부자 동네에는 절대 존재할 수 없는지를 생각했습니다.

그레이스 하우스에 사는 대부분의 남성은 흑인이었습니다. 몇몇은 내가 밀샙스에서 퇴학당한 이야기를 뉴스로 보고 알고 있었습니다. 그들은 내가 그곳에서 일하는 첫 주에 부엌에 있는 쫀득한 초콜릿칩 쿠키를 다 훔칠 거라 농담했습니다. 그들이 매일 하느님께서 나를 위한 계획이 있으시며, 곧 그 계획을 이해하게 될 거라고 말할 때마다 나는 어디에 눈을 둬야 할지 몰랐습니다. 그들은 자유롭게 그레이스 하우스를 드나들 수 있었지만, 대부분 교도소에서 갓 출소한 사람들처럼 말했습니다. 나는 그들의 진심어린 말에 감사했고, 그들의 진지함에 순수하게 기뻐했습니다. 또 그들은 도서관 책을 훔쳤다 돌려준 이유로 대학에서 쫓겨난 것이 좀 성가신 일에 불과하다고 설명해주었습니다.

그레이스 하우스의 형제들이 새로운 관점을 제공해주었다고 말하는 건 너무 단순한 표현입니다. 그들이 준 게 정말 있었는지조차 확신할 수 없습니다. 내가 들었던 이야기들 중 가장 웃긴 이야기들과, 그들의 몸에서 일어나는 고통스러운 변화에 접근할 수 있었던 것 외에는요. 그 이야기들은 내가 편안하게 청취자의 자리로 물러설 수 있는 시간과 공간을 마련해주었습니다. 또 지난 1년 동안 밀샙스에서 허구처럼 부풀려진 세계 속에 살고 있었다는 사실을 일깨워주었습니다. 직접적으로든 간접적으로든 내가 세상의 중심이 아니라는 걸 상기시켜주었습니다. 나는 생각했던 만큼 그렇게 무거운 존재가 아니었습니다. 아닌 게 아니라, 매일 그레이스 하우스에 들어설 때의 나는 결코 크거나 무거운 사람이 아니었습니다. 나는 토니 모리슨을 즐겨 읽고, 농구를 보고, 〈마틴〉을 시청하고, 팔굽혀펴기를 좋아하는 돌봄 제공자였습니다. 만화책을 읽고, 낱말 퍼즐을 풀고, 〈사인펠드〉를 보는 돌봄 제공자는 아니었습니다. 그 말은 곧, 그들에게 나는 또하나의 유급 청취자, 그들의 이름이나 정체성을 외부에 절대 누설하지 않을 거라고 믿을 수 있는 바로 그 사람이었다는 뜻입니다.

나는 그들의 통증과 몸의 변화에 관심을 기울이는 만큼 그들이 들려주는 이야기 속에서의 침묵과 반복, 빈칸에도 귀를 기울였습니다. 내가 돌보았던 그레이스 하우스의 모든 형제들은 자동차, 스포츠, 옷, 정치, 음식, 가족에 대한 이야기를 했지만, 자신이 HIV에 어떻게 감염되었는지, 혹은 누구에게 전염시켰을지에 대해서는 단 한 번도 입을 열지 않았습니다. 그들의 이야기는 제각기 형태가 달랐지만, 한 가지는 일치했습니다. 모두들 HIV 감염이 자신의 삶을 구했다고 입을 모았습니다. 처음 몇 번 그 말을 들었을 때, 나는 고개를 끄덕이며 "그 말 알 것 같아요"라고 했지만, 실제로는 어떻게 죽음으로 가득차 보이는 일이 삶을 구할 수 있는지 그 말의 의미를 온전히 이해하지 못했습니다.

그레이스 하우스 밖에서, 웅졸라는 더이상 나와 입을 맞추려 하지 않았습니다. 그녀는 내가 HIV 양성이기 때문에 그레이스 하우스에서 일하고 있다고 주장했습니다. "내 사람들 곁에 있고 싶어서"라는 식으로요. 나는 평생 두 명의 여성과만 성관계를 가졌고, 그중 누구도 자신이 HIV 양성이라고 말한 적이 없었습니다. 건과 나는 가끔 헌혈이나 혈장 기증을 통해 용돈을 벌었고, 그 과정에서 혈액 검사가 함께 이루어진다는 사실도 알고 있었습니다. 그럼에도 불구하고, 나는 다시 검사를 받았습니다. 내가 그곳에서 일하는 이유가 '함께 있고 싶어서'가 아니라, 정말 '원해서'였다는 것을 증명하고 싶었기 때문입니다.

검사 결과는 음성이었습니다. 나는 그녀가 믿지 않으리란 걸 알면서도 그 결과를 응졸라에게 전했습니다. 우리는 한때 기름진 레드벨벳 케이크를 사이에 두고 웃으며 마주보던 사이였습니다. 하지만 이제는 HIV 검사 결과지를 사이에 두고, 서로를 쳐다보지도 못한 채 이 악물고 말끝을 흐리는 사이가 되어 있었습니다.

그후로 그녀를 만날 때마다, 우리가 나눈 대화는 "앞으로 뭘할 거야?" "왜 이렇게 쉽게 포기하려고 해?" 같은 말뿐이었습니다.

그러다 어느 날, 집에 데려다주는 차 안에서 나는 응졸라에게 말했습니다. 오벌린대학이 밀샙스에서의 일 때문에, 그리고 바로 그 일 덕분에, 내 편입 지원을 받아줄지도 모른다고. 그 말을 들은 응졸라는 지난 열세 달 만에 처음으로 내 앞에서 눈물을 흘렸습니다. "너 지금 이 지옥 같은 곳에 나 혼자 두려고 그러는 거잖아."

나는 그녀에게, 그저 편입 원서가 수락된 것뿐이라고 말했습니다. 그날 저녁, 그녀가 당신 집 앞에 내려주었을 때, 우리는 서로 안았습니다. "네가 너무 작게 느껴져." 그녀가 말했습니다. "우리가 왜 이렇게 됐는지 모르겠어. 너 하고 싶은 말 있어?"

우리는 함께 우편함 쪽으로 걸어갔습니다. 당신이 꺼내지 않은 고지서들 사이에, 오벌린대학에서 온 얇은 봉투 하나가 끼어 있었습니다. 나는 그게 내 불합격 통지서라는 걸 짐작하고 있었습니다. "딱히 할말은 없어." 내가 말했습니다.

"몸 잘 챙겨, 키에스" 웅졸라가 차로 돌아가며 말했습니다. "제발 밥 좀 먹어. 언젠가 네 엄마한테서 전화 와서, 네가 그냥 사라졌다는 소식 듣게 될까봐 무서워."

하지만 이미 늦은 말이었습니다. 우리는 싸웠고, 무너졌고, 또 싸웠고, 결국 둘 다 사라져버린 상태였으니까요. "그럴 일 없을 거야." 나는 그녀가 뒷마당에서 차를 후진할 때 말했습니다. "미안해, 이 모든 일들에 대해."

그날 밤, 나는 진입로에 누운 채 별을 올려다보았습니다. 몇 년 만에 처음으로, 내가 뷰라 보퍼드 집에서 도망쳐 나와 당신을 기다렸던 그날을 떠올렸습니다. 그 시절의 나는 아무리 낯설고, 덥고, 두려운 계절이라 해도 미시시피의 계절만이 내 계절이길 바랐습니다. 하지만 지금은 달랐습니다. 나는 더이상 미시시피라는 은하 속, 그 붉고 주황빛으로 빛나는 별들 사이를 떠다니고 싶지 않았습니다. 나는 멀리 떨어진 별들 위에서 미시시피를 내려다보고 싶었습니다. 그리고 다시는 집으로 돌아가고 싶지 않았습니다.

세 달 뒤, 당신은 울먹이며 나를 집밖까지 배웅해 올즈모빌 조수석에 태웠습니다. 레이는 운전석에 앉아 있었습니다. 그는 나를 오벌린까지 데려다줄 예정이었습니다. 당신은 그가 떠나 있는 동안 그의 임팔라를 몰기로 했고, 우리 둘은 그 세 달 동안 서로를 견디며 사실상 이날을 준비해온 터였습니다. 소나무 그림자가 생각보다 우리를 훨씬 춥게 만들었습니다.

"그냥…… 사랑해, 키." 당신이 말했습니다. "너무 무서워."

"뭐가 무서워요?"

"넌 한 번도 나를 떠난 적 없잖아. 난 한 번도 이 미시시피에서 너 없이 살아본 적이 없어. 내 아이, 내 가장 친한 친구가 날 떠나는 것 같아."

당신은 내 가슴을 끌어안았고, 나는 당신의 땋은 머리 위에 입을 맞췄습니다. "어쩌다 이렇게 덩치가 작아졌니? 원래 이렇게까지 될 생각은 아니었잖아. 추수감사절에 내가 오벌린으로 가도 될까?"

"10월에 가을방학 있어요."

"그럼 제발 금방 다시 와줘, 키. 약속해줄래?"

"그럴게요." 내가 말했습니다. "진짜예요. 10월에 돌아올게요. 약속해요. 정말로 곧 돌아올게요."

아니, 나는 곧 돌아오지 않을 겁니다.

나는 오벌린대학에 다닐 겁니다. 서점에서 당신 생일 선물로 액자 하나를 훔치다가 들킬 겁니다. 캘빈 헌턴 밑에서, 마거릿 워커가 원했던 남부 흑인 작가로 성장하는 법을 배울 겁니다. 『암

저널』을 읽고, 내가 원치 않았던 일들에 익숙해지는 법을 배울 겁니다. 크리스토퍼 월리스와 투팍 샤커가 죽는 소리를 들을 것이고, 옥타비아 버틀러와 아웃캐스트의 작품 속에서 주름과 숨결과 미래의 촉감을 발견할 겁니다. 나는 글을 쓸 겁니다. 할머니 댁 맞은편 숲속 땅에 나 있던 구덩이들에 대해 써내려갈 겁니다.

내가 금방 돌아오는 일은 없을 겁니다.

나는 여자친구 말고는 "정확히 말해" 다른 누구와도 성관계를 가진 적이 없다는 이유만으로 스스로 괜찮은 남자라고 느낄 겁니다. 스스로를 페미니스트라 부를 겁니다. 나를 사랑했던 친구들과 사랑에 빠질 겁니다. 그들이 섹스와 폭력과 혼란에 대해 이야기할 때, 나는 조심스럽게 질문을 던질 겁니다. 하지만 그 친구들에게는 말하지 않을 겁니다. 우리 침실에서, 미시시피 뷰라 보퍼드의 집 방들에서 내 몸이 기억하고 있는 것들, 내 몸이 그것을 어떻게 기억하고 있는지를.

나는 꽤 오랫동안 돌아오지 않을 겁니다.

허벅지 안쪽 살이 쓸려 벗겨지는 감각을 잊게 될 겁니다. 나는 농구팀에 들 거고, 86킬로그램은 너무 무겁다고 생각할 거고, 매일 훈련과 경기 전에 5킬로미터씩 달릴 겁니다. 땀복을 입은 채 사우나에 몇 시간이고 앉아 있을 겁니다. 나는 내가 한때 무거웠다는 사실을 믿을 수 없는 사람들과 새로운 가족이 될 겁니다. 비밀을 가득 안은 채, 잘생기고 멀쩡하고 괜찮은 남자가 될 겁니다. 그리고 그런 남자들이 얼마나 큰 해악을 저지를 수 있는지도 배우게 될 겁니다. 나는 도서관 A층에서 인터넷을 예술처럼 다루는 법을 배우게 될 겁니다. 나는 멜런 학부 펠로십을 받을 겁니다. 시인 유세프 코무냐카가 있는 인디애나대학교에 MFA와 박사 과정을 지원할 겁니다. 나는 오벌린 졸업식 무대 위를 걸어갈 거고, 그곳에서 당신과 아버지를 안을 겁니다.

내가 다시 돌아오는 길은 멀고도 길 겁니다.

나는 절대 잊지 않을 겁니다. 내가 "곧 돌아올게요"라고 말했던 그날을, 당신의 심장을 산산이 부쉈던 그날을, 내가 미시시피를 떠난 날을, 당신이 나를 "자식이자, 가장 친한 친구, 삶의 이유"라 불렀던 그날을. 나는 '집'에 대해 쓸 겁니다. 그리고 미시시피에서 보낸 그 몇 해 동안 내가 느꼈던 감정을, 다시는 느끼지 않기 위해 할 수 있는 모든 것을 다 할 겁니다. 나는 무너질 겁니다. 부서질 겁니다. 다시 세울 겁니다. 회복할 겁니다.

나는 아주 오랫동안 돌아오지 않을 겁니다.

레이 건은 당신을 안아주며, 차를 조심히 몰겠다고 약속했습니다. 우리는 진입로에서 차를 돌렸고, 당신은 거리 한가운데로 나와 얼굴을 두 손에 묻고 흐느꼈습니다. 나도 울어야 마땅했지만, 울 수 없었습니다. 나는 당신에게서 거짓말하는 법은 배웠지만, 우는 법은 배우지 못했으니까요. 나는 레이에게 차를 후진해달라고 부탁했고, 차가 멈추자 다시 뛰어나가 당신을 끌어안았습니다.

 "돌아와, 키." 당신이 말했습니다. "제발."

 "곧 올게요." 나는 당신의 귀에 속삭이고 다시 차에 올라탔습니다. "곧 돌아올게요." 차창 너머로 소리치며, 우리는 서로의 시야에서 점점 멀어졌습니다. 이번엔 느낌이 달랐습니다. "곧 올게요. 걱정하지 마세요. 사랑해요. 약속해요. 정말 곧 집으로 돌아올게요."

4부

중독된 미국인들

채소

당신이 할머니 댁 거실에서 반짝이는 밍크 코트를 입힌 검은 천사 인형을 크리스마스트리 꼭대기에 조심스럽게 얹고 있을 때, 나는 인디애나주 블루밍턴의 단칸방에서 대학원 마지막 해를 보내고 있었습니다. 지미 외삼촌과 나는 서로의 몸을 살피며 누가 전완근의 핏줄을 더 도드라지게 만들 수 있는지 내기를 하고 있었지요. 외삼촌이 나를 끌어안으며 말했습니다. "이런, 썅. 너 대학원에서 시금치 엄청 먹냐? 리그라도 준비하는 놈처럼 보인다."

그때 나는 스물여섯 살, 몸무게는 83킬로그램, 체지방률은 8퍼센트였습니다.

지미 외삼촌은 키가 191센티미터였고, 너무 말라서 늘 계란 노른자처럼 노란빛이 도는 눈이 금방이라도 튀어나올 것처럼 보였습니다. 그는 몸무게가 18킬로그램 가까이 빠졌음에도 여전히 같은 시카고 베어스 스웨트셔츠를 입고, 같은 회색 교회 바지를 걸치고, 같은 교회 구두를 신고 있었습니다.

내가 외삼촌에게 어디 아픈 거냐고 묻자, 그가 이렇게 말했습니다. "의사가 준 고혈압 약 때문이지. 그 약 먹으니까 이 깜둥이가 살을 붙이고 싶어도 도통 안 붙는구나. 그게 다야. 근데 말이다, 네 앞에서도 '깜둥이'라고 해도 되냐? 이제 너도 네 엄마처럼 교수 뭐 그런 거잖아."

나는 내가 대학원 강사이자 대학원생일 뿐이라고 말했습니다. "교수까지는 멀었어요. 고등학교 교사나 할까 생각중이에요. 어쨌든 외삼촌, 저한테는 깜둥이든 뭐든 하고 싶은 말 다 하셔도 돼요. 저, 엄마 아니거든요."

미시시피로 가는 길에 우리는 간이 휴게소마다 들렀습니다. 외삼촌은 갈 때마다 꼭 10분씩 화장실에 들어갔다 나왔습니다. 나는 그가 볼일을 보는 동안 차 밖에서 아웃캐스트의 〈아쿠에미니〉를 크게 틀어놓고 팔굽혀펴기랑 점핑잭을 했습니다. 그는 버터 피칸 아이스크림 한 통과 감자칩 큰 봉지를 사들고 돌아왔습니다.

"먹을래, 조카?" 그가 물었습니다.

"아뇨." 나는 계속해서 말했습니다. "괜찮아요."

"괜찮아?"

"괜찮아요." 나는 외삼촌에게 내가 하루 17킬로미터를 달리고 두 시간씩 농구를 하며 하루 800칼로리만 먹고 있다고 말하지 않았습니다. 지난주 크로거 계산대에서 기분 좋게 기절했다가 정신을 차렸을 때, 로리라는 이름의 계산원이 나를 보고 "당뇨병이에요, 아니면 약쟁이에요?"라고 물었다는 얘기도 하지 않았습니다. 내 몸이 점점 말라갈수록, 내 몸은 앞으로 벌어질 일뿐 아니라 지나온 시간을 너무도 또렷이 기억하고 있다는 사실도 말하지 않았습니다.

지미 외삼촌은 감자칩 기름을 입가에 잔뜩 묻히고 나를 보며 말했습니다. "너 설마 백인 여자랑 자다 말고 백인 여자처럼 먹는 것도 배운 거냐?"

"그냥 살 빠지는 게 좋아서 그래요. 진짜 딱 그거예요. 그냥 살 빼는 게 좋아요."

"그냥 살 빼는 게 좋다고?" 외삼촌은 배꼽 잡고 웃었습니다. "내 조카가 대학원 가더니 백인 여자가 다 됐네. 그냥 살 빼는 게 좋아서? 30년 넘게 들어본 말 중에 제일 미친 소리다, 키. 누가 그런 말을 하냐? 그냥 살 빼는 게 좋다고?"

아칸소 리틀록 근처 화물차 휴게소에서 우리는 다시 멈췄습니다. 지미 외삼촌은 캐터필러 공장에서 같이 일했던 친구 이야기를 꺼냈습니다. 둘은 같은 시기에 베트남전에 참전했고, 알코올중독자 모임에도 세 번씩 다녀왔다고 했습니다.

"그놈은 말이다, 맨날 주말마다 마르텔 얼마나 퍼마셨는지,

여자 몇이나 따먹었는지 자랑만 해대. 백인놈들이 어떻게든 흑인들 짓밟으려 든다고도 떠들고. 내가 말했지. '그래, 백인놈들이 못할 짓이 뭐 있겠냐?' 했더니, 고갤 끄덕이데. 근데 백인 상사만 슬쩍 나타나면 어째? 이 자식, 거북이처럼 목을 쑥 집어넣고, 백인들 앞에서 헤실헤실, 죽어라 비위나 맞추고 앉았는 거야."

나는 왜 그 친구가 백인 앞에서만 그러냐고 물었습니다. 외삼촌은 식탁 아래로 발을 달달 떨며 말했지요.

"아이고, 키. 너도 알잖냐. 어떤 놈들은 백인한테 뭘 원하든 다 퍼줘야 속이 풀리는 거야. 나야 그렇지 않지. 그건 너도 잘 알거고."

외삼촌 말이 맞았습니다. 지난 4년 동안 나는 백인이 없는 자리에서 우리가 어떤 존재인지, 무엇을 알고, 무엇을 기억하고, 백인들이 없을 때 우리는 무엇을 상상하는지를 읽고, 쓰고, 만들어내는 데 온 삶을 쏟아부었습니다. 그리고 나에게 그 모든 비전은 언제나 할머니의 현관과 맞닿아 있었습니다. 나는 글을 쓸 때마다 할머니의 현관에 앉아 앞뒤로 켜켜이 겹쳐진 검고 짙은 미시시피의 풍경을 떠올렸습니다.

외삼촌이 화장실에 간 사이 나는 공중전화로 할머니에게 전화를 걸었습니다. 집에 예상보다 늦게 도착할 것 같다고 알려드려야 할 것 같았습니다.

당신이 전화를 받았습니다.

"저예요." 내가 말했습니다. "뭐 하고 계세요?"

"키. 우리 지금 병원 가는 중이야. 지미 오빠한테도 병원으로 바로 오라고 해. 근데 네 외삼촌, 술 마셨니?"

"아뇨." 내가 말했습니다. "술 안 마셨어요. 지금 화장실에 있어요. 할머닌 괜찮으세요?"

당신은 할머니가 어지럽다며 의자에서 잠이 들었는데, 가발을 벗기다 보니 가발 안쪽에 핏자국이 묻어 있었다고 했습니다. 그리고 뒤통수를 자세히 살펴보니 고름이 흐르는 감염된 구멍이 있었다고 말했습니다.

"외삼촌한테는 말하지 마. 조금이라도 스트레스 받으면 돌고래처럼 술 퍼마신다고."

"근데 돌고래가 술을 마시진 않잖아요."

"그냥 병원으로 바로 와, 키."

잠시 후 차로 돌아온 외삼촌은 술이나 대마초 그 이상의 뭔가에 취해 있었습니다. 그는 블랙 아이스 방향제를 건네며 "이거 좀 맡아봐라, 조카. 세상을 이렇게 향기롭게 만들거라"라고 말했습니다. "그게 무슨 뜻인데요?" 내가 묻자, "운전해, 조카. 밟아. 이 차 몰아서 세상을 이렇게 향기롭게 만들어." 외삼촌은 눈도 제대로 뜨지 못하고 입도 다물지 못한 채 말했습니다. "지난번처럼 브레이크 밟지 마라, 조카. 그냥 이거 좆나게 몰아서 집까지

가는 거야."

　나는 할머니가 가장 친한 친구와 언니들을 잃고 흐느끼는 것을 여러 번 들었습니다. 지미 외삼촌이 할머니한테 무례하게 굴었다가 욕을 먹는 소리도 수도 없이 들었습니다. 하지만 병원에서 할머니가 주님께 자비를 구하며 울부짖는 소리는 그날 밤 처음 들었습니다.

　그사이 외삼촌은 취기가 좀 빠진 듯했습니다. 그는 할머니의 새 남편 할레스터 마이어스와 나란히 앉아 서로 눈도 마주치지 않은 채 부시와 연방대법원에 관한 뉴스를 보고 있었습니다. 당신과 린다 이모, 수 이모는 병동 복도 끝에서 지미 외삼촌 욕을 하고 있었습니다. 당신은 외삼촌이 저렇게 된 건 베트남에서 보고 겪은 일 때문이라고 했고, 린다 이모는 술 때문이라 했고, 수 이모는 우리 모두가 외삼촌을 위해 더 기도하지 않아서라고 했습니다.

　나는 그 자리에서 조용히 빠져나와 할머니의 병실로 갔습니다.

　한 손은 메시 반바지 주머니에 넣고, 다른 손으로는 할머니의 손을 잡은 채로, 나는 할머니에게 괜찮을 거라고 말했습니다. 할머니는 자신을 돌보는 백인 의사를 믿는다고 했습니다. 물론 그는 사실 키가 작고 피부가 밝은, 마른 붉은 아프로 헤어를 한 흑인 의사였지만 할머니는 그를 계속 "백인 의사"라고 불렀습니다.

"그 백인 의사 선생은 내 편일 게야. 곧 괜찮아질 거야."

붉은 아프로 머리의 흑인 의사는 간단한 시술을 해야 한다며 나에게 잠깐 밖에서 기다려달라고 했습니다. 감염이 생각보다 깊다고 했습니다. 정수리에서 시작된 감염이 목덜미 아래까지 퍼져 있다고 했습니다. "할머니가 통증을 덜 느끼시도록 도와드릴 겁니다." 의사가 말했습니다. "문제는 지금 감염이 혈류로 번지고 있다는 거예요."

나는 병실을 나왔지만, 의사는 문을 닫지 않았습니다. "주여." 할머니는 연신 중얼거렸습니다. 그러다 끝내 비명을 질렀습니다. "자비를, 주여 제발 자비를." 나는 왜 할머니가 비명을 지르는지, 왜 그 붉은 아프로 머리의 흑인 의사가 충분한 마취를 하지 않았는지, 왜 그가 할머니의 뒤통수를 한 치 반 넘게 깊이 도려내는 것이 최선이라 여기는지를 알고 있었습니다. 하지만 인정하고 싶지 않았습니다.

사람들은 언제나 흑인 여성은 잘 회복할 거라고만 여겼지, 그들이 정말로 회복하는지에는 관심조차 없었습니다. 나는 알고 있었습니다. 할머니가 곧 다 나은 척 웃으며, 예수님 덕에 살아났다고 말씀하시리란 걸. 할머니는 결코 사람들 앞에서 자신이 받은 상처, 몸 안팎에 새겨진 흉터들을 드러내지 않을 겁니다. 그저 주님이 고난을 견디게 해주셨다고만 하실 겁니다. 우리 가족의 초능력은 애초에 겪지 않았어야 할 고난에서 살아남고도 주님께 감사하는 일이었습니다.

나는 할머니의 병실에서 밤새 의자에 앉아 할머니의 손을 꼭 잡고 있었습니다. 할머니는 단 한마디도 하지 않았습니다. 그저 뺨을 얇은 매트리스에 기대고, 창밖을 바라본 채 해가 뜰 때까지 가만 누워 있었습니다.

다음날 아침, 나는 이른 조깅을 마치고 돌아왔고, 지미 외삼촌이 병실로 들어왔습니다. "이 사람들이 나를 미라처럼 만들어놨다, 지미 얼." 할머니는 그렇게 말하며 지미 외삼촌의 목을 껴안았고, 오랜만에 본 우리 둘이 얼마나 말라버렸는지 이야기하기 시작했습니다. 나는 할머니에게 좀더 건강을 챙기셔야 한다고 말했습니다.

"키, 네 일이나 잘해라. 그리고 너 더 살 빠지면, 머리가 길바닥을 굴러다니게 될 거다."

"머리가 어떻게 길바닥을 굴러다녀요, 할머니?"

"무슨 말인지 알잖아, 키." 할머니는 자신에게 웃음을 터뜨리곤 곧바로 지미 외삼촌에게 눈길을 돌렸습니다.

"지미 얼, 너는 왜 밥을 안 먹고 다니는 거야? 내 말 들리냐?"

할머니는 우리 둘을 나란히 세워놓고 천천히 눈을 깜박였습니다. 가족 모두가 아는 사실이었지만, 할머니의 느린 깜박임은 눈꺼풀이 떨릴 때보다도 더 나빴습니다. 그건 할머니가 지금 보고 있는 광경에 두 배는 실망했다는 뜻이었으니까요.

"나 잘 먹고 있어요, 엄마." 외삼촌이 갑자기 말했습니다.

"뭘 먹는데, 지미 얼?"

그는 나를 힐끔 보더니 대답했습니다.

"닭똥집이랑요. 시금치도 많이 먹어요. 시금치하고 닭똥집 배터지게 먹고 있죠."

"허, 이 녀석아. 네가 시금치 이파리 하나라도 본 적이 있긴 하냐. 왜 밥도 안 먹고 거짓말이냐, 지미 얼? 병원까지 와서 거짓말할 텐가."

"내려오는 길 내내 시금치만 먹었어요, 엄마." 외삼촌이 내 쪽을 힐끗 보며 말했습니다. "진짜예요. 내려오는 내내. 안 그렇냐, 키?"

할머니의 느리게 깜박이는 눈빛이 나에게 거짓말이라도 하라고 윽박지르는 듯했지만, 나는 입을 꾹 다물고 있다가 고개를 천천히 끄덕였고, 그러고는 얼버무리듯 말했습니다.

"할머니, 그런데 부시 놈이 선거를 훔친 건 어떻게 생각하세요?"

"백인놈들이 창피해서 못할 짓은 딱 하나지. 우리한테 제대로 해주는 것. 근데 꼭 배운 흑인 남자 하나가 백인 도와서 우리 해치는 데 앞장서고 있더라."

"클래런스 토머스 말이죠?"

"그래. 그 커다란 머리통 가진 놈 말이다. 저놈들은 내가 태어나기 전부터 못 훔친 게 없었지. 나는 그놈이 흑인 여자 괴롭힌 거 들통나고 TV에서 지 잘못은 제쳐두고 '최첨단 린치'라고 떠들 때부터 알았어. 그 여자 이름이 뭐더라, 키?"

"아니타 힐이요."

"그래, 그래. 아니타 힐. 공부 그렇게 해놓고도 놀랍냐, 선거 도둑 맞은 게? 그렇게 공부를 해대놓고도 저놈들이 선거구 조작으로 뭘 꾸미는지 몰랐던 거냐? 키, 그나저나 지미 얼이 내려오는 길에 시금치를 먹었단 말이냐?"

나는 자리에서 일어나 다리를 뻗어 종아리를 풀고, 할머니 침대 옆에 놓인 체중계에 올라갔습니다.

"대부분 자느라 잘 모르겠는데, 뭐, 아마도요." 나는 그렇게 말하고는 방을 나왔습니다. 외삼촌이 거리낌없이 거짓말을 늘어놓을 수 있도록 밑입니다.

체중계에 올라선 건 인디애나를 떠난 뒤 처음이었습니다. 인디애나 체육관 지하에 있던 체중계는 내가 써본 것 중 가장 반듯하고 정확하고 정교한 체중계였습니다. 몸무게를 재고 나서 물 반 모금만 마셔도, 침 몇 번만 뱉어도 바늘이 움직일 정도였습니다. 나는 운동 전후, 식사 전후마다 몸무게를 쟀습니다. 그리고 매일 아침 줄자를 꺼내 허리둘레를 재기도 했습니다. 인디애나에 처음 왔을 때 33인치였던 허리둘레는 2년 반 만에 28인치까지 줄어들었습니다. 28인치면 충분히 좋았습니다. 한때 가장 심했을 때 48인치였던 걸 생각하면 말입니다. 하지만 나는 더 노력하면 더 줄일 수 있다는 걸 알고 있었습니다.

할머니는 사흘 만에 병원에서 퇴원했습니다. 토요일 밤 늦게 할머니 댁에 도착했을 때, 할머니와 수 이모, 린다 이모, 그리고 당신은 텔레비전 앞에 둘러앉아 말없이 〈컬러 퍼플〉을 보고 있었습니다. 당신들은 그 영화를 마치 처음 보는 사람들처럼 숨을 죽인 채 보고 있었지요. 아무도 울지 않았고, 누구 하나 꿈쩍도 하지 않았습니다. 다들 그저 깊게 숨을 내쉬면서, 옆에 앉은 여자의 몸 어딘가에 자기 몸을 살짝 붙이고 있을 뿐이었습니다.

영화가 끝난 뒤, 거실에서는 모두가 조지 부시의 부정 선거를 도운 클래런스 토머스의 악행에 대해 이야기하고 있었습니다. 그때 당신은 느닷없이 린다 이모와 나에게 필라델피아에 있는 카지노에 가고 싶지 않냐고 물었습니다. 라스베이거스에 사는 린다 이모는 미시시피 카지노는 너무 촌스럽다고 늘 말했지만, 막상 그 촌스러운 카지노에 다니는 사람들이 자기한테 경외심을 품는 건 싫지 않아 했습니다.

"나 라스베이거스에서 왔다니까, 자기야." 이모는 사람들이 화려한 가발이나, 루비색 매니큐어에 큼직한 다이아몬드까지 박힌 손가락만한 손톱을 보고 물어볼 때마다 으레 이렇게 말했습니다. "나, 라스베이거스에서 왔다니까, 자기."

나는 차를 타기 전에 화장실로 가서 몸무게를 재려 했지만, 할머니 집에 있던 저울이 좀처럼 보이지 않았습니다.

포레스트에서 필라델피아로 가는 내내 린다 이모는 비디오 포커 이야기만 줄곧 늘어놓았습니다. 어떤 패를 맞춰야 기계에서 일어날 수 있는지, 언제쯤 그만둘지 같은 얘기였습니다. 그러다 당신에게 "얼마나 따야 일어날 건데?" 하고 물었지만, 당신은 아무 대답도 하지 않았습니다.

필라델피아에 있는 골든 문 카지노는 창문 하나 없는 공간이었습니다. 담배 연기, 공짜 술, 비상등, 그리고 딩-딩-딩거리는 소리뿐이었습니다. 놀지 않아도 딩-딩-딩 소리와 번쩍이는 비상등은 지천으로 넘쳐났습니다. 나는 도무지 이해할 수 없었습니다. 잃을 확률이 더 큰데 왜 굳이 돈을 집어넣는 걸까. 그냥 앉아서 사람들 구경이나 하며 공짜 술을 마시고, 밤새 딩-딩-딩 소리나 들으면 되는 거 아닌가.

나는 당신이 앉아 있는 슬롯머신 맞은편 기계 앞에 앉아, 다이어트 탄산수를 홀짝이며 당신이 가진 돈을 다 써가는 모습을 지켜봤습니다. 당신이 가방을 뒤져 25센트, 10센트, 5센트, 심지어 1센트짜리까지 모조리 긁어모아 카지노 창구로 가서 달러로 바꾸는 것도, 그리고 그 돈을 다시 그 기계에 넣는 것도 지켜봤습니다.

당신이 내가 지켜보고 있는 걸 알아챘을 때, 나는 당신 쪽으로 가서 할머니가 크리스마스 선물로 준 40달러와 내 지갑에 있던 60달러를 건넸습니다. 당신은 20달러짜리 다섯 장을 받더니 아무 말 없이 똑같은 기계에 밀어넣었습니다. 그러곤 채 1분도 지나지 않아 린다 이모 쪽으로 가 그 옆에 앉았습니다. 둘 다 아무 말도 하지 않았습니다. 잠시 후, 린다 이모가 또다른 20달러쯤 되는 지폐를 건네고는 등을 돌렸습니다.

당신은 다시 그 슬롯머신으로 갔습니다. 그러다 돈이 다 떨어지자 양쪽 어깨너머로 두리번거리더니 다시 나를 바라보았습니다. 당신이 내게 다가와 신용카드를 가져왔느냐고 물었고, 나는 몇 해 전에 밀샙스에서 누군가 내 신용카드를 훔쳐간 뒤로 쓰지 않는다고 말했습니다.

"신용카드는 있어야지, 키. 그래야 신용이 쌓이지." 당신이 말했습니다.

정말 하고 싶은 말이 많았지만, 그냥 입을 다물기로 했습니다. 우리는 이번 크리스마스를 겨우 싸움 없이 넘겼고, 당신에게 카지노에서 마지막 돈까지 쥐여주고 뺨이라도 맞는다면, 내가 무슨 말을 하게 될지, 어떤 기분이 될지 도무지 알 수 없었습니다.

집에 돌아오자마자 당신은 할머니 방으로 들어가 침대 끝에 벌렁 눕더니 나에게 문을 닫으라고 했습니다.

"기분이 안 좋아요, 엄마." 당신이 할머니에게 말했습니다.

"뭐 안 좋은 일 있냐?" 할머니가 물었습니다.

"문 좀 닫아, 키."

"알았어요. 근데 왜요?"

"닫으라면 닫아, 키. 그냥 좀 닫으라고."

다음날 아침, 인디애나로 떠나기 전 할머니가 현관 앞으로 잠깐 나오라고 했습니다. 다른 사람들은 다들 타이거 우즈가 백인 선수들을 이기는 걸 보거나, 부엌에서 음식을 접시에 담고, 독일 초콜릿 케이크와 고구마 파이를 썰어 포장하는 중이었습니다. 나는 15년 전에도 앉았던 페인트가 벗겨진 노란 의자에 앉았습니다. 할머니에게 어릴 땐 저 숲이 이렇게 가득하고 푸른 줄 몰랐다고 말하자, 할머니는 세상이 네가 떠난다고 가만히 있겠냐고 말했습니다. "근데 왜 지미 얼처럼 발을 동동거리누?"

너는 그제야 내가 현관 앞에서 발끝으로 바닥을 두드리고 있었다는 걸 알아차렸습니다. "몰라요. 그냥 달리기를 좀 해야 할 것 같아요. 할머니, 제발 몸 좀 잘 챙기세요. 아프면 마지막까지 참지 마시고, 남이 고칠 수 있는 건 남한테 맡기시고요. 운동은 충분히 하고 계세요?"

"하이고, 너 운동에 환장했구나." 할머니가 이죽거리듯 말했습니다. "살 좀 뺐다고 남 가르치려 드네? 제일 나쁜 스승이 뭔 줄 아나? 남더러 지처럼 살라 하는 스승이다. 우리도 다 귀 있다. 누가 말로 깔보는지 다 안다. 나는 평생 운동했어. 뒤꼍에 있는 그 큰 캔 자루들 못 봤냐? 하루에 두 번씩 저 길을 왔다갔다 하면서 캔 주워서 캔 장수한테 갖다준단다. 옆 트레일러파크 사는 착한 멕시코 사람들도 내가 캔 줍는 거 보고 캔 챙겨다준다. 그러니까 내 운동 걱정 말고, 니 몸이나 잘 챙겨라."

나는 웃음이 나왔습니다. 할머니가 뭔가 알고 있다는 느낌 때문이었습니다.

"들어봐라, 키. 우유도 말이다, 겉보기 멀쩡해도 섞인 게 있으면 다 티가 나는 법이다. 네 엄마하고 지미 얼한테 전화 좀 자주 해라."

"며칠에 한 번씩은 해요."

"그러면 매일 해라. 하루에 두 번도 하고. 네 외삼촌한테도 하고."

할머니는 머리의 붕대를 만지작거리며 나를 똑바로 바라보았습니다. "들어봐라. 축복이라는 건 말이다. 받을 방법은 한두 가지면 족하지만, 내다버리는 방법은 천 가지도 넘는다. 그리고 세상에는 그걸 기가 막히게 잘해내는 사람들이 있지. 그러다보면, 언젠가 하느님이 네게 정말로 필요한 축복까지 몽땅 가져가버리고, 하찮은 축복만 남게 되는 거다."

나는 어쩔 수 없이 웃음을 터뜨렸습니다.

"하찮은 축복이요, 할머니? 할머니, 방송하셔야겠어요."

할머니가 피식 웃으며 대답했습니다.

"그래, 하찮은 축복. 살아보니까 그렇더라. 그리고 돈만 얘기하는 게 아니다. 하느님이 너한테 주신 건 뭐든 다 축복이야."

나는 고개를 끄덕였습니다. "알겠어요, 할머니. 그런데 질문 하나만 해도 돼요?"

"뭔데, 키. 여기서 별 요상한 소리만 아니면 해봐라." 할머니가 눈을 가늘게 뜨며 말했습니다.

"할머니 말씀도 다 들었고, 엄마 얘기도 들었어요. 그런데요, 저울은 왜 없어진 거예요?"

"아이고, 세상에." 할머니는 천천히 눈을 깜빡이며 말했습니다. "가끔은 네 머릿속 빵이 다 구워졌나 싶다."

"완전 잘 익었어요, 할머니. 저는 그냥 살 빼는 게 좋은 것뿐이에요."

그날 현관에서 할머니는 천천히, 그리고 조용히 눈을 감았습니다.

인디애나로 올라가는 길 내내 나는 아무것도 먹지도, 마시지도 않았습니다. 테네시 휴게소에 있는 낡은 화장실 저울 위에 1달러를 넣고 몸무게를 재기 전까지는 내가 몇 킬로그램인지도 모르고 있었습니다. 저울에 따르면 나는 병원에서 쟀을 때보다 0.9킬로그램이 늘어난 84.4킬로그램이었습니다

아칸소주의 경계를 넘자 지미 외삼촌은 KFC에 들러 닭똥집

을 포장 주문했습니다. 조금 더 가서는 따뜻한 음식을 파는 식료품점에 들렀습니다. 그는 나더러 차에 있으라고 한 뒤 빈손으로 돌아왔고, 또다른 식료품점으로 향했습니다. 이번엔 초록색 채소와 옥수수빵이 가득 담긴 베이지색 스티로폼 용기 두 개를 들고 나왔습니다. 그 나름대로 잘못을 만회해보려는 눈치였습니다.

"먹을래, 조카?"

"아뇨, 괜찮아요."

외삼촌은 식료품점 주차장에 차를 세운 채 혼자서 그 많던 채소와 옥수수빵을 다 먹어치웠습니다. 두 개의 용기를 비운 뒤, 외삼촌은 할머니가 가족들 앞에서 내가 학교에 너무 오래 다닌다고 불평하더라고 말을 전했습니다. 이젠 진짜 직장을 구해서 집안에 돈을 좀 보태야 하지 않겠느냐면서. 외삼촌이 평소에 거짓말이 잦긴 했지만, 나는 할머니가 없는 사람 이야기할 땐 솔직한 편이라는 걸 알고 있었습니다.

나는 외삼촌에게 내가 인디애나에서 연 1만 2천 달러 정도를 번다고 말했습니다. 월세와 공과금을 내고 나면, 한 달에 220달러 정도가 남았습니다. 그중 100달러는 당신이 우편함에 꽂힌 독촉장을 못 본 척하는 바람에 체납돼버린 밀샙스 학자금 대출 상환금으로, 40달러는 할머니에게, 20달러는 저축으로, 나머지 60달러로는 밥을 먹었습니다.

"엄마가 네가 진짜 직장 좀 잡길 바란다더라." 외삼촌이 또 말

했습니다. "그러니까 어서 뭐라도 잡아라. 돈 좀 제대로 벌어야
지."

나는 외삼촌의 밴 안에서 박사학위 대신 MFA 학위로 졸업하
고, 유색인 대학원생들을 리버럴 아츠 칼리지에 파견하는 펠로
십에 지원하기로 결심했습니다. 펠로십에 선정되면 강의를 하며
쓰던 원고를 다듬고, 언젠가 책을 팔아 제대로 된 직장을 구할
수 있을 거라 믿었습니다.

외삼촌은 날 내려주면서 목을 껴안지도, 악수를 청하지도 않
았습니다. 다만 고맙다고 했습니다. 자신의 비밀을 다른 가족들
에게 말하지 않은 나에게. 그러고는 내년에 보자고 했습니다.

"가끔 전화드려도 돼요?" 내가 밴 밖에서 외삼촌에게 물었습
니다.

그러나 삼촌은 끝내 아무 말 없이 차를 몰고 멀어졌습니다.
나는 외삼촌이 미시시피로 가는 길에 무엇을 심겠는지 알 수 없
었습니다. 하지만 인디애나로 돌아오는 길에 삼촌이 한 번에 먹
어치운 채소의 양만큼은 내 생애 처음 보는 것이었습니다. 나는
삼촌이 나를 내려준 뒤, 다시금 치솟았다가 곧장 바닥으로 곤두
박질칠 것을 알고 있었습니다. 우리 가족은 혼자일 때, 부끄러울
때, 죽을 만큼 두려울 때마다 늘 그렇게 치솟고 곤두박질치기를
반복해왔으니까요.

나는 계단을 올라 방안으로 들어서자마자 무릎을 꿇고 하느

님께 감사했습니다. 적어도 나만큼은 삼촌처럼 치솟았다가 내팽개쳐지는 삶을 살고 있지 않다는 것에, 할머니처럼 우는 얼굴로 굳은 상처를 후벼파고 있지 않다는 것에, 당신처럼 카지노에서 잃은 돈을 후회하며 고개를 떨구고 있지 않다는 것에 대하여. 나는 마치 낯선 근육을 더듬듯 손바닥으로 배를 쓸어내렸습니다. 가슴 근육을 눌러보고, 양쪽을 번갈아가며 어느 쪽이 더 도드라졌는지 살폈습니다. 허벅지 사이에 손을 넣어 힘껏 움켜쥐었습니다. 장딴지에 돋은 핏줄을 따라 발목까지 내려갔다가 다시 무릎 뒤까지 올라갔습니다. 거울 속 내 모습은 여전히 잭슨에서 살던 144.7킬로그램의 뚱뚱한 흑인 소년처럼 보였습니다. 그러나 몸을 만지고, 몸무게를 재고, 체지방률을 확인할 때마다 나는 조금씩 깨달았습니다. 나는 몸을 만들어냈다는 것을. 내가 몸 하나를 지워냈다는 것을.

나는 무릎을 꿇고 기도한 뒤 조용히 일어섰습니다. 하느님께 우리 가족이 끝끝내 외면해온 기억들과 마주서게 해달라고 빌었습니다. 우리 가족 모두가 짊어진 무거운 짐을 내려놓게 해달라고도 빌었습니다. 나는 내게 주어진 복을 헛되이 흘려보내지 않고, 내 가족을 위해 무엇이든 할 준비가 되어 있었습니다. 가장 먼저 해야 할 일은 체육관 문이 닫히기 전에 달려가는 일이었습니다. 나는 잠들기 전, 뭔가를 먹거나 마셔도 될지를 결정하기 위해 반드시 내 몸무게를 확인하고 싶었습니다.

공포

당신이 미시시피주 브랜든의 한 자동차 정비소에 차를 세워두고, 정비공이 외상으로라도 스바루를 고쳐주길 바라며 기다리고 있을 때, 나는 뉴욕 포킵시에 있는 새 연구실 바닥에서 잠을 자고 있었습니다. 나는 배서대학의 흑인 비정규 교수였고, 몸무게는 82킬로그램, 체시방률은 6퍼센트, 가진 돈은 고작 몇백 달러뿐이었습니다.

내가 어디서 지내고 있는지 말했을 때, 당신은 흑인의 탁월함을 실천하려면, 특히 백인 북부 사람들이 명문이라 여기는 곳에서는 동료들과 건강한 거리를 유지하고, 절대 초라한 모습을 보여선 안 된다고 말했습니다. 배서에 온 첫 주에, 나는 셀 수 없이 많은 백인 동료들로부터 내가 얼마나 운이 좋은 사람인지 듣게 됐습니다. 배서에 올 수 있었다는 사실만으로도 말이지요. 당신은 내 나이였을 때, 이미 잭슨주립대에서 두 해째 강의를 하고 있었습니다. 그때 나는 겨우 여섯 살이었습니다. 문득 궁금했습니다. 당신의 흑인 동료들, 그러니까 불과 몇 년 전까지만 해도 당신의 교수였던 사람들이, 당신에게도 잭슨주립대로 돌아가 강의를 하게 된 걸 두고 운이 좋다고 말했을까 하고 말입니다.

나는 기억합니다. 우리가 다시 미시시피로 돌아갔던 그 몇 해 동안, 당신이 학생들에게 모든 것을 아낌없이 내어주던 모습을요. 당신의 첫 제자들은 대부분 미시시피 출신의 흑인 1세대 대학생들이었습니다. 당신은 하루 열여섯 시간씩 일하고, 주말에도 학생들을 만나며, 밤늦게까지 걱정 많은 부모들의 전화를 받았습니다. 학생들의 학자금 지원 서류를 챙기고, 심지어 우리조차 먹을 것이 부족했던 날에도 어김없이 학생들 먹을 것을 먼저 챙겼습니다.

나는 배서에 온 뒤에야, 열두 살 이후 처음으로 예전보다 좀 더 자주 당신과 많은 이야기를 나눌 수 있었습니다. 여전히 사적인 이야기들은 꺼내지 않았고, 때로는 거짓말로 얼버무리기도 했지만, 당신은 내가 묻는 것을 좋아했습니다. 나는 젊은 흑인 교수로서 이 삶을 어떻게 견디고, 어떻게 걸어가야 할지 묻는 일만큼은 주저하지 않았습니다.

"세상이 나랑 내 애들을 질식시키려 들었지." 내가 배서에 도착한 지 일주일쯤 되었을 때, 당신이 말했습니다. "나는 선생으로서 교실 안에서만큼은 애들이 마음껏 숨쉴 수 있게 도와야 했어. 그냥 숨쉬는 것만으론 안 돼. 숨을 쉬되, 탁월하게, 그리고 절제하면서 살아야 해. 너를 사랑하는 아이들은 결국 네가 어떻게 사는지 보고 배워. 그걸 절대 잊지 마라. 교실 안에서 책임 있는 사랑을 몸소 보여줘. 매일 그렇게 해. 선생이 할 수 있는 가장 큰 일은 학생들에게 '너희들도 사랑할 수 있고, 탁월해질 수 있다'고 허락해주는 거야."

수업 첫 주에 나는 내가 동료 교수들보다 학생들과 훨씬 더 많은 공통점을 가지고 있다는 것을 깨달았습니다. 동료 교수들은 대부분 백인이었고, 할머니보다 나이가 많은 이들도 적지 않았습니다. 나는 대학에서 가장 어린 교수였지만, 첫날만큼은 당신이 바라던 대로, 흑인의 탁월함과 절제, 품위를 갖춘 모습을 보여야 한다고 생각했습니다. 나는 헐렁한 갈색 울 정장에 반들거리는 스테이시 애덤스 로퍼 구두를 신고 강의실에 들어섰습니다. 당신이 오벌린 졸업식 때 사준 그 정장은 그때보다 훨씬 더 헐렁해져 있었습니다. 그리고 첫 주가 끝날 즈음, 나는 그 정장을 벗어버렸습니다. 그뒤로 블레이저를 입어도 티셔츠와 청바지 위에 가볍게 걸치는 정도였습니다. 학생들 앞에서 편안한 옷차림은 어쩌면 너무도 자연스러운 일이었습니다.

첫 주를 보내며, 나는 내 학생들, 특히 나에게 자연스레 기대던 흑인과 라틴계 학생들 가운데 그 누구도 자신이 속한 공동체에서 '고귀한 예외'로 대우받기를 원치 않는다는 사실을 알게 되었습니다. 그들은 사랑받고, 영감을 얻고, 보호받고, 자신의 이야기를 들어주기를 바랐고, 낯선 사람들과 함께 자고, 먹고, 마시며 지내야 하는 생활 속에서, 또 유령처럼 낡고 음침한 강의실과 기숙사에서 수업을 받으며 마주하는 혼란과 고단함 속에서도, 벌을 받거나 부당하게 징계받는 일이 없기를 바랐습니다. 나는 딥사우스 출신의 거의 모든 흑인 교수들처럼, 나 역시 학생들을 보안요원, 경찰, 그리고 악의적인 학교 행정으로부터 지켜야 한다고 믿었습니다. 학생들을 경찰서, 기차역, 응급실에서 데려오는 일쯤은 얼마든지 각오하고 있었습니다. 다만, 내가 그들을 이렇게 자주 실망시킬 줄은 예상하지 못했습니다. 학생들이 부모에게 버림받고 트랜스젠더로서의 전환 비용을 학교가 지원해줄 수 있는지 조심스럽게 물었을 때, 나는 그들의 성별을 잘못 불렀습니다. 나는 그들에게 퀴어이고, 여성스럽고, 흑인이고, 가난하다는 이유로 자신들을 공격하는 작품들을 읽히기도 했습니다. 버지니아 공대 총격 사건이 일어난 직후, 나는 제임스 볼드윈 강의를 하러 들어갔고, 그 자리에서 유일한 아시아계 학생이자 베트남계였던 한 남학생에게 말했습니다. 폭력에 대해 이야기하고 싶을 때가 있으면 언제든 찾아오라고. 또 치카나 학생 중 한명이 가족이 추방당했다고 털어놓았을 때는, 나는 그 가족이 언제 돌아올 수 있을지, 그 이야기를 에세이로 써볼 생각은 없는지 물었습니다.

나는 내가 상상했던 것보다 훨씬 더 많은 방식으로 내 학생들을 실망시키고, 다치게 했다는 걸 깨닫게 되었습니다. 매번 학생들을 실망시킬 때마다, 나는 내가 당신이라면 절대 하지 않았을 일을 하고 있다는 사실을 알고 있었습니다.

어느 날 내 연구실에 보안요원이 찾아와 책상 위에 당신과 내가 함께 찍은 평범한 사진들이 버젓이 놓여 있었음에도 신분증을 요구했다는 이야기를 당신에게 했을 때, 당신은 말했습니다. "공포란 바로 그런 거야." 나는 그 말을 웃어넘기며, 오히려 내가 얼마나 행복한지 이야기했습니다. 복사기를 쓸 수 있고, 복사용지도 마음껏 쓸 수 있고, 세상에서 가장 아름다운 도서관 중 하나를 누릴 수 있고, 스무디를 무제한으로 마실 수 있으며, 셰익스피어 가든이라는 명상의 장소와 선셋 레이크라는 연인들의 밀회 장소까지 있다는 이야기를 들려주었습니다. 나는 이 일이 힘들 거라는 건 알고 있었지만, 본질적으로 1년 중 일곱 달을 학생들을 가르치고, 돌보고, 글을 쓰며 보낼 수 있는 사람이라는 것에 만족하고 있었습니다. 나는 당신에게 이곳에서 학생들과 맺는 관계가 마치 집과도 같다고, 그 집의 두 개의 방은 바로 강의실과 내 연구실이라고 설명했습니다. 그러자 당신이 말했습니다. 당신의 실수에서 배워야 한다고, 이 나라에서 일터를 집으로 삼는 사람이라면 누구든 언젠가는 반드시 고통을 마주하게 된다는 걸 깨달아야 한다고.

나는 그 말을 들었어야 했습니다.

2001년 9월 11일, 개강한 지 열흘도 채 되지 않았던 그날, 나는 내가 미국 땅 안에 있으면서도 집에서 가장 멀리 떨어진 곳에 와 있다는 걸 실감했습니다. 다음날인 9월 12일, 나는 파키스탄계 이웃들이 타고 다니던 도요타 코롤라에 I LOVE THE U.S.A. 스티커를 붙이고, 갓난아기에게는 마셜스에서 본 적 있는 빨간색, 하얀색, 파란색의 미국 국기 색 옷을 입히는 모습을 지켜보았습니다.

그때는 이해하지 못했습니다.

사흘 뒤인 9월 15일, 나는 메트로노스를 타고 뉴욕 시내로 내려가 그라운드 제로에서 자원봉사를 하기로 했습니다. 포킵시 역에는 멍한 얼굴을 한 군인들이 M-16을 든 채 독일 셰퍼드 옆에 서 있었습니다. 열차에 올라탔을 때, 내 앞자리에는 피부가 짙은 남아시아계 가족이 앉아 있었습니다. 가족 모두가 빨강, 하양, 파랑 색상의 옷을 각기 다르게 변형해서 입고 있었고, 아이 아빠는 좌석 위 선반에 짐을 올려두었습니다. 가방 위에는 PROUD TO BE AN AMERICAN(미국인인 게 자랑스럽다)이라고 적힌 스티커가 붙어 있었고, 열쇠는 아직 태그가 달린 채 미국 국기 모양의 열쇠고리에 매달려 있었습니다.

그제야 나는 깨달았습니다. 공포란 바로 이런 것이었습니다.

그때 초록색 팔찌를 찬 젊은 흑인 남자가 옆 친구에게 말했습니다. "쟤네 저 가방에 손 넣으면, 난 딱 알아."

"뭘 아는데요?" 내가 물었습니다.

"이 기차 폭파하려는 거면 절대 안 된다는 걸 알지." 그는 우리 칸 사람들 모두 들으라고 일부러 크게 말했습니다. "그거 하나는 확실히 알아."

그러자 복도 건너편에 앉아 있던, 곱슬거리는 가슴털이 젖은 것처럼 보이던 백인 남자가 고개를 끄덕이며 젊은 흑인에게 엄지를 들어 보였습니다.

"USA 맞지?" 백인 남자가 물었습니다.

"당연하지." 흑인은 바로 맞받았습니다. "USA."

나는 눈을 굴렸습니다. 그리고 앞에 앉은 가족이 들을 수 있도록 조용히 속삭였습니다. "백인들이 당신한테 겁을 잔뜩 심어놨네요." 그리고 조금 더 큰 소리로, 객차에 있던 모두가 들을 수 있게 덧붙였습니다. "이 사람들은 열차를 폭파할 생각 따윈 없어요."

그랜드 센트럴 터미널까지 한 시간 내내, 내 앞에 앉은 가족은 꼿꼿이 자세를 세우고 거의 움직이지 않았습니다. 서로에게 속삭일 때조차 머리를 거의 기울이지 않았습니다. 여섯 살이나 일곱 살쯤 되어 보이던 아이가 조금이라도 움직이려 하면 부모가 아이를 붙잡아 눌렀습니다. 나는 그때 처음으로 깨달았습니다. 미국이라는 밀폐된 공간에서, 나의 몸은 가장 공포를 불러일으키는 몸이 아니었다는 사실을. 물론, 그 열차 안 사람들은 여전히 나 같은 흑인 남성의 몸을 두려워하고 있었지만, 그보다 더 두려워한 것은 무슬림처럼 보이는 갈색 피부를 지닌 이들이었습니다. 나는 미국 백인 우월주의에 맞서려면 탁월하고, 절제되고, 품위 있고, 감정을 드러내지 않으며, 깔끔하고, 완벽해야 한다던 당신의 말을 계속 떠올렸습니다. "엄마, 나 쉬 마려워."·아이가 속삭였지만, 엄마는 아이의 팔을 놓지 않았습니다.

열차가 그랜드 센트럴에 도착했을 때, 아이 아빠는 선반에서 가방을 내렸고, 아이는 부모 옆에 서 있었습니다. 아이 엄마는 자신의 몸과 가방으로 아이를 가리며, 젖은 바지가 보이지 않게 했습니다. 아이의 빨간 반바지는 오줌으로 축축하게 젖어 있었습니다.

"고마워요." 아이 엄마가 내 옆을 지나며 말했습니다.

"별말씀을요." 내가 대답했습니다. "좋은 하루 보내세요."

나는 문득 생각했습니다. 혹시 내가 느낀 이 기분이, 우리가 가끔 '선량한 백인'들에게 인사치레로 건네는 감사에 그들이 느끼는 감정이 아닐까 하고.

그날, 나는 뉴욕 시내를 더 깊숙이 걸어들어갔습니다. 로어이스트사이드의 한 보데가에는 미니 미국 국기가 가득 꽂혀 있었고, 그곳에서 흑인, 갈색인, 백인 남자들이 모여 "우리 도시를 폭파한 무슬림 놈들"을 어떻게 혼내줄지, 다음에는 어디를 공격할지에 대해 떠들고 있었습니다.

30분쯤 뒤, 나는 그라운드 제로 근처의 한 성당 안에서 어지럼증을 느끼며, 여전히 생존자를 찾고 있는 지친 소방관들에게 생수와 샌드위치, 담요를 나누어주고 있었습니다. 그곳에서, 여섯 해 전 당신 곁을 떠난 이후 처음으로 나는 확신했습니다. 당신과 할머니는 지금 북쪽에 있는 나보다 더 안전한 남쪽, 잭슨에 있다고. 그 안전은 비행기가 고층건물을 향해 돌진하는 것과는 상관없는 것이었습니다. 당신들은 세상이 어떻게 돌아가는지, 자신들이 어디에 있는지를 알고 있었습니다.

나는 6년 전, 당신 곁을 떠나 그 진입로를 빠져나왔을 때부터, 우리 미시시피 바깥의 이 나라에 대해 거의 아는 것이 없었다는 사실을 조금씩 깨닫고 있었습니다. 나는 미국에 사는 모든 흑인들이 당연히 덥시 있스 출신일 기라 믿었고, 이 나라에 아프리카와 카리브해에서 온 흑인들이 이렇게나 많을 줄은 미처 알지 못했습니다.

그날, 로어 맨해튼의 그 성당에 당신이 있었다면, 절대적인 두려움과 상실 앞에서도 사람들이 얼마나 너그럽고 인내심 있는지 볼 수 있었을 겁니다. 우리는 떠나기 전에 작은 미국 국기를 들었고, 거칠고 메마른 미국인들의 손을 맞잡으며, 서로가 보여준 가장 '미국다운' 모습에 서로에게 감사했습니다. 그러나 나는 알았습니다. 그 자리에 있던 모두가 앞으로 어떤 일이 벌어질지 잘 알고 있었다는 것을. 나는 뉴욕에 대해 잘 몰랐지만, 백인 미국인들이 미국에게 무엇을 요구하는지 정도는 알고 있었습니다. 조지 W. 부시를 중심으로 한 백인 미국인들은 곧 성조기를 몸에 두르고, "USA!"를 외치며, 가난한 사촌, 친구, 아들, 딸 들을 전쟁터로 보내, 더 가난하고, 더 피부가 어둡고, 더 비기독교적인 누군가에게 우리가 상실에 어떻게 대응하는지를 보여줄 것이었습니다.

그날 밤, 포킵시로 돌아오는 열차 안에서 나는 어쩐지 서글펐습니다. 더는 내가 앉은 객차 안에 '무슬림처럼 보이는 사람들'이 없었기 때문이었습니다. 만약 있었다면, 나는 그들을 두둔하면서 스스로를 좋은 사람처럼 느낄 수 있었을 테지요. 나는 학생들에게 자원봉사를 했던 이야기를 들려주면 그들이 어떤 표정으로 나를 바라볼지를 상상했습니다. 허드슨강을 바라보며 나는 속으로 이 끔찍한 9·11 테러가 흑인 대통령 시절에 일어나지 않아서 다행이라고 감사 기도를 드렸습니다. 그리고 나는 처음으로 스스로에게 물었습니다. 미시시피 출신의 흑인 미국인으로서가 아니라, '미국인'으로 산다는 것이 내 안에서 무엇을 요구하는지, 또 그 요구를 외면할 때 어떤 대가를 치르게 될지를.

나는 아파트 주차장에서 백인 여성이 단지에서 나와 차에 오를 때까지 기다렸습니다. 괜히 내가 그 여성을 놀라게 할까봐서였습니다. 아파트로 돌아가는 길목에서 나는 비행기 한 대가 지나가는 소리를 들었습니다. 그러자 얼마 전 뉴욕의 보데가에서 만난 자메이카 남자들이 했던 이야기가 떠올랐습니다. 내 아파트에서 50킬로미터 가까이 떨어진 곳에 인디언 포인트라는 핵 시설이 있었는데, 며칠 안에 무슬림들이 비행기 네 대를 그 시설로 돌진시켜 수십만 명의 미국인이 급성 방사선 증후군과 암으로 죽을 거라는 이야기였습니다.

나는 허겁지겁 아파트로 들어가 당신에게 전화를 걸고, 할머니에게도 전화하고, 팔굽혀펴기를 몇 번 하고 몸무게를 쟀습니다. 그리고 밖에 나가 10킬로미터쯤 뛰고 돌아와 침실 문을 잠그고, 다시 팔굽혀펴기를 하고는 침대에 누웠습니다. 그 상태로 나는, 우리의 자유를 증오한다는 '무슬림처럼 보이는 사람들'이 벌일지도 모른다고 믿었던 끔찍한 폭발 소리를 기다리며 밤을 보냈습니다.

몇 달 뒤, 학교에서 백인 선배 교수가 내게 콜의 졸업 논문을 지도해보지 않겠느냐고 제안했습니다. 콜은 그 교수가 지도하는 학생 중 한 명이었고, 9·11 테러로 가까운 사람들을 잃은 학생이었습니다. 그는 콜과는 자신보다 내가 더 잘 통할 것 같다고 말했습니다. 나는 콜이 농구를 할 때 바닥에 굴러가는 공을 쫓아 몸을 던지는 무모한 모습과 손톱에 묻은 흙먼지를 인상적으로 보았지만, 그를 학생으로 가르친 적은 없었습니다. 단테의 『신곡』 중 「지옥편」에 관한 논문을 쓰고 있는 콜은, 마르고 부유한 코네티컷 출신의 유대인 백인 학생으로, 고등학교 2학년 때부터 약물중독과 싸워오고 있었습니다.

그 학기 내내, 콜과 나는 매주 수요일이면 연구실에 앉아 단테의 「지옥편」에 담긴 몰입의 이론을 파고들었고, 금요일이면 버림받은 경험과 중독의 고통에 대해 이야기를 나누었습니다. 콜은 나와 이야기하는 것 외에도, 학교 내 상담 서비스를 이용하거나 학교 밖 개인 상담사도 찾아가고 있었습니다.

어느 날 콜이 내 연구실을 막 나서려 할 때, 브라운이라는 친구를 통해 알게 된 히디 더글러스 바이어스가 문 앞에 서 있었습니다. 포킵시 사람들은 히디를 '더글러스'라고 불렀습니다. 커다란 아프로 헤어에, 프레더릭 더글러스*처럼 빗살이 굵게 잡힌 가르마를 하고 있었기 때문이었습니다. 더글러스는 나를 항상 '키스'라고 불렀는데, 말을 시작하거나 끝낼 때마다 꼭 그 이름을 붙여대곤 했습니다. 콜과 더글러스가 서로를 지나칠 때, 나는 잭슨, 포레스트, 오벌린, 블루밍턴에서 수없이 보아온 눈빛 교환을 또다시 목격했습니다.

콜이 코너를 돌자마자 나는 더글러스를 연구실로 잡아끌어

---

* 미국의 노예제 폐지론자, 연설가, 작가, 정치가로, 노예에서 해방된 후 자신의 경험을 통해 노예제도의 잔혹함을 폭로하며 활동했다.

문을 닫았습니다. 그때 내 연구실 밖에는 흑인, 남아시아계, 필리핀계 학생 여섯 명이 기다리고 있었습니다.

"너, 내 연구실 앞에서도 약 팔고 있는 거냐?"

"키스" 더글러스가 말했습니다. "뭐든 필요하면 말만 해. 내가 다 챙길게, 키스. 뭐든지 말해. 너랑 브라운, 오늘 일 끝나고 농구할 거야?"

나는 세금 떼고 연소득 1만 8천 달러를 받으며 학기마다 두 과목을 가르쳤습니다. 당신과 린다 이모가 나보다 더 많은 돈을 벌고 있었지만, 이상하게도 우리 가족 중에서는 내가 쓸 수 있는 돈이 가장 많았습니다. 일을 시작할 때, 나는 새로 번 돈으로 해보고 싶은 일이 많았습니다. 매주 아이홉에 가서 밥을 먹고, 매달 새 앨범 세 장과 새 책 세 권을 사고, 학기말마다 새 아디다스 운동화를 사는 것 같은.

그러나 연소득 1만 8천 달러로는 넉넉하게 실 수 없다는 것을 깨닫는 데는 오래 걸리지 않았습니다. 특히 당신이 에어컨 교체에 1,100달러, 배관 수리에 400달러, 자동차 타이어 교체에 300달러가 필요하다고 말한 날에는 더더욱 그랬습니다. 그 날은 콜과 더글러스가 내 연구실 앞에서 눈빛을 교환한 날이기도 했습니다. 당신은 전화를 걸어 할머니의 새 임플란트 비용으로 800달러를 보내줄 수 있겠느냐고 물었습니다. 할머니가 심한 통증에 시달리고 있는데, 너무 자존심이 세서 직접 말하지 못할 거라고 했습니다. 나는 주말이 가기 전에 최대한 많은 돈을 보내 겠다고 약속했습니다.

"사랑한다, 키." 당신이 말했습니다. "우리 가족이 필요할 때마 다 항상 도와줘서 고맙다."

전화를 끊자 더글러스는 내가 책상 위 바랜 나무를 손끝으로 두드리는 모습을 바라보았습니다. 그는 내 뒤편 벽을 가득 채운 산더미 같은 책들과, 벽 뒤로 벗겨진 파란색 볼드윈 포스터, 제 이-지의 〈블루프린트〉LP, 그리고 창가에 턱을 괸 채 앉아 있는 할머니의 낡은 사진을 천천히 훑어보았습니다. "키스, 뭐 할 건 데? 이 일에 투자할 거야, 키스?"

나는 열두 살 때부터 미시시피에서 살며, 친구들이 부업으로 약을 파는 것을 당연하게 보며 자랐습니다. 친구들은 스스로를 '약쟁이'나 '딜러'라 부르지도 않았습니다. 그저 누군가를 살기 조금 더 낫게 만들어주는 물건을 팔아 본업의 수입을 보태고 싶 었던 흑인 아이들이었습니다. 우리 대부분은 부업의 중요성과 다양한 수입원을 강조하며 밀주업을 하던 조부모의 손에서 자 랐습니다. 그래서 약을 판다고 해도, 전화번호부 배달, 애플비에 서 테이블 치우기, 잔디 깎기, 혹은 가르치는 일을 병행했습니다.

복잡할 건 없었습니다.

당신과 지미 외삼촌, 그리고 더 쿱의 리드보컬인 부츠는, 약 물이 우리의 노동윤리를 흐리고, 상상력과 저항력, 조직력, 기억력을 약화시킨다고 내게 각인시켰습니다. 당신들은 그런 약해진 몸과 상상력이야말로 백인 우월주의의 가장 쉬운 먹잇감이 된다고 말했습니다. 나는 당신들의 말에 동의했지만, 친구들의 부업을 탓한 적은 없었습니다. 내가 늘 했던 말은 딱 하나였습니다. "약 팔면 팔수록 백인들한테 걸릴 확률도 높아진다."

우리는 누구도, 부모 세대에게 땅이나 돈을 물려받은 손주들이 아니었습니다. 반짝거리는 흑인 중산층 부모 밑에서 자란 친구들조차도, 부모가 월급날이 며칠 밀릴 때마다 조부모나 심지어 우리에게까지 돈을 부탁해야 했고, 두 번만 월급이 밀리면 바로 가난해지는 처지라는 걸 알고 있었습니다. 당신은 내게 여러 번 말했습니다. 우리 가족에게 재산은 없었다고. 오직 다음 월급날만 있었을 뿐이라고.

열아홉 살 때, 나는 지미 외삼촌이 중독자라는 사실을 받아들였습니다. 그리고 내가 약을 판다면 무조건 백인들에게만 팔겠다고 결심했지요. 스무 살이 되던 해, 나는 세상에 내 자유를 온전히 맡길 수 있는 백인은 단 한 명도 없다는 사실을 깨달았습니다. 백인들에게 약을 파는 일이 문제인 이유는, 부유하든 가난하든 그들이 이미 우리를 감옥에 보내거나 죽게 만들 수 있는 권한을 지나치게 많이 쥐고 있기 때문이었습니다. 그런 백인들에게 그 절대적인 권력을 더 쥐여주는 일은 뭘 해도 손해만 보는 부업처럼 느껴졌습니다.

그럼에도 할머니의 잇몸에 번져 있는 통증을 떠올리고, 당신이 거의 매주 뭐가 필요하다고 하던 것을 생각하면, 이번 한 번은 '협력'이라는 걸 해도 되는 게 아닐까 싶기도 했습니다. 더글러스는 몇 주 후 이렇게 말했습니다. "더치스 카운티 교수들이랑도 협력해. 양쪽 다 돈이 되는 일이거든, 키스."

나는 그 교수들 중에 흑인도 있는지 물었습니다.

"아직은 없지, 키스. 아직은. 네가 첫번째가 될 수도 있지."

더글러스가 연구실에서 나가려고 문을 열자, 그 앞에 애덤, 니키, 배마, 기슬레인, 매트, 메이지가 와 있었습니다. 흑인과 유색인종 학생들은 종종 한 명씩 들어오지 않고 함께 들어와 반원으로 둘러앉곤 했습니다. 내 연구실을 제집처럼 편하게 여기는 학생들은 거의 모두 교실 안팎, 캠퍼스 안팎에서 인종, 젠더, 성정체성 때문에 표적이 되고, 징계를 받고, 예외 취급을 당하고, 대상화된 경험이 있는 이들이었습니다. 그들은 네오나치 단체로부터 위협을 받거나, 벽에 새겨진 인종차별적 그림들을 마주하기도 했습니다. 어떤 학생들은 백인 학생이라면 기록조차 남지 않을 일로 정학 혹은 퇴학을 당하고, 보안요원과 경찰에게 수시로 신원 확인을 당하며 살아가고 있었습니다.

세 시간 후, 학생들이 모두 나가고 메이지만 남았습니다. 메이지는 아칸소 출신의 키 큰 퀴어 흑인 여학생이었습니다. 작가이자 학자로서 메이지의 재능은 두려울 정도로 뛰어났습니다.

한 학기 전, 메이지는 자신의 엄마를 모욕한 룸메이트를 위협했다는 혐의로 학교에서 쫓겨났습니다. 나는 징계위원회에 메이지의 교수 지지인으로 참석했고, 징계위원회가 메이지를 정학시키자, 우리는 항의하고 항소했습니다. 결국 메이지는 다시 학교로 돌아올 수 있었지만, 해가 지면 도서관과 기숙사에 출입할 수 없다는 조건이 붙었습니다. 그 일을 겪은 뒤 나는 다시는 메이지 같은 학생이 이런 일을 겪지 않게 하려면 반드시 징계위원회에 들어가야겠다고 다짐했습니다.

한 시간 반쯤 지나 해가 질 무렵이 되자, 나는 메이지에게 이제 학생 징계 심사 준비하러 가야 한다고 말했습니다.

불을 끄고 메이지 뒤를 따라 나왔을 때, 주차장에서 메이지가 물었습니다.

"그 백인 남학생, 콜이랑 친구세요?"

"친구? 아냐. 졸업 논문 지도하는 학생일 뿐이야."

"다행이네요. 그 백인 남자애랑 걔 친구들이 여기서 약을 엄청 돌리고 다녀요."

"어떻게 알아?"

"그냥 알아요." 메이지는 그렇게 말하고는 나와 주먹인사를 나누고 본관 쪽으로 걸어갔습니다.

나는 콜을 내게 소개했던 선배 교수를 떠올렸습니다. 그 교수는 나를 볼 때마다 내가 이 학교에 있게 된 걸 얼마나 '행운'으로 여겨야 하는지 알려주려 애쓰던 사람이었습니다. 그는 내가 무슨 연구를 하고 있는지, 언어로 무엇을 이루고 싶어하는지, 내가 배서에 오기 전 어떤 사람이었는지 아무것도 모르는 사람이었습니다. 다만 콜이라는 학생과 내가 '잘 통할 것 같다'고 생각했을 뿐이었습니다. 우리는 둘 다 알고 있었습니다. 대마초부터 코카인까지 뭐든 팔던 콜이 언젠가 이 나라에서 대학을 졸업하고, 교수가 되고, 이사가 되고, 심지어 대통령까지 될 수도 있는 백인이라는 것을. 그가 두려움과 절박함, 죄책감에 시달린다고 해도 여전히 가능한 일이었습니다.

배서에서 세번째 학기가 시작될 즈음, 나는 사람들이 이런 상황을 '권력'이라 부르지 않고 '특권'이라 부른다는 걸 알게 되었습니다. 나는 이 나라에서 가장 창의적인 흑인의 땅, 미시시피에서 당신과 할머니가 나를 책임감 있게 사랑해준 덕분에 살아왔습니다. 하지만 콜은 가난해지지 않을 권력, 범죄자가 되지 않을 권력, 실패조차도 성공처럼 보이게 만드는 권력을 가지고 있었습니다. 콜의 권력은 그의 평범한 실패조차 성공으로 둔갑시켰습니다. 콜이 가진 권력은 백인이고, 남자이며, 부자이기에 실패할 수 없는 존재로 그를 만들었습니다. 조지 부시가 대통령이 된 것도 콜의 권력 때문이었고, 콜의 권력 때문에 그보다 더 부유하고 더 평범한 백인 남성이 다음 대통령이 될 수도 있었습니다. 심지어 진보적인 대통령들조차도 콜의 권력 앞에서는 고개를 숙일 수밖에 없었습니다. 내가 아는 가장 총명하고 책임감 있는 사람, 할머니는 백인들의 더러운 속옷을 빨고, 닭의 내장을 손질하면서도 대통령이 될 수 없었습니다. 아니, 대통령이 되기를 원하지도 않았습니다. 그 직업에는 도덕적 타협이 필수였기 때문입니다. 배서에서 첫해를 보내며, 나는 내 일이 콜이 그 권력을 덜 해롭게 사용하도록 가르치는 것임을 알게 되었습니다. 나는 콜에게, 그 권력이 건물을 무너뜨리고, 나라를 파괴하며, 감옥을 만들고, 피와 고통으로 얼룩진 것임을 알려줘야 했습니다. 그리고 잘만 쓰면, 그 권력이 해방과 정의의 초석이 될 수도 있음을 이해시켜야 했습니다.

하지만 나는 그 말을 납득할 수 없었습니다.

나는 내 일을 사랑했고, 학기 첫 주부터 이미 알고 있었습니다. 교사는 미워하는 학생을 가르칠 수 없다는 것을. 교사의 임무는 언제나 눈앞의 학생을 책임감 있게 사랑하는 일이었습니다. 내가 이 일을 계속할 수 있으려면, 흑인 학생들을 사랑했던 진심 그대로, 부유한 백인 남학생들도 사랑할 방법을 찾아야 했습니다. 설령 그 사랑의 결이 다를지라도 말입니다. 그러나 그건 결코 쉬운 일이 아니었습니다. 내가 콜을 아무리 사려 깊고, 급진적으로 호기심 많고, 정치적으로 깨어 있는 학생으로 길러도, 그를 가르친다는 것은 결국 그 권력을 더욱 견고하게 만들어주는 일이었으니까요.

나는 그렇게 그들의 권력을 강화해주는 대가로 월급을 받고, 안전을 얻고, '백인들이 조금 더 나은 인간이 되도록 돕는다'는 도덕적 확신을 얻었습니다. 나에게는 처음인 일이었지만, 오래된 흑인의 일이기도 했습니다. 당신이 예전에 경고했던 것처럼, 이 오래된 흑인의 일은 단순한 배신이 아니었습니다. 그것은 도덕적으로도 손해만 보는 부업 같은 일이었습니다.

그날 밤 우리가 다루어야 했던 징계 사건은 우리가 늘 다뤄온 대부분의 사건처럼 단순하면서도 슬픈 사건이었습니다. 보안요원이 콜의 가장 친한 친구의 기숙사 방에 들이닥쳤고, 테이블 위에 놓인 중범죄에 해당할 정도의 다량의 코카인, 저울, 비닐백들을 발견하고 사진을 찍었습니다. 콜의 가장 친한 친구는 짙은 눈썹을 가진, 작고 영리한 백인 남학생으로, 코카인 소지 및 판매 의도 혐의로 기소되었습니다. 나는 왜, 그리고 어떻게 대학 징계위원회가 형사 범죄에 해당할지도 모를 사건을 다루는지 잘 이해할 수 없었지만, 판사나 경찰, 배심원, 교도소보다는 이곳 징계위원회를 조금이라도 더 믿을 수밖에 없었습니다.

그 작고 영리한 백인 학생은 모두 발언에서, 포킵시 시내의 한 클럽에서 어떤 덩치 크고 피부가 검은 남자가 자신에게 접근해 코카인을 사게 만들었다고 진술했습니다. 나는 의자에 기대 앉아 심의실 안을 둘러보았습니다. 그 자리에 있는 사람은 모두 백

인이었습니다. 그리고 모두가, 그 작고 영리한 백인 남학생이 포
킵시의 클럽 바닥에서 검둥이에게 코카인을 사게 된 이야기를
넋을 놓고 듣고 있었습니다. 나는 그 학생의 진술 내내, 보안요
원의 진술 내내, 학생의 마무리 발언 내내 깊은 숨을 내쉬었습
니다. 그리고 포킵시에서 처음 만난 사람, 브라운을 떠올렸습니
다. 그는 가석방을 위반해 감옥에 있었고, 처음 몇 번의 투옥 역
시 이 작고 영리한 백인 학생의 방에서 발견된 것보다 훨씬 적은
양의 코카인을 팔다가 이루어진 것이었습니다. 나는 마약을 팔
지도 않았는데도, 우리 같은 덩치 크고 검은 사람들은 백인들이
책임을 피하기 위한 방패로 언제든 쓰인다는 사실을 새삼스럽게
떠올렸습니다.

브라운은 170센티미터에 100킬로그램이었습니다. 덩치가 크
고 피부는 검었습니다.

나는 185센티미터에 81킬로그램이었습니다. 덩치가 크고 피
부는 검었습니다.

메이지는 175센티미터에 72킬로그램이었습니다. 역시 덩치가
크고 피부는 검었습니다.

나는 열한 살 때 이미 덩치 크고 검은 흑인 남자처럼 보였습니
다. 태어날 때부터 덩치 크고 검은 남자들에 둘러싸여 자라왔습
니다. 나는 지금껏 백인 남자아이에게 코카인을 사라고 강요하
는 덩치 크고 검은 남자를 단 한 명도 본 적이 없었습니다. 그런

데 포킵시에 그런 사람이 있다고들 믿는 모양이었습니다.

징계위원회의 나머지 구성원들은, 그 백인 학생이 코카인을 소지한 이유가 너무나도 '두려운' 상황에서 비롯된 것이라며 그를 징계할 수 없다고 했습니다. 내 옆에 앉은 교수는 "우린 이 아이처럼 작은 사람이 겪었을 공포가 어떤 건지 알지 못한다"라고 말했습니다.

"우리가요?" 나는 물었습니다.

다른 행정위원도 말했습니다. "우린 그 애가 어떤 일을 겪었는지 모르잖아요."

나는 두 사람에게 되물었습니다. "코카인을 사게 강요한 사람이 있었다면, 그냥 돈만 뺏고 코카인을 가져가지 않았겠어요?" 그러자 그 교수는 '변혁적 정의'*에 대해 장황하게 이야기하기 시작했습니다. 나는 변혁적 정의가 무엇인지 잘 알고 있었고, 다시 물었습니다. "우리가 정말 변혁적 정의를 실현하고 있는 거라면, 덩치 크고 검은 흑인 남자가 저 백인 학생에게 코카인을 사게 했다는 말을 믿는 걸 전제로 할 리 없잖아요."

모두가 나를 마치 코에서 돼지껍데기와 머릿살로 만든 젤리가 흘러나오기라도 한 사람처럼 쳐다보았습니다. "그 학생은 그 남

---

* 형벌이나 징계에 의존하지 않고, 사건을 초래한 사회적, 구조적 불평등까지 근본적으로 변화시키려는 정의 실천. 단순한 피해 회복이나 당사자 간 화해에 그치는 '회복적 정의'와 달리, 권력 관계, 차별 구조를 전환하는 데 초점을 둔다.

자가 흑인이라고는 말하지 않았어요." 위원 중 한 사람이 말했습니다. '만약 그 백인 학생이 법적으로 코카인을 소지하지 않은 것으로 간주된다면, 판매 의도 혐의로도 처벌할 수 없고, 판매 의도 혐의가 인정되지 않는다면, 징계도 불가능하다.' 이것이 그날의 결론이었습니다.

퇴학 없음.

정학 없음.

징계도 없음.

나는 여전히 코카인, 저울, 비닐백이 찍힌 흑백 사진을 바라보고 있었습니다. 그런데도 결국, 내가 본 것은 사실 보지 않은 것이나 다름없었습니다. 왜냐하면 포킵시 시내 어딘가에 있는 덩치 크고 검은 남자, 그러니까 '검둥이'가, 내 눈을 그렇게 본 것처럼 만들어버렸기 때문입니다.

나는 집에 컴퓨터도, 인터넷도 없었기에, 심사를 마치고 사무실로 돌아와 콜에게 메일을 썼습니다. 나는 감옥이라는 제도를 폐지해야 한다고 믿었지만 평생 회복적 정의를 누리고 살아온, 백인, 부유한, 시스젠더 이성애자 남성에게조차 변혁적 정의를 적용하는 것이 과연 공평한 일인지 확신할 수 없었습니다. 나는 콜이 더이상 내 연구실을 제집처럼 여기지 않았으면 했습니다. 더는 그 마른 백인 남학생이, 포킵시에서는 절대 유죄판결을 받지 않을 마약 이야기를 나와 나누러 오지 않았으면 했습니다. 나는 콜에게 이제부턴 도서관에서 만나자고 이메일을 보냈습니다.

나는 의자에 등을 기대고 연구실을 둘러보았습니다.

책상 위에 놓인, 이로 씹어놓은 펜과 초록색 스프링 노트를 집어들고, 나는 마약 범죄로 수감된 내가 아는 모든 사람의 이름을 써내려갔습니다. 친구, 사촌, 삼촌, 이모. 종이를 가득 채운 그 이름들 가운데 대부분은, 작고 영리한 백인 학생의 방에서 발견된 양보다 적은 양의 코카인 때문에 이미 30년 이상의 형을 선고받고 복역중이었습니다. 이어서 나는 또 포킵시에서 만난 마약 범죄로 수감된 젊은이들의 이름도 적어내려갔습니다.

잠시 후 콜에게 답장이 왔습니다. 내 연구실만이 캠퍼스에서 자신이 안전하게 느낄 수 있는 유일한 공간이라며, 앞으로도 그곳에서 계속 만나고 싶다고 했습니다.

"네가 그렇다면, 그렇게 하자." 나는 답장을 보냈습니다. 그리고 노트를 집어던지며 "망할 새끼"라고 소리쳤고, 이어 더글러스에게 문자를 보냈습니다.

나 키스야. 나 그 일 안 할 거야. 내일 여덟시에 농구할 건데 올 거면 말해. 데리러 갈 수도 있어.

휴대전화 요금을 아끼려고 사무실 전화를 써서 당신에게 전화를 걸었습니다. 새벽에 깨워서 미안하다고 말하고, 이번달에 절반, 다음달에 절반을 나누어 송금해도 괜찮을지 물었습니다.

"고맙다." 당신이 말했습니다. "내일 당장 보낼 수 있는 만큼

만이라도 보내다오. 급하니까."

나는 전화를 끊고, 열쇠를 챙겨 영문학과 휴게실로 향했습니다. 그리고 냉장고에서 동료들이 사다놓은 프레스카와 블루베리 바닐라 요거트, 그래놀라를 훔쳤습니다. 차는 학교에 두고 집까지 달려갔습니다. 팔굽혀펴기를 하고, 몸무게를 재고, 포킵시를 10킬로미터쯤 달렸습니다. 돌아와서 방문을 잠그고 다시 팔굽혀펴기를 하고, 기도를 하고, 침대에 누웠습니다. 나는 내가 아무리 살을 빼도, 작고 영리한 백인 남학생들은 언제나 덩치 크고 검은 남자들이 마지막 남은 코카인을 사라고 협박했다고 말할 권력을 가질 거라는 사실을 인정해야 했습니다. 그후, 우리 중 몇몇은 붙잡혔다 풀려나 활보하는 그들을 우리가 바라보는 모습을, 그들이 다시 우리를 바라보는 기묘한 광경을 목격하곤 했습니다. 그리고 운이 아주 좋은 몇몇은, 똑똑하지만 어딘가 망가진 듯한 어린 백인 남학생들을 가르쳐 번 돈으로 아픈 할머니의 임플란트 비용을 충당하는 행운을 얻기도 했습니다.

안전벨트

당신은 쿠바에서 배서로 오는 길이었고, 나는 매일 두 시간씩 농구를 하고, 17.7킬로미터를 달리고, 파워바 세 개를 먹고, 하루에 물을 7.5리터씩 마신 끝에 체중 74.8킬로그램까지 300그램 정도 남겨두고 있는 상태였습니다. 배서에서 맞이한 일곱번째 학기의 넷째 날, 나는 헬스장에서 중고 스테퍼*를 하나 샀습니다. 그리고 농구를 세 시간 더 하고, 조깅도 한 시간을 한 뒤, 내 좁은 아파트의 난방을 최대한 올리고 스테퍼를 탔습니다. 그 결과 마침내 체중을 75.1킬로그램까지 내렸습니다. 이는 열두 살 때 한창 체중이 늘었을 때보다 27킬로그램, 내 인생에서 가장 무거웠을 때보다 무려 69.5킬로그램이나 줄어든 수치였습니

---

* 실내에서 계단 오르기 운동을 할 수 있도록 만든 유산소 운동 기구.

다. 예전의 그 무거웠던 내 몸은 이미 과거형이었습니다. 지금의 몸은 현재형이었지요. 얼마나 더 가벼워질 수 있는지는 한계가 없었고, 앞으로는 미래형으로 살아야 한다는 사실을 알고 있었습니다.

포킵시 역으로 당신을 마중 나갔던 날, 내 체지방률은 2.5퍼센트였습니다.

지난 6년 동안 당신은 15개국이 넘는 나라를 오가며 일했습니다. 이런 출장들로 큰돈을 벌진 못했지만, 여전히 정규직 교수이자 부학장으로 일하고 있었습니다. 그런데도 당신은 그 여행들이 미시시피와 미국에서 살아가는 걸 견디게 해준다고 말했습니다. 당신은 포킵시 다운타운의 텅 빈 건물들과 오악사카 출신 이민자들과 흑인들이 거리를 걷는 모습을 보고는 내 인생 처음으로 이렇게 말했습니다. "네가 집을 떠나줘서 정말 기쁘다. 넌 쿠바를 좋아할 거야."

"미시시피랑 미국이 그렇게 싫으세요?"

"미시시피를 싫어하는 건 아니야, 키." 당신이 말했습니다. "미국도 마찬가지고. 나는 흑인들이 이 주를 더 나은 곳으로 만들기 위해 노력할 때마다 되풀이되는 반발이 싫을 뿐이야. 가끔은 미시시피가 세상에서 가장 훌륭한 사람들과 가장 끔찍한 사람들, 둘 다를 만들어낸 곳이란 생각이 들어."

"저도요. 미국 전체가 딱 그래요."

"언젠가 해외에 나가볼 생각은 있니? 네가 쿠바, 짐바브웨, 팔레스타인, 루마니아에서 내가 하는 일을 보면 정말 좋아할 것 같아서."

나는 혀를 차며 웃으며 비행기 타는 게 무서우니까 제발 내 차나 집에서는 해외라는 말은 꺼내지 말아달라고 했습니다. 당신은 웃음을 터뜨리며 정신 좀 차리라고 했습니다.

내 아파트에 온 첫날, 당신은 몇 주 전에 나를 찾아온 아버지가 당신에 대해 무슨 얘길 하더냐고 자꾸만 물었습니다. 결국 나는 거짓말로 그가 당신의 일에 대해 물었다고 말했습니다. 그러자 당신은 그가 당신을 자랑스러워하는 것 같았는지 물었고, 나는 또다시 그렇다고 거짓말했습니다.

하지만 진실은 이랬습니다. 아버지는 키 173센티미터에 몸무게 113킬로그램의 몸을 이끌고 내 연구실에 들어왔고, 눈을 감더니 "아들아, 나는 네가 너무 자랑스럽다"라고 말했지요. 내가 학생들을 만나야 한다고 하자, 그는 연구실 밖 의자에 앉아 기다렸습니다. 그는 손에 아무것도 들고 있지 않았습니다. 책도, 잡지도, 휴대전화도 없었습니다. 그저 멍하니 대기실의 텅 빈 책장들을 올려다보며 계속 미소를 짓고 있을 뿐이었습니다.

근무 시간이 끝나고, 아버지는 나와 함께 체육관에 가서 내가 트랙을 몇 킬로미터 달리며 몸을 푸는 모습을 지켜보았습니다. 그리고 내가 농구팀과 연습을 하는 동안, 아버지는 자주색 매트에 등을 기대고 바닥에 앉아 있었습니다. 20분쯤 지났을 때 아버지는 그대로 잠이 들어 있었습니다.

집으로 돌아가기 위해 차에 올랐을 때, 아버지는 안전벨트를 매지 않았습니다. 대신 조수석 창문 너머로 별들을 바라보며 다시 한번 말했습니다. "아들아, 정말 자랑스럽구나." 그러고는 함께 샐러드를 먹으러 갔습니다.

11평 남짓한 작은 아파트에 도착해, 나는 내 침대를 아버지에게 내어드렸지만, 아버지는 거절했습니다. 그러면서 또다시 대학에서 쫓겨난 뒤에도 포기하지 않고 끝까지 버틴 내가 정말 자랑스럽다고 했습니다. 무슨 이야기를 하든, 몇 분에 한 번씩 내 가슴과 팔뚝, 목, 다리를 바라보며 "키, 정말 보기 좋구나. 몸 잘 돌보고 있어서 정말 대견하다"라고 말했습니다.

아버지가 내가 몇 년 전에 들었어야 할 이야기를 들을 준비가 된 것 같다고 했을 때, 나는 당신 이야기를 할 줄 알았습니다. 그러나 아버지는 미시시피주 엔터프라이즈에서 백인 보안관이 그의 어머니, 내 친할머니 푸딩을 어렸을 때 강간한 이야기를 꺼냈습니다. 아버지는 그 보안관이 강간으로 태어난 아이를 방치한 걸로도 모자라 몇몇 백인 청소년들이 내 할아버지 톰의 밀주를 마시고 교통사고를 내자 할아버지를 밀주 제조 혐의로 2년 동안 감옥에 보냈다고 했습니다. 아버지는 강간으로 태어난 자신의 동생이 어릴 때 죽임을 당했고, 그 보안관도 누군가에게 살해당했다는 사실을 내가 알기를 바랐습니다. 그러나 아버지가 더 전하고 싶었던 것은 누가 누구를 죽였는지가 아니라, 모든 미국인들을 옥죄는 공포가, 우리 가족의 몸을 지배하고 뒤틀어버린 인종적, 젠더적 공포에 비하면 아무것도 아니라는 사실이었습니다.

"키, 이건 이론적인 게 아니야." 그날 밤 아버지가 말했습니다. "어느 것도. 그래서 내가 널 이렇게 자랑스러워하는 거야. 놈들은 네가 태어나기 전부터, 네가 양쪽 집안의 피를 물려받았다는 이유로 너를 노렸어. 네 엄마와 나는 다른 방식으로 그 공포에 맞섰지. 나는 코퍼릿 아메리카(Corporate America)*라는 조직 안에서 싸웠고, 네 엄마와 너는 교육을 통해 싸운 거야."

나는 늘 궁금했습니다. 왜 회사에 다니는 흑인 남자들은 CEO든, 청소부든, 계약직이든 상관없이 항상 자신이 다니는 회사를 "코퍼릿 아메리카"라고 부르는 걸까.

아무튼, 그날 밤 아버지가 당신을 언급한 건 그게 처음이자 마지막이었습니다. 그리고는 라스베이거스 이야기를 꺼내며, 같이 가볼 생각이 없느냐고 했습니다. 내가 당신이 보고 싶진 않은지 묻자, 그의 커다란 눈이 서서히 감기기 시작했습니다. 나는 욕실로 가서 팔굽혀펴기를 하고, 거울을 보며 주먹을 쥔 채 몇

---

* 미국의 거대 자본과 대기업들을 통칭하는 말로, 자본주의의 논리에 따라 움직이는 기업 중심 사회를 비판적으로 지칭할 때 자주 사용된다.

번 샌드백처럼 허공을 쳤고, 샤워를 했습니다. 샤워를 마치고 나왔을 때, 아버지는 두 발을 바닥에 단단히 붙인 채 몸을 앞으로 축 늘어뜨리고 있었습니다. 안경은 여전히 코에 걸려 있었고, 한쪽 주먹은 허벅지 위에서 꼭 쥔 채였고, 다른 손은 왼쪽 허벅지 밑으로 파묻혀 있었습니다.

"내가 학교 다닐 때 너 같은 선생님이 있었으면 좋았을 텐데." 크리스마스 선물로 당신이 준 다홍색 퀼트 이불을 덮어주려고 할 때, 아버지가 말했습니다. 아버지는 내가 이미 잘 알고 있는 미국 사회의 인종적 공포를 다시 확인시켜주려 포킵시에 온 게 아니었습니다. 내가 추측하고 있었던 그의 어머니와 동생에게 일어난 일을 전하려고 온 것도 아니었습니다. 그는 도망치고, 회피하고, 감추며 살아왔고, 이제는 더는 도망치고 싶지 않았던 거였습니다. 나는 그날 밤, 그가 말한 이야기를 모두 들었지만, 그의 몸이 하고 싶었던 말을 다 들은 건 아니라는 것도 알았습니다.

그날 밤 나는 몸을 구부리고 잠들어 있는 그 흑인 남자에게서, 어머니와 형제들에게 가한 아버지의 폭력에 지쳐 집에서 도망친 열 살짜리 흑인 아이를 보았고, 아버지가 밀주 판매로 번 돈을 숨긴 혐의로 기소된 열네 살짜리 흑인 아이를 보았습니다. 낮은 학점을 받은 백인 학생과 졸업생 대표의 영예를 나눠 갖도록 강요받은 열여섯 살 흑인 아이를 보았습니다. 대학을 졸업하기 위해 마리화나를 판 열아홉 살 흑인 아이를 보았습니다. 뉴 아프리카 공화국*을 자랑스럽게 대표하는 스무 살의 흑인 아이를 보았습니다. 섹스는 즐기지만 아내와 사랑에 대해 이야기하는 것을 싫어하는 스물한 살의 흑인 아이를 보았습니다. 아들과 전처에게 매주 엽서를 보내는 스물일곱 살의 흑인 아이를 보았습니다.

나는 흑인 아버지가 흑인 아들을 구원한다는 말에 그리 큰 기대를 품은 적이 없습니다. 내가 자라온 동네의 흑인 남자아이들 대부분은 집에 아버지가 함께 있었기 때문입니다. 물론, 몇몇 아버지들은 내 친구들에게 강해지는 법을 가르쳐주었습니다. 하지만 나는 친구들에게 사랑, 기쁨, 두려움을 몸으로 표현하는 법을 가르쳐준 아버지는 떠올릴 수 없습니다. 나는 아버지를 존경했지만, 내가 사랑 많은 사람이 되기 위해 아버지나 다른 남자가 내 곁에 있어야 한다고 느껴본 적은 없습니다. 사실, 내가 아버지나 다른 미국 남자와 함께 살았다면, 그들은 내가 사랑을 어떻게 표현해야 하는지 알려주기보다는, 미국적인 남자가 되는 법만 가르쳐주었을 겁니다. 나는 그런 가르침이 나를 더 건강하고, 너그럽고, 사랑 많은 사람으로 만들어주었을 것이라고는 상상할 수 없었습니다.

---

* 1968년 흑인 민족주의자들이 선포한 상징적 독립국 개념으로, 미국 남부에 흑인들의 자치국가를 세우려는 이상을 담고 있었다.

그날 밤, 내가 본 아버지는 어린 시절 거의 함께하지 못했던 아버지를 그리워하게 만들지는 않았습니다. 대신 당신이 사랑했던 그 아름다운 흑인 소년을 떠올리게 했습니다. 그리고 당신이 내내 우리집에 필요로 했던 건 다정한 배우자였지, 내게 다정한 아버지가 아니었다는 사실을 깨달았습니다. 또한 당신과 아버지는 부서졌고, 그 부서진 깊이에 대해 누구에게도 말하지 않았다는 것도 알게 되었습니다.

그리고 그 모든 것을 깨닫자, 나는 당신이 몹시 그리워졌습니다.

하지만 나는 그중 어느 것도 당신에게 말하지 않았습니다. 대신, 당신에게 왜 이제 와서 더는 잘 알지도 못하는 사람에 대해 그토록 많은 질문을 하는지 물었습니다. "같이 키운 아이가 있잖니, 키. 우리는 서로를 오래 알아왔고, 앞으로도 그럴 거야." 내가 알겠다고 하자, 당신은 아버지의 결혼과 세번째 부인에게서 낳은 어린 자녀들에 대해 물었습니다.

"다 잘 지내요." 나는 말했습니다. "그 사람 일은 다 잘돼요. 저는 질문을 안 해요. 대답도 안 듣고요."

나는 낮에 10킬로미터, 밤에도 10킬로미터씩 달리는 일과를 지켜왔지만, 당신이 포킵시에 머무는 동안에는 그럴 수 없었습니다. 당신은 내가 경찰에게 총 맞을까봐 걱정하며 자정이 넘어서 집밖으로 나가지 말라고 했습니다. 나는 낮에 달리고 밤에 또 달리는 게 학교 일로 인한 스트레스를 해소하는 방법이라고 말했습니다.

"이 일을 하면서 스트레스를 받지 않는 방법을 찾아야 해. 그 방법에 총 맞을 가능성이 포함되면 안 돼."

"밤에 뛰는 게 왜 총 맞을 가능성을 높이는 건데요?"

"제발 좀." 당신이 말했습니다. "넌 덩치 크고 검은 남자야. 밤에 뛰지 마."

나는 당신에게 물었습니다. "지금도 제가 커 보이나요? 체지방도 거의 없는걸요."

"백인들 눈에, 경찰 눈에 넌 항상 커. 아무리 말라도. 정신 차려."

당신이 떠나는 날 아침, 우리는 배서의 잔디밭에서 마지막 사진을 찍었습니다. 나는 너무 뚱뚱해 보여 사진을 찍고 싶지 않았습니다. 얼룩이 묻은 빨간 셔츠에 헐렁했으면 하고 바라던 청바지를 입고 있었습니다. 당신은 선글라스를 쓰고, 나는 고개를 젖혔습니다. 빨강, 하양, 초록, 파랑, 갈색이 섞인 그 사진은 우리가 함께 남긴 마지막 사진이 되었습니다.

당신을 역에 데려다주기 전에, 우리는 가구점에 들렀습니다. 당신은 내가 말리는 것도 듣지 않고 2,000달러짜리 거실 소파 세트를 사주었습니다. 그리고 또다시 아버지 이야기를 꺼내며 내 몸에 대해 축하해주었습니다. "그런 멋진 몸 만들려면 정말 애썼겠구나. 네 아버지 처음 만났을 때랑 똑같은 몸이야. 그때 입은 그 짧은 반바지 기억나니?"

나는 아버지의 짧은 반바지 이야기는 하고 싶지 않아 대충 둘러댔습니다. "고마워요. 뭐, 그렇네요."

"네 학생들한테 네가 어떤 마음으로 다가가는지, 난 다 알고 있어. 그건 나한테 배운 것 같아. 너랑 아이들이 서로 믿고 기대는 걸 보니 내가 한시름 놓을 수 있겠다."

나는 고개를 저었습니다. "학생들을 건강하게 사랑하는 법을 잘 모르겠는 걸요. 솔직히, 아예 모르는 것 같아요."

나흘 뒤, 당신은 전화로 보험 비급여 약값으로 2,500달러를 보내달라고 했습니다. 나는 무슨 약인지 묻지도 않았습니다. 그저 돈을 송금하고, 처음부터 원하지도 않았던 2,500달러짜리 가죽 소파 세트가 배달되기를 기다렸습니다.

그뒤 몇 달 동안 나는 강의실에서, 연구실에서, 글을 쓰고, 운동하고, 학생들을 돌보며, 당신에게 계속해서 돈을 보냈습니다. 배서에서 세 과목을 가르치던 나는 여섯 과목을 맡게 되었고, 마침내 종신 재직 심사 대상인 정규직 교수직까지 제안받았습니다. 임시 정규직이 된 지 한 달쯤 지나자, 당신은 또다시 쿠바에 가서 일을 하겠다며 떠났습니다. 가족 중 당신이 떠났다는 걸 아는 사람은 나뿐이었습니다. 당신은 할머니가 걱정할까봐 말하지 말라고 했습니다. 얼마 뒤 당신은 돌아오자마자 나에게 전화를 걸어 여행 얘기는 미뤄두고, 집의 기초가 내려앉아 벽난로가 무너져내리고 있다며 가능한 한 빨리 공사를 해야 한다고 말했습니다. 집에 다람쥐 떼가 들끓어 밤이면 부엌을 뛰어다니는 소리가 들린다고도 했습니다.

"걔들이 먹을 만한 건 아무것도 없을 텐데. 쉰 버터밀크랑 묵은 비스킷밖에 없잖아요."

"벽난로는 지금 수리중이야. 그런데 돈이 부족하네. 1,000달러만 보내줄 수 있겠니, 키? 벽난로 수리에 500, 새 보일러에 500이 필요해."

"수리하는 분이랑 통화할 수 있을까요?"

"뭐라고? 잘 안 들려."

"수리하시는 분 좀 바꿔줘요. 가격 좀 깎아볼 수 있을지도 모르니까."

뚝.

전화를 걸어도 받지 않았습니다. 나는 할머니에게 전화를 걸어, 다람쥐가 그렇게 날뛴다는데 당분간 엄마가 할머니 댁에 머물러도 되는지 물었습니다.

"다람쥐라니 무슨 소리고? 키, 무슨 다람쥐 얘기냐?"

"굴뚝이 갈라져서 집안에 다람쥐가 득실거린대요."

"아니다, 키. 어제도 잭슨에 다녀왔는데 다람쥐는커녕 아무것도 없었다. 에어컨은 고장났고, 배관도 말썽이었지만, 다람쥐 같은 건 없었어. 대체 무슨 헛소릴 하는 거냐?"

"그게 바로 제가 묻고 싶은 말이에요. 몇 주 전에 수리비 보냈는데 왜 여전히 배관이랑 에어컨이 고장인 거죠?"

"키." 할머니는 잠시 뜸을 들였습니다. "키, 잘 들어라. 그 집은 지금 무너져내리고 있다. 뭔가 좀 수상한 냄새가 나. 알겠니? 누가 내 수표책이랑 신용카드, 옷장에 숨겨둔 쌈짓돈까지 훔쳐 갔어. 그냥 모른 척하려고 했는데, 이건 너무 심하잖아."

"무슨 말씀이세요? 누가요?"

"그러니까, 그 누군가가 널 바보로 만들고 있는 거야. 하느님이 오감을 괜히 주신 게 아니지."

나는 폴더폰을 닫고 가죽 소파에 털썩 앉았습니다. 배서에서 일하는 동안 나는 당신에게 수만 달러를 보냈습니다. 집세, 자동차 수리비, 식비, 병원비까지, 때로는 당신 대신 직접 업체에 돈을 보내기도 했습니다. 어떻게 나보다 두 배는 더 버는 당신이 매달 둘째 주만 되면 왜 항상 돈이 부족했는지, 나는 묻지 않았습니다. 당신이 나를 돌봐준 만큼 나도 당신을 돕고 싶었을 뿐입니다. 하지만 나는 부자가 아니었습니다. 내가 알고 싶은 건 단 하나, 그 돈들이 정말 어디로 가고 있는가였습니다.

당신은 곧바로 마트에서 다시 전화를 걸어 당장 돈을 보내라고 했습니다. 나는 왠지 이상한 기분이 들어, 제대로 확인하기 전에는 돈을 보내지 않겠다고 말했습니다. 당신이 말한 SUV 계약금으로 모은 1만 4천 달러의 전 재산을 이미 보낸 뒤였고, 추가로 1,000달러를 보내기 전에 최소한 제대로 된 거래인지만이라도 확인하고 싶었습니다.

그러자 당신은 또 전화를 끊었습니다.

나는 몇 번이나 다시 전화를 걸었지만 당신은 받지 않았습니다. 음성사서함에 메시지를 남겼습니다. "돈은 보낼 수 있어요. 하지만 뭐에 쓰실 돈인지 알고 싶어요." 나는 할머니가 누군가에게 돈을 도둑맞았다고 했다는 말도 하지 않았고, 내가 굶주리고 있다는 말도, 교사로서 학생들을 돌보고 사랑하는 일을 혼란스럽게 받아들이고 있다는 말도 하지 않았습니다. 그저 "제발 전화 좀 해줘요"라고만 말했습니다.

나는 신발을 신고 셔츠를 벗은 채 내 몸에게 말했습니다. 오늘밤은 꼭 32킬로미터를 달릴 거라고. 하지만 내 몸은 달리고 싶어하지 않았습니다. 이미 농구를 세 시간 하고 10킬로미터를 뛴 뒤였고, 물을 원했고, 5년 만에 처음으로 푹 자고 싶었고, 천 칼로리도 채 되지 않는 음식 말고 더 먹고 싶었습니다. 하지만 나는 내 몸이 원하는 것들을 무시했습니다. 내 목표는 단 하나, 체중을 72.5킬로그램 밑으로 낮추는 것뿐이었습니다.

기어코 32킬로미터를 달리고 집에 들어왔을 때, 나는 땀으로 흠뻑 젖은 채 엔도르핀에 취해 있었습니다. 몸을 질질 끌며 체중계에 올라섰습니다. 숫자가 점점 줄어드는 게 보였습니다.

131.5

124.7

113.4

102.1

93.0

86.2

83.0

79.4

74.8

72.3

나는 아홉 살 이후 처음으로 가장 가벼운 몸무게를 기록했습니다. 당신이 전화를 했을까봐 메시지를 확인했지만, 전화는 없었습니다. 샤워를 하고 침대에 앉았습니다. 다시 일어나 당신에게 전화를 걸려 했지만, 나는 일어날 수 없었습니다. 왼쪽 다리 엉덩이부터 발끝까지 피가 끓는 듯했습니다. 물을 마시고 바닥에서 그냥 잠들면 괜찮아질 거라 생각했습니다.

세 시간 뒤 나는 깨어났습니다. 하지만 몸 상태는 여전히 바닥을 치고 있었고, 온몸의 긴장들이 서로 뒤엉켜 부딪히고 있었습니다.

그 다음날은 내가 지난 2,564일 동안 처음으로 10킬로미터도

달리지 못한 날이었습니다. 나는 한 발로 깡충깡충 뛰어 체중계까지 갔습니다. 몸무게는 74킬로그램이었습니다. 오른발만으로 1.6킬로미터를 뛰어 칼로리를 소모하려 했지만, 왼쪽 다리를 들고 버티는 것조차 견딜 수 없었습니다. 걸을 수도 없는데, 어떻게 다시 72킬로그램 이하로 내릴 수 있을지 막막했습니다. 나는 계속 당신에게 전화를 걸었지만, 당신은 끝내 받지 않았습니다.

나는 그 좁은 아파트 바닥에 누워 내 몸의 신호를 들었습니다. 왼쪽 발가락에 감각이 없었습니다. 왼쪽 고관절은 마치 불개미 떼가 파고드는 것처럼 아팠습니다. 그 목요일, 8년 만에 처음으로 몸을 탈진시켜 쓰러뜨리지 않은 날, 내 몸은 앞으로 벌어질 일을 이미 알고 있었습니다. 오직 내 몸만이 내가 무엇을 저질렀는지, 그리고 무엇을 잊고 싶어했는지를 알고 있었습니다. 나는 바닥에 무너져 있었습니다. 내 몸이 부서진 건 내가 너무 무거운 비밀들을 품고 만들었기 때문이라는 걸 알고 있었습니다.

내 몸은 앞으로 삼 주 후에도 여전히 걷지 못할 거란 걸 알고 있었습니다. 나는 걷지 못하는 벌로 내 몸을 벌주듯 치즈스틱과 허니번을 먹어댈 것을 알고 있었습니다. 그러다 결국 83킬로그램이 되면 내 몸에게 "살찐 쓰레기 같다"고 반복해 말할 것을 알고 있었습니다. 결국 병원을 찾아가, 의사가 내 몸을 다시 달리게 해주기를 바라게 될 것도 내 몸은 이미 알고 있었습니다.

내 몸은 온갖 검사를 한 후 의사가 디스크 탈출, 좌골신경통,

발목과 무릎의 다량의 흉터 조직, 반복된 골절과 염좌, 과사용으로 인한 문제 외에도 고관절이 비정상적으로 퇴행하고 있는 세포 증식이 있다고 말할 거라는 걸 알았습니다. 내 몸은 의사가 약을 처방하고 다음 진료 예약을 잡아주고, 재활치료를 권하고, 적어도 서너 달은 다리를 쓸 수 없게 될 수술이 필요하다고 말할 것도 이미 알고 있었습니다.

　내 몸은 알고 있었습니다. 내가 수술과 재활치료를 예약해놓고도 결국 둘 다 가지 않을 거란 걸. 내 몸은 내가 몇 주 동안 폭식해서 몸무게가 93.4킬로그램까지 불어날 걸 알고 있었습니다. 그리고 144.7킬로그램일 때보다 93.4킬로그램이었을 때를 더 무겁게 느낄 거라는 것도. 그리하여 마침내 93.4킬로그램이 되었을 때 내가 학교에서 맡은 일 중 수업을 제외한 모든 약속을 취소할 걸 내 몸은 알고 있었습니다. 수업에 나가면 동료 교수들과 학생들은 내가 괜찮은지 물을 것이었습니다. 내 몸은 내가 체지방률 3퍼센트였을 때, 하루에 21킬로미터를 달렸을 때, 비건 식단을 따랐을 때, 핏줄이 도드라졌고 자주 기절했던 때를 기억할 것이었습니다. 또 내 몸은 웨이트룸에서 셔츠와 신발을 벗고 몸무게를 쟀던 걸 기억할 것이었습니다. 그곳엔 겉으로 말하지는 않았지만 사람들 사이에서 거식증이나 폭식증이라고 불리던 마른 여성들이 있었습니다. 내 몸은 내가 매일 새벽 여섯 시 가장 먼저 체육관에 가고 밤 열 시에 마지막으로 나왔지만, 아무도 나를 거식증이나 폭식증이라고 부를 걱정을 한 적 없었던 것도 기억할 것이었습니다. 다른 사람들처럼 나 역시 건강해지려고 체육관에 간 게 아니었습니다. 내 몸이 어떻게 보이고, 어떻게 느껴지는지라도 스스로 통제하고 싶어서였습니다.

내 몸은 알고 있었습니다. 내 몸무게, 그 정확한 숫자가 오래 전부터 내게 감정적, 심리적, 영적인 목적지가 되어버렸다는 것을. 나는 열한 살 때부터 평생, 매일같이 내 몸무게와 통장에 정확히 얼마가 남아 있는지를 알고, 걱정하며 살아왔습니다. 몸무게는 내가 얼마나 먹었는지, 얼마나 굶었는지, 얼마나 운동했는지, 어제 얼마나 가만히 앉아 있었는지를 매일 떠올리게 했습니다. 내 몸은 내가 체지방률 2퍼센트에 72킬로그램이었을 때도 관절이 쑤시는 144.7킬로그램이었을 때보다 조금도 더 자유롭지 않았다는 걸 알고 있었습니다. 나는 내 몸이 원치 않았던 한계를 넘기는 쾌감을 사랑했지만, 실은 체중계 위 숫자를 통제하는 데 중독되어 있었습니다. 체중계의 그 숫자를 통제하는 일은, 소설이나 에세이를 쓰거나, 사랑을 느끼거나, 돈을 벌거나, 섹스를 하는 일보다도 내 몸을 덜 역겹게 느껴지게 했고, 내 안을 가장 풍요롭게 채워주었습니다. 살이 빠지면 나는 잠시나마 나를 잊을 수 있었습니다.

몸무게가 다시 90킬로그램을 넘었을 때, 나는 내 몸에 손도 대지 않았습니다. 다른 누구도 내 몸을 만지게 하고 싶지 않았습니다. 내 몸무게가 72킬로그램이었을 때 나를 알던 사람들이 90킬로그램이 넘은 지금의 나를 사랑하거나 만지고 싶어할 리 없다고 믿었습니다. 몸무게가 오를수록 나는 가르치고, 쓰고, 고쳤으며, 당신과 할머니를 피해 다녔습니다. 세상에서 유일하게 나를 건강하게 만들어주려 애썼던 당신에게조차 계속 거짓말을 했습니다. 그렇게 15년이 지나서야 나는 깨달았습니다. 동의를 구하고, 성폭력을 겪어내며, 좋은 남자라는 말을 듣고, 성관계를 먼저 시도하지 않았다고 해서 내가 감정적으로 학대하는 사람이 아닌 건 아니었다는 걸. 완전하게 이해되지 않은 동의란 무의미했습니다. 내가 평생 연인들에게 동의를 구할 때, 사실은 관계 내내 동그라미를 그냥 아주 느슨한 네모라고 설득해온 거라면 나는 정말 무엇에 대해 동의를 구했던 걸까요. 나는 살을 빼는 일에는 능숙했고, 여자가 자기가 본 것을 믿지 못하게 만드는 일에는 훨씬 더 능숙했습니다. 그 바닥에 누워 있는 동안 나는 지금껏 어떤 관계에서도 정직했던 적이 없었고, 거짓말로 채운 세월이 다른 사람들의 마음과 정신에 어떤 짐을 남겼는지조차 솔직히 말해본 적 없었다는 것을 깨달았습니다.

내가 당신과 대화하기를 멈춘 이유는 아니라고 말할 줄 몰랐기 때문입니다. 내가 예스라고 했던 모든 말이 거짓말이었기 때문입니다. 그러나 당신은 끊임없이 연락을 해왔습니다. 우리 몸과 집이 위험에 처했다고 생각할 때면 더욱 그랬습니다. 뉴올리언스에서 제방이 무너지고 카트리나가 미시시피 해안을 초토화시켰을 때, 그리고 부시 대통령이 우리가 흑인이고, 가난하며, 남부 출신이라는 이유로 외면했을 때, 당신은 94.8킬로그램의 당신 아이에게 우리 사촌들이 뉴올리언스를 무사히 빠져나와 내 방에서 자고 있다고 말했습니다. 몇 년 후, 우리는 마치 당신이 나에게 바라던 대로 걷고, 말하고, 글을 쓰는 깡마르고, 겁에 질린, 상처받은 뛰어난 흑인 남자를 만났습니다. 오바마가 미국의 대통령이 되었을 때, 당신은 106킬로그램이 넘는 당신의 아이에게 어떤 대통령이든 흑인들을 사랑하는 데는 너무 큰 대가를 치르게 될 것이라고 말했습니다. 당신은 오바마의 승리에 대한 백인들의 폭력적인 반발이 우리가 지금까지 본 적 없는 수준일 것이라고 경고했지요. 그리고 그가 당선된 대가를 지금도, 나중에도 치르게 될 거라고 당신이 거듭해서 말하는 것을 들었습니다.

몸무게가 142킬로그램이었을 때, 나는 본관의 한 회의실에서 일어난 사건을 당신에게 전했어야 했습니다. 그때 나는 그곳에서 선배 교수 한 명과 고위 행정직원 두 명과 마주앉아 있었습니다. 나는 셔츠 아래로 심장박동 이상을 측정하는 장치를 착용한 채 그 회의에 참석했습니다. 종신 재직 심사와 관련한 회의에서, 위원회는 대학 총장이 요구하지 말라고 했던 내 첫 책의 출판계약서 원본을 요청했습니다. 이후, 위원회는 그들 중 한 명과 같은 이니셜을 가진 내 동료 플로라 와들리에게 이메일을 잘못 보냈습니다. 거기에는 내가 대학원 졸업을 위조했을지도 모른다는 암시가 포함되어 있었습니다. 회의가 끝날 즈음, 백인 선배 교수는 "아프리카계 미국인들에 대한 우리 위원회의 헌신"을 운운하며, 위원회의 일부 구성원들이 나를 '사기꾼'으로 보고 있다고 말했습니다.

양쪽 눈가에 눈물이 그렁그렁할 때, 나는 두 손을 엉덩이 밑에 깔고 있었습니다. 나는 그 회의에 들어가기 전부터 이미 알고 있었습니다. 이 나라의 인종적 테러에서 가장 사악한 지점은, 그런 테러가 절대로 인종적 테러를 겪지 않을, 무능하고, 과도하게 높은 보수를 받는 백인들의 몸을 통해 승인되고, 몇몇 절박하고 박봉을 받는 흑인과 유색인종들의 몸을 통해 유지된다는 사실이었습니다. 그리고 이 회의를 마치면서, 당신만큼 일을 잘하지 못하고, 앞으로도 결코 그럴 필요가 없는, 지적으로나 상상력으로나 평범한 백인 미국인들에게 검둥이로 취급받는 것보다 더 수치스러운 일은 없다는 것을 알게 되었습니다.

그날도, 그리고 바닥에 쓰러져 당신이 전화를 받아주기만을 바라던 날도, 나는 언젠가 포킵시의 한 형사가 내게 연락해, 144.7킬로그램이 된 내 몸을 이끌고 관할서로 오라고 할 밤을 상상할 엄두조차 내지 못했을 것입니다. 그동안 내가 포킵시 경찰서를 찾은 건 학생들을 도우러 네 번, 교통 위반 범칙금을 내러 일곱 번, 모두 열한 번이었지요. 종신 재직 심사위원회의 교수 두 명과 또다른 시니어 교수 한 명이 나와 관련된 일로 인해 익명의 인종차별적, 여성혐오적, 반유대주의적 협박 편지를 받을 것입니다. 교수들은 그 편지들을 포킵시 경찰에 넘기고, 형사는 월요일 밤 열시에 나에게 경찰서로 오라고 전화로 통보할 것입니다. 나는 취조실로 걸어들어가 내게 협박 편지를 보낸 사람이 누군지 아느냐고 묻는 형사와 마주할 것입니다. 그리고 나는, 나를 정말 아끼는 사람이라면, 불명예를 안은 종신 재직 심사위원회의 교수들에게 반유대주의적이고 인종차별적이며 여성혐오적인 언어로 협박 따위는 하지 않았을 거라고 최선을 다해 설명할 것입니다.

"알겠어요. 그런데 용의자가 있어요." 그가 말할 것입니다.

"누군데요?"

"지금 여기 있잖아요." 그는 내게 거짓말탐지기 검사를 받을 의향이 있는지 물어볼 것입니다.

"지금 당장 할게요."

"정말요?"

"네." 나는 혀를 차며 말할 것입니다. "정말요."

나는 미시시피에서 온, 몸집이 큰 흑인 아이에 불과하다는 사실을 이해할 것입니다. 이는 내가 취약하다는 의미입니다. 하지만 대부분의 미시시피 출신의 뚱뚱한 흑인 소년들과 달리, 나는 남은 평생 동안 매달 꾸준한 수입이 있습니다. 내 이름 앞에는

"교수"라는 직함이 붙어 있고, 필요하다면 나를 변호해줄 수 있는, 강력한 힘을 가진 어머니와 아버지를 둔 친구들도 곁에 있습니다. 나는 내가 취약하지만 무력하지 않다는 것을 이해할 것입니다. 우리가 부유하지는 않지만, 흑인의 힘과 비슷한 어떤 것에 특별하게 접근할 수 있기 때문에 나는 무력하지 않습니다.

형사가 "난 그냥 내 일을 하고 있을 뿐이에요"라고 말할 때, 나는 우리가 이런 기묘한 '흑인의 힘' 같은 것에 접근하기 위해 무엇을 포기해야 했는지에 의문을 가질 것입니다. 형사는 나에게 더치스 카운티에 마약과 폭력이 넘쳐나는 이 상황에서, 자신이 배서대학에서 벌어진 한심한 교수들 싸움 따위에 시간을 낭비하고 싶을 것 같으냐고 물을 것입니다.

나는 그에게 배서대학에도 마약과 폭력은 들끓고 있다고 응수할 것입니다.

형사는 취조실에서 나갈 것이고, 나는 내 앞에 놓인 수갑을 바라보며 앉아 있을 것입니다. 그리고 배서대학에서 종신 재직 심사를 받는 것이 어떻게 나를 취조실에 앉아 있게 만들었는지 궁금해할 것입니다. 내가 하고 싶은 것은 오직 도망치는 것뿐일 것입니다.

내 아파트로가 아닙니다.

강의실로가 아닙니다.

내 연구실로가 아닙니다.

기만적인 섹스로가 아닙니다.

당신에게로도 아닙니다.

형사는 취조실로 돌아와 내일 거짓말탐지기 검사에 대해 연락할 계획이라고 말할 것입니다. 하지만 다음날이 와도 형사는 전화하지 않을 것입니다. 내가 그에게 전화하면, 그는 더이상 내가 검사를 받을 필요가 없다고 말할 것입니다. 그것이 실제로 편지를 보낸 사람을 찾았다는 의미인지, 아니면 고발한 교수들에 대한 협박에 더이상 자원을 낭비하고 싶지 않다는 의미인지, 아니면 형사가 처음부터 나를 일부러 자극하려 했던 것인지 나는 알 수 없을 것입니다.

어쨌든 나는 자유롭기 때문에, 수갑을 차지 않았기 때문에, 흑인의 힘과 비슷한 어떤 것에 특별하게 접근할 수 있었기 때문에 마땅히 기뻐해야 할 것입니다. 그러나 나는 배서대학에서 우수한 평가로 종신 재직권을 부여받는 달에, 내 손목에 수갑이 채워지지 않아 기뻐하는 바로 그 이유 때문에, 내가 자유롭지 않다는 것을 알게 될 것입니다.

종신 재직 심사로 취조실에 가게 되기 6년 전 그 목요일, 8년 만에 처음으로 내 몸을 극한까지 밀어붙이지 않았던 날, 내 몸은 무슨 일이 일어날지 알고 있었습니다. 내 몸만이 내가 그것을 어떻게 혹사시켰고, 무엇을 잊기를 바랐는지 알고 있었습니다.

나는 아파트 바닥에 드러누운 채, 반들반들한 갈색 가죽 소파를 바라보고 있습니다. 그리고 당신이 전화를 받아주기를 바라며 다시 전화를 걸고 있습니다. 내 인생에서 처음으로, 나는 당신에게 도움이 필요하다고 말하고 싶습니다. 그리고 묻고 싶습니다. 내가 열두 살 때, 당신이 나를 할머니 집에 데려가던 그날을 기억하느냐고. 그날, 당신이 나를 데리러 오기 전에 나는 당신의 연구실로 전화를 걸어 23분 동안이나 신호음만 듣고 있었습니다. 마침내 당신이 돌아와 나를 할머니 댁으로 데려갔지요. 당신은 할머니라면 나를 고쳐줄 수 있을 거라 믿었습니다. 우리는 아버지의 양육비가 도착하기를 기다리고 있었지만, 당신은 그 돈이 아직 오지 않았다고 했습니다. 우편배달부가 훔쳤을지도 모른다고도 했습니다.

우리는 20번 주간고속도로에서 포레스트 출구로 빠져 오른쪽으로 접어들었고, 정지 신호 앞에서 잠시 멈췄습니다. 곧장 왼쪽으로 방향을 틀어 35번 고속도로에 진입했습니다. 우리 둘 다 오른쪽을 보지 않았습니다. 마침 오른쪽에서 대형 트랙터 트레일러가 노바의 조수석 쪽으로 굉음을 내며 달려오고 있었습니다. 트럭 운전사는 경적을 요란하게 울렸고, 당신은 브레이크를 세게 밟으며, 잭슨을 떠나기 전 내게 채워준 안전벨트 위로 오른팔을 뻗어 나를 감싸안았습니다. 정작 당신은 안전벨트를 하지 않아 가슴으로 운전대를 정통으로 받아냈습니다. 그때 나는 당신보다 10센티미터나 더 크고, 최소 13킬로그램은 더 무거웠지만, 당신을 지키려 하지 않았습니다. 대신 당신에게 괜찮은지 먼저 묻고 나서야 몸을 기울여 당신 쪽으로 안전벨트를 채워주었습니다. 그리고 우리는 올드 모튼 로드를 따라 할머니 댁으로 향했습니다. 그 길 위에서 당신은 나에게 사랑한다고 말했습니다. 나도 당신에게 사랑한다고 말했습니다. 서로 다른 의미였겠지만, 그 말에는 분명 사랑이 담겨 있었습니다.

"또 저예요." 나는 거실 바닥에 붙어 당신의 음성 사서함에 속삭이고 있습니다. 발가벗은 채 왼손으로 엉덩이를 감싸쥐고, 오른손에는 폴더폰을 들고 있습니다. "괜찮은지 알 수 있게 전화 좀 해줘요. 전화할 준비가 되면 저는 여기서 기다리고 있을게요. 돈이 어디로 갔는지는 묻지 않을게요. 그런데 제 몸이 뭔가 이상해요. 도와줄 수 있어요?"

약속들

당신은 코네티컷의 한 슬롯머신 앞에 앉아 있었고, 양어깨 너머로 불안한 듯 주위를 살피고 있었습니다. 나는 그로부터 5미터쯤 뒤에서, 플로라 와들리의 아파트에서 훔친 10달러를 뒷주머니에 넣은 채 숨죽이고 있었습니다. 내 몸무게가 얼마인지조차알지 못했습니다만, 145킬로그램을 훨씬 넘겼거나 75킬로그램을 훨씬 밑돌았다는 것만은 확실했습니다.

우리 둘 다 집에서 아주 먼 곳에 와 있었습니다. 당신은 잭슨 주립대를 그만두고, 포킵시에서 세 시간 반, 카지노에서 한 시간반 떨어진 곳으로 이사했습니다. 매주 주말이면 당신은 나에게 보러 오라고 했고, 나는 매번 거절했습니다. 나는 이미 4년 전부터 당신이 내게 말한 대로 내 돈을 쓰지 않고 있다는 걸 알고 있었습니다. 그런데도 당신 곁에 있으면, 당신이 원하는 건 뭐든 다

내어주게 될까 두려웠습니다. 당신을 벌주려는 마음은 아니었습니다. 다만 더는 나 자신에게 상처를 주고 싶지 않았을 뿐입니다. 나는 단 한 번도 당신을 찾아간 적 없지만, 그 카지노에서 당신을 수없이 마주쳤습니다. 처음 라스베이거스에서 당신이 돈을 따는 모습을 보았을 때처럼, 또 필라델피아, 미시시피에서 처음 당신이 돈을 잃을 때의 모습을 봤을 때처럼, 언제나 같은 슬롯머신 앞에서 당신은 늘 좌우를 두리번거리며 불안하게 앉아 있었습니다. 나는 말없이 고개를 저었고, 나보다 당신이 더 깊은 중독의 늪에 빠져 있다는 사실에 안도했습니다. 혹시 나를 본 적 없나요? 카지노 안을 절뚝거리며 돌아다니던 내 모습을. 나에게 집으로 돌아오라고 말하고 싶은 적은 없었나요?

배서에서 10년 넘게 반복된 이기고 지는 일의 공허함을 더이상 견디기 힘들어졌을 때, 그리고 내 몸이 더는 그렇게 심하게, 멀리 밀어붙이는 걸 허락하지 않게 되었을 때, 나는 지친 카지노 딜러들의 시선에 빠져들었습니다. 그들은 나를 연민하고, 툭툭 건드리고, 마침내는 미워했습니다.

언제나 그 순서대로였습니다.

블랙잭 테이블에서 가진 돈을 거의 다 잃고 나면, 나는 늘 슬롯머신 앞에 앉았습니다. 양어깨 너머로 나를 바라보는 사람들을 계속 힐긋거리며, 나를 털어가도록 프로그램된 매혹적인 기계들에게 기도하는 기분이었습니다. 슬롯머신은 보너스, 대박,

잭팟, 잦은 당첨이라는 언어로 내게 반짝이는 약속을 속삭였습니다. 그것이 그 약속을 지켜주면 사랑했고, 지켜주지 않으면 증오했습니다.

나는 내가 돈을 땄을 때, 낯선 사람들의 입가에 비뚤어진 미소가 걸리는 모습을 보았습니다. 내가 돈을 잃었을 때도 그들의 입가엔 똑같이 비뚤어진 미소가 걸렸습니다. 당신이 그러하듯, 나 역시 어떻게 이겨야 하는지 몰랐습니다. 사실 애초에 돈을 따려고 카지노에 온 건지도 확신할 수 없었습니다. 내가 '카지노 친구들'이라 부르는 사람들과 나눈 대화라곤 기껏해야 "땄어요, 잃었어요?"가 전부였습니다. 그들은 내 이름을 몰랐고, 나도 그들의 이름을 몰랐습니다. 다만 그들은 내가 자기혐오를 느낄 때 몸을 어떻게 움츠리는지를 알고 있었고, 나 역시 그들에 대해 똑같은 것을 알고 있었습니다. "나는 슬프고, 외롭고, 지는 데 중독되어서 여기에 있어요." 그 누구도 카지노 친구들 사이에서 그런 말은 입 밖에 낸 적이 없었습니다.

나는 계속해서 카지노로 발길을 두었습니다. 이겼을 때 느끼는 공허함보다 졌을 때 느끼는 공허함이 더 크고 무거웠기 때문입니다. 애초에 돈이 충분하지 않으면 절대 그만둘 만큼 돈을 딸 수 없고, 만일 돈을 딴다면 더 따기 위해 다시 올 수밖에 없었습니다. 그리고 다시 오면, 언젠가는 반드시 잃게 되어 있었습니다. 그럴 때면 이겼던 순간의 쾌감만 아른거렸습니다. 어쩔 수 없이 나는 언제나 겉으로는 이기기 위해 다시 왔지만, 속으로는 나 자신을 해치기 위해 다시 온 거였습니다. 그럼에도 금속 탐지기도 없고, 술은 공짜이며, 돈이 쓸려나가듯 사라지고, 대부분의 사람들이 돈을 잃고 마는 이곳에서 나는 왜 눈에 띄는 폭력이 별로 없는지 늘 의아했습니다.

플로라 와들리는 나를 만나기 전까지 카지노에 발을 들여본적이 없었습니다. 그녀는 내가 시간강사로 일한 지 4년이 되었을 때, 배서대학에 조교수로 왔습니다. 플로라는 영리하고 대담했습니다. 그녀는 모이샤, 더 파커스, 걸프렌즈, 제인 오스틴, 조라 닐 허스턴, 〈젬과 홀로그램 밴드〉*를 여전히 사랑할 줄 아는 사람이었습니다. 하지만 그녀는 블랙 홀로그램 멤버가 되고 싶어하지는 않았습니다. 그녀는 블랙 젬이 되고 싶어했습니다. 나처럼 그녀도 젊은 흑인 싱글맘 밑에서 자랐고, 나처럼 학교를 좋아했습니다. 하지만 나와 달리, 그녀는 열 살 때 어머니를 잃었습니다. 어느 날 아침, 플로라는 코네티컷주 하트퍼드에 있는 초등학교에 갔습니다. 카지노에서 약 60킬로미터 떨어진 곳이었습니다. 정오가 조금 못 된 시각, 누군가 교실로 찾아와 그녀의 어머니가 세상을 떠났다고 말했습니다. 그날 이후, 플로라는 사랑하

---

* 1980년대에 방영된 애니메이션 시리즈. 주인공 제리카 벤턴은 젬으로 변신해 활동하는 팝 스타이고, 홀로그램 밴드는 그녀의 밴드 멤버들이다. 젬은 매력적인 리더로, 홀로그램은 그녀를 지원하는 중요한 역할을 한다.

는 사람들은 영원히 곁에 머물 수 없다는 것을 알게 되었습니다. 그래서 언제나 떠날 준비를 하며 살았습니다. 그러면, 적어도 상처가 덜했기 때문입니다. 플로라는 이기기를 바라지 않았지만, 내가 그녀를 알았던 모든 순간 동안 지는 것이 덜 아프도록 애썼습니다.

플로라와 처음 카지노에 갔을 때, 그건 일을 피하고 싶어서라기보다는 반짝이는 공간 어딘가에서 손을 잡고 있고 싶어서였습니다. 우리는 서로에게 지옥을 겪게 했고, 그 관계에 더 많은 시간과 에너지를 쏟을 만한 가치가 있는지를 진심으로 확인해보려 하고 있었습니다. 호텔은 공짜였습니다. 슬롯머신 이용권도 공짜였습니다. 우리 돈은 한 푼도 쓰지 않았고, 우리는 기분 좋게 집으로 돌아왔습니다.

하지만 종신 재직 심사, 건강, 책 계약, 일, 가족에 대한 스트레스가 쌓이면서, 우리 사이에 거짓말도 점점 늘어갔습니다. 우리는 배서를 떠나는 것만이 거짓말에서 벗어나는 길이라고 믿었습니다. 대신 우리는 캠퍼스 내 기숙사 아파트로 이사했습니다. 학생들에게 교수로서의 돌봄과 지지를 제공해야 하는, 늘 손 닿는 거리에 있어야 하는 공간이었습니다. 플로라는 기숙사 한쪽에, 나는 다른 한쪽에 살았습니다. 우리는 집세도, 공과금도, 식비도 내지 않아도 됐습니다. 우리 인생에서 처음으로, 우리가 번 돈이 온전히 우리 것이 되었고, 학자금 대출도, 모든 빚도 갚을 수 있게 되었습니다. 하지만 일터에서 자고 일어나는 데에 대가가 따를 거라고는 전혀 예상하지 못했습니다.

어느 날, 플로라의 생일에 나는 '진짜 도박'을 해보기로 마음 먹었습니다. 그 말은 300달러를 써도 된다고 결심했다는 뜻이었습니다. 얼마 지나지 않아 그 300달러는 600달러가 되었습니다. 그리고 그 600달러는 서서히 사라져갔습니다. 플로라는 마지막으로 남은 75달러짜리 바우처를 한 기계에 넣고, 버튼 '3'을 눌렀습니다. 그녀는 3달러를 건 줄 알았지만 그 기계는 한 판에 25달러가 걸리는 고액 머신이었고, 그녀의 75달러짜리 베팅은 뜻밖에 6,700달러를 안겨주었습니다.

우리는 부자가 된 줄 알았습니다.

그날 밤 늦게 우리는 또 4,000달러를 더 땄고, 결국 카지노를 나설 때는 처음보다 1만 2천 달러를 벌었습니다. 나는 그중 큰 몫을 당신과 할머니에게 보냈습니다. 플로라는 자기 몫으로 신용카드 빚과 학자금 대출을 갚았습니다. 그리고 나는 거의 매주 주말마다 다시 갔습니다. 다시 1만 2천 달러를 따기 위해서였습니다. 한 번은 1만 4천 달러를 땄고, 또 한 번은 6,000달러를 땄습니다.

그러다 어느 일요일, 나는 가지고 간 돈을 모조리 잃었습니다. 그리고 돈을 더 찾아왔지만 그것마저도 잃었습니다. 그러고는 자정까지 기다렸다가 또 돈을 뽑을 수 있도록, '공짜' 호텔방을 받았습니다.

그리고 또 잃었습니다.

나는 모든 저축을 날리고 집으로 돌아왔습니다. 카지노가 미웠고, 말리지 않은 플로라도 미웠습니다. 다시는 가지 말아야겠다고 마음먹을 때마다, 카지노는 공짜 슬롯 이용권, 콘서트 티켓, 공짜 방 같은 것으로 내 몸을 다시 불러들였습니다. 무언가를 줄 때마다 나는 갔습니다. 그리고 또 잃었습니다. 잃을 때마다, 그래도 뭔가는 가지고 나가고 싶어서, 내가 돈을 잃으며 쌓아온 '포인트'나 무료 혜택 등을 썼습니다. 그렇게 나는 카지노에서 공짜로 받은 8,000달러어치 푸마 운동화, 3,000달러짜리 드레스, 1,400달러짜리 티셔츠를 챙겼고, 2,000달러짜리 좌석에서 비욘세, 카니예, 지가, 샤데이, 프린스, 자넬 모네 공연을 보았습니다.

카지노에 도착하면 공짜로 나오는 카지노 베지버거, 카지노 그릴드 치즈 샌드위치, 카지노 감자튀김, 카지노 어니언링, 카지노 셰이크를 먹었습니다. 나중에는 멕시코 음식이나 이탈리아 음식도 공짜로 즐겼습니다. 그날 밤 돈을 모두 잃고 나서는 룸서비스로 카지노 오믈렛과 카지노 팬케이크를 시켜서 먹었고, 수즈 오먼 프로그램*을 보다가 잠들었습니다. 이렇게 사는 것이, 내

---

* 개인 재정 컨설턴트 수즈 오먼이 진행하는 방송 프로그램. 예산 관리, 부채 상환, 투자 전략, 보험 선택, 은퇴 계획 등 다양한 재정 주제를 다룬다.

가 가진 모든 저축을 날리고도 매주 주말마다 플로라를 끌고 가려 했던 생활이었습니다. 플로라는 대부분 거절했지만, 세 번은 승낙했습니다. 나는 가진 돈을 모조리 잃든, 상상도 못한 큰돈을 따든, 항상 똑같았습니다. 굶고 운동하던 시절처럼 똑같이 격렬하게 카지노 음식을 먹으며 나 자신을 벌주었습니다. 한번은 당신이 슬롯머신에 마지막 남은 돈을 넣는 모습을 바라보다가, 당신이 지갑에서 핸드폰을 꺼내 문자를 보내는 것을 보았습니다. 그리고 잠시 뒤 내게 이런 문자가 도착했지요.

네가 정말 자랑스럽다. 네가 해낸 모든 일들이 자랑스럽구나. 그 끔찍한 사람들이 너에게 온갖 것들을 던졌지만, 그들은 네가 항상 종신 교수직보다 더 큰 비상을 하고 있다는 것을 절대 깨닫지 못했어. 그들을 용서해줘, 아들아. 그들은 자신들이 무엇을 하는지 몰라. 쓰레기를 치우는 것은 우리 일이 아니었어. 그런 쓰레기는 저절로 치워지기 마련이야. 우리 가족 모두 네가 거기 혼자 있는 것을 안타까워하고 있어. 너의 관대함에 고맙고, 네 삶에 많은 사랑과 기쁨이 있기를 기원하며 건강하길 바란다. 하느님의 자비가 함께하길.

나는 그 문자를 읽고 깨달았습니다. 우리가 함께 살던 집에서 무려 2,300킬로미터나 떨어진 카지노에서 서로를 보고도, 둘 다 "안녕" "보고 싶어" "그만하자" "집에 가자" 같은 말조차 하지 못했다는 사실보다 더 슬픈 일은 없었습니다.

나는 카지노를 떠나는 대신, 한국계 미국인 의사 옆에 앉았습니다. 그녀는 집도, 차도, 자녀들의 학비도 모두 잃었다고 말했습니다. 도박중독자 모임에 두 번이나 갔었고, 카지노 딜러로 일하면서라도 도박판 주변에 있으려 했다고 했습니다. 돈을 많이 모았지만, 결국 또 모두 잃었다고 했습니다. 나는 그녀에게 내 지갑에 남은 마지막 100달러를 건넸습니다. 그녀는 이 돈을 챙겨집으로 가겠다고 약속했습니다. 나는 그녀가 거짓말을 한다는 걸 알았습니다. 그녀가 떠난 후, 백인 남자가 그녀가 앉았던 자리에 앉았습니다. 그리고 잭팟을 터뜨렸습니다. 그가 당첨금 지급을 기다리며 말했습니다. "미국인들이 이런 슬롯머신 먼저 쓰게 해줘야 하는 거 아니야? 아시아 애들이 카지노를 다 접수해버렸잖아. 잭팟도 지들이 죄다 가져가고."

"내 좆이니 먹어라." 나는 그 백인 남자에게 말했습니다. 그러고는 구질구질한 몸뚱이를 이끌고 카지노를 빠져나왔습니다.

당신을 마지막으로 본 날은, 플로라 와들리와 코네티컷 카지노에 간 마지막 전날이었습니다. 집으로 돌아오는 길, 플로라는 우리 사이의 문제는 카지노라고 말했습니다.

나는 우리 사이의 문제는 우리라고 대답했습니다.

플로라는, 설령 문제의 근원이 우리 자신이라 해도, 카지노만 안 가도 돈을 모아서 주말마다 다른 데 여행 다니며 재밌게 살 수 있을 거라고 했습니다.

나는 차라리 왜 우리가 처음부터 카지노에 가고 싶어했는지, 그 마음부터 들여다봐야 여행도 제대로 즐길 수 있을 거라고 대꾸했습니다. 그러자 플로라는, 그런 트라우마 얘기를 꺼내는 것 자체가 이미 자기에게는 어머니와 할머니의 죽음을 다시 꺼내는 일이라 괴롭다고 했습니다.

나는 그냥, 알겠다고 말했습니다.

플로라는 우리가 할 수 있는 선택이, 서로에게 상처만 주며 집에 있거나, 두 시간 운전해서 또 상처받고 거지꼴이 되는 것 말고도 있어야 하지 않겠냐고 말했습니다.

나는 알겠다고 말했습니다.

플로라는 상담을 받아보자고 했습니다.

나는 알겠다고 했습니다.

우리가 한번 상담을 받으러 갔을 때, 나는 카지노에 대해 말하지 않았습니다. 당신에 대해서도 말하지 않았습니다. 내 거짓말, 내 기억, 실패한 관계들, 내 몸에 대해서도 말하지 않았습니다. 나는 플로라에 대해 이야기했습니다. 그리고 플로라도 플로라에 대해 이야기했습니다. 상담사 역시 플로라에 대해 이야기했습니다. 우리는 플로라의 결핍감을 극복하기 위한 관계 과제를 받았습니다. 나는 그 과제를 다음날 쓰레기통에 버렸습니다. 플로라도 며칠 뒤 똑같이 버렸습니다.

나는 매달 25일에 월급을 받았습니다. 월급의 5분의 1을 할머니에게 보내고, 나머지는 그 달 30일이 되기도 전에 카지노에서 다 써버렸습니다. 돈이 떨어지면 급전 대출을 받았습니다. 플로라는 내가 뭘 하고 있는지 전혀 몰랐습니다. 나는 매달 15일에 1,300달러짜리 대출을 받았고, 월급날이면 그 대가로 2,100달러를 통장에서 빼앗겼습니다. 나는 내 트럭을 1만 6천에 팔았고, 그 돈을 단 하나도 남김없이 주말 동안 도박으로 날렸습니다. 월급을 받으면 차를 빌려 타고 두 시간 반을 달려가 월급 전부를 카지노에 쏟아부었습니다. 트럭을 말아먹은 몇 달 후, 나는 거실 가죽 소파 세트를 처음 산 가격보다 2,000달러나 싸게 팔고, 그 500달러마저도 3분도 안 돼서 다 잃었습니다. 나는 새로운 종류의 병에 걸려 있었습니다. 아니, 오래된 병에 다시 걸려 있었습니다. 도망칠 수는 없었지만 도박은 할 수 있었습니다.

그리고 약속도 할 수 있었습니다.

경찰이 나에게 거짓말 탐지기 검사를 받으라고 한 바로 그 주 토요일, 나는 플로라에게 카지노에 데려다달라고 애원했습니다. 플로라는 내게 약속하라고 했습니다. 돈을 전부 잃지는 않겠다고.

나는 약속했습니다.

그리고 카지노에 도착한 지 반시간 만에 월급 전부를 잃었습니다. 집으로 돌아가기 전에, 우리는 플로라의 기아 자동차 뒷

좌석에서 긁지 않은 즉석 복권 하나를 발견했습니다. 당첨금은 5달러였습니다. 우리는 그 돈을 들고 다시 카지노로 갔습니다. 그 5달러가 10달러가 되었고, 100달러가 되었고, 1,200달러가 되었고, 3,600달러가 되었습니다. 그날 밤, 우리는 카지노에서 잠자리에 들며 끝내 인내가 보답받았다고 기뻐했습니다. 하지만 서로를 만지거나 함께 카지노를 떠날 만큼 기쁘지는 않았습니다.

그 다음날 아침, 일요일에 일어나 다시 도박을 시작했습니다. 정신을 차려보니 1만 달러가 넘는 돈을 손에 쥐고 있었습니다. 그쯤 되자 우리 둘 다 알게 되었습니다. 이 세상에 뛰어난 도박꾼 같은 건 없다는 걸. 올라갔을 때 떠나고 다시는 돌아오지 않는 사람과, 그렇지 못한 사람이 있을 뿐이라는 걸.

우리는 그날, 올라갔을 때 떠나고 다시는 돌아오지 않는 사람이 되기로 했습니다. 나는 위장 무늬 카고 반바지 주머니에 1만 달러를 넣고 플로라의 기아 차를 타고 집으로 향했습니다. 카지노에서 1킬로미터쯤 떨어졌을 때, 배서 바로 건너편의 비좁은 아파트에 갇혀 지내야 할 생각에, 나는 플로라에게 내가 다시 한번 딸 수 있을 것 같냐고 물었습니다.

플로라는 말했습니다.

"지금 물올랐잖아."

"내가 물올랐다고?"

"그래, 물올랐어."

우리는 차를 돌려 다시 카지노로 향했습니다. 당신도 거기 있었습니다. 나는 당신에게 같이 집에 가자고 말했어야 했습니다.

그리고 딱 한 시간 만에, 그 1만 달러를 모조리 잃었습니다.

나는 더이상 물오르지 않았습니다.

집에 돌아와 플로라에게 미안하다고 말했습니다. 내 엉망진창에 그녀를 끌어들인 것이 미안했습니다. 그녀는 나에게 다시는 그 카지노에 발도 들이지 않겠다고 약속해달라고 했습니다.

나는 약속했습니다.

미안하다고 말했습니다.

우리는 서로를 안았습니다.

우리는 울었습니다.

우리는 서로의 뺨을 닦아주었습니다.

나는 플로라의 연구실에 들어가 책들 사이에 숨겨져 있던 10달러를 몰래 꺼냈습니다. 그러곤 플로라에게 머리 식힐 겸 기아 타고 포킵시나 좀 돌다 오겠다고 말했습니다. 플로라가 그러라고 하자 나는 그대로 차를 몰아 타코닉 고속도로를 탔습니다. 이어 84번 주간 고속도로로 갈아타고, 다시 카지노로 달렸습니다.

나는 당신에게 문자를 보내 카지노에서 만날 수 있겠냐고 물었습니다. 하지만 내가 도움을 필요로 한다는 말도, 무섭다는 말도 하지 않았습니다. 당신과 같은 방에서 밤을 지낸 건 30년 전이 마지막이었습니다. 당신을 찾아간 것도 거의 6년 만이었습니다. 그때쯤 나는 내 몸무게조차 알지 못했습니다.

나는 주머니에 10달러를 넣고, 구겨진 위장 무늬 반바지에 얇은 3XL 검은색 후디를 입고, 양말도 신지 않은 채 검은색 아디다스를 신고 카지노 안으로 들어섰습니다. 당신이 이 차림을 싫어할 거라는 건 이미 알고 있었습니다. 사실 그래서 지난 4년 동안 수업할 때도 매일 이 옷만 입었습니다.

나는 카지노 플로어에 들어서자마자, 당신이 도착하기 전에 이 10달러를 몇백 달러로 불릴 요량으로 걸어보려 했습니다. 그런데 당신이 당신이 좋아하던 슬롯머신 앞에 앉아 있는 게 보였습니다. 당신은 내가 보고 있는 걸 몰랐습니다. 나는 카지노 위층으로 올라갔습니다. VIP라고 불리는 단골 손님에게 주어지는 공짜 호텔방을 예약해두었기 때문입니다. 나는 생각했습니다. 이 카지노에서 'VIP'라 불리는 사람들 중 나처럼 가진 게 훔친 10달러뿐인 사람이 몇이나 될까.

방에 들어가 나는 두 개의 퀸사이즈 침대 사이, 두 개의 작은 생수병 사이, 거대한 텔레비전과 커다란 창 사이, 그리고 창 너머 인공호수와 나 사이에 있는 공간을 가만히 바라보았습니다.

너는 30분 전에 도착했어야 해. 나는 혼잣말을 했습니다. 이제껏 한 번도 해본 적 없는 솔직한 대화를 눈앞에 두고 있다는 생각에, 갑자기 배가 아팠습니다. 나는 방을 나와 복도를 반쯤 걸어가다가, 당신에게 다시 전화를 걸어 오지 말라고 말하려 했습니다. 그런데 당신이 얇은 노란색 꽃무늬 스카프를 두르고, 팔에 하얀 비닐봉지를 들고 내 쪽으로 걸어오고 있었습니다. "모자 가져왔어." 당신은 그렇게 말하며 내 목을 껴안았습니다. 당신에게선 담배 냄새, 검은 비누 냄새, 진한 헤어 그리스 냄새가 났습니다. 나는 밑에서 도박하고 있었냐고 물었습니다. "네가 크리스마스에 선물한 모자 예쁘다고 했잖니. 싸우자는 거 아냐, 키." 당신은 내 질문을 무시한 채 말했습니다. "운동 완전히 끊었지? 이미 무거운 몸에 살까지 찌면 재앙이야."

나는 내 몸에 대한 당신의 말을 무시한 채 내가 미시시피로 이사 간다면 어떨 것 같은지 물었습니다.

"직장 없이 돌아간다고? 배서에서 잘렸니? 왜 그렇게 힘겹게 버텨놓고 다시 미시시피로 돌아가려고 해? 그러지 않겠다고 약속해줘. 그리고 솔직히 말해줄래? 왜 그렇게 살이 쪘어?"

나는 당신에게 약속했습니다. 그리고 몸에 대한 질문은 무시했습니다. 당신은 한 치의 망설임도 없이 이어 말했습니다. "하나만 물어도 될까?"

"질문해도 된다는 거 아시잖아요."

"나, 사람들한테 깔보듯 말하는 것 같아? 새 직장 동료 중 한 여자가 나한테 그러더라. 사무실에 있는 다른 여자들도 나 때문에 위축된다고. 다들 진보적인 백인 여자들이라 그런 줄 알았지.

내가 그런 사람인 줄 정말 몰랐어."

"제가 몇 년 동안 계속 말해왔잖아요."

"내가 사람들한테 그렇게 보인다는 걸 전혀 몰랐어. 그건 정말 끔찍한 거야. 키, 너 나한테 무슨 말 하고 싶은 거지?"

"그냥…… 왜 그랬는지 알고 싶어서요."

"왜 뭐가?"

"왜 그랬냐고요."

나는 침대 끝에, 당신은 책상에 앉았습니다. 우리는 몇 분 동안 말없이 서로를 바라봤습니다. 당신은 내가 당신을 탓하고 있다고 생각하는 것 같았는데, 나는 아니었습니다. 당신을 탓하려면 내가 얼마나 슬펐는지, 얼마나 많이 실패했는지를 먼저 인정해야 할 것 같았습니다.

"이건 변명이 아니야." 당신은 일어나 내 손을 잡았습니다. "내가 지금 너만 했을 때, 나는 열다섯 살짜리 흑인 아이를 키우고 있었어. 지금 네가 겪고 있는 이 모든 일을, 열다섯 살 흑인 아이와 함께 미시시피 잭슨에서 겪는다고 상상해봐."

"못하겠어요." 내가 대답했습니다. "상상할 수도 없어요."

"네가 일찍 죽거나 감옥에 갈까봐 늘 걱정했어. 넌 고집 센 아이였으니까. 난 여전히 그게 두려워. 네가 다시 살이 찐 데에는 그런 이유도 있을 거야. 솔직히 말하면, 나는 널 어떻게 지켜야 할지 몰랐어."

"근데 왜요?"

"왜라니?"

"그냥, 왜요?" 나는 물었습니다.

"우린 한 번도 진실을 말한 적이 없었잖니, 키." 당신이 말했습니다. "우리 가족 중에 진실을 말한 사람은 아무도 없었어."

"전 진실을 말했어요."

"맬러카이와의 일 때문에 나를 원망하기 전까지는?"

"그게 아니에요."

"그게 맞아." 당신이 단호하게 말했습니다. "넌 나한테 진실을 말하지 않았어, 키. 말해봐."

"무슨 진실이요?"

"무엇이든. 네 몸이 왜 그렇게 다시 또 불었는지, 네 연애에 대해서도, 네 직장에 대해서도 넌 나한테 진실을 말한 적이 없어. 넌 네가 그걸 나를 벌주려고 숨겼다고 생각해. 우리가 전화로 얘기할 때마다 넌 목소리를 높였고, 감정 조절도 안 됐어. 솔직히 말하면, 난 그게 학대처럼 느껴졌어."

나는 당신을 바라보며 당신이 더 말을 이어가길 기다렸습니다. 하지만 당신이 더이상 아무 말도 하지 않자, 나는 거짓말을 해서 미안하다고 말했습니다. 어떻게 말해야 할지 몰라서, 나 자신도 진실이 뭔지 잘 몰라서, 또 당신이 진실을 감당할 수 없을 것 같아서 나는 때때로 거짓말을 했습니다. 그리고 매번 거짓말을 할 때마다 당신을 통제하고 싶었습니다. 우리에 대한 당신의 기억을, 나에 대한 당신의 시선을 내 마음대로 바꾸고 싶었습니다. 나는 정서적으로 학대하는 것에 대해, 폭식했던 일에 대해, 굶었던 일에 대해, 돈을 다 탕진하며 도박을 했던 일에 대해, 그리고 세상에서 사라지고 싶었던 일에 대해 말하는 것이 두려웠습니다. 뷰라 보퍼드의 집에서 보낸 날들에 대해, 잭슨에 있는 당신 집 침실에서 내 몸이 느낀 것들에 대해 당신에게 이야기하지 않았습니다. 내가 정말로 나 자신을, 그리고 내가 누구이고, 무엇을 했고, 어디에 있었는지를 더 보여준다면 당신이 나를 사랑할 수 없을 거라고 생각했기 때문입니다.

그래서 결국 나는 우리가 늘 해왔던 대로 했습니다.

나는 백인들이 나를 어떻게 대했는지는 당신에게 솔직히 말했지만, 그 대우를 견디는 동안 내가 나 자신과 가까운 사람들을 어떻게 대했는지는 정직하게 말하지 않았습니다.

당신이 내 목을 껴안고, 미안하다고, 취조실에서 경찰들이 나에게 뭘 했는지 묻기 시작했을 때, 나는 옆방 사람들에게 들릴 정도로 큰 소리로 "잠깐만요. 그러니까 제가 엄마를 학대했다고요?"라고 물었습니다.

"그랬던 것 같아."

"내가 거짓말한 게 엄마를 학대한 거예요? 그럼 엄마도 절 학대한 거네요?"

당신은 자리에서 일어나 문 쪽으로 걸어가며 말했습니다. "넌 외롭다는 느낌을 받은 적 있니? 나는 이 세상을 내면의 상처를 드러내고 살아가는 것 같은 기분이 들어, 키. 이미 마음이 열려 있을 때 더 열기란 어려워. 사람들은 절대 지치지 않고 그 더러운 손을 내 내면의 상처에 찔러 넣으려 해."

"이해해요." 내가 말했습니다. "그런데 지금은 제가 엄마를 학대했는지 묻고 있잖아요. 제가 어떻게 엄마의 상처에 손을 댔어요? 어떻게 엄마를 학대했어요?"

"너도 그 상처에서 온 거야, 키. 나는 네가 상처 그 자체라고 생각해. 네가 날 사랑하는 건 알아. 하지만 넌 우리를 사랑하지 않는 사람들에게 너무 많은 걸 공유하고 있는 것 같아. 너무 많은 손을 그 깊은 상처 안으로 들여보내. 내가 너한테 말하고 싶은 것 중에는 백인들한테 들려주고 싶지 않은 말들이 있어. 나도 감정이 있어, 키, 감정도 있고 직업도 있어. 너 아닌 척하지만 너도 그래. 그러니 훨씬 더 조심해야 해. 백인들은 우리 상처에 더러운 손을 집어넣을 자격이 없어. 그들에게서 숨는 것, 그리고 탁월해지는 것만이 여기서 우리가 살아남을 수 있는 유일한 방법이야."

나는 자기 자신을 보지 못하는 사람들한테서 도망치는 게 치명적인 결과를 가져올 수 있다고 말했습니다. 그러자 당신은 그런 사람들 앞에 괜히 스스로를 열어놓는 게 더 치명적인 결과를 가져온다고 했습니다. 나는 왜 우리가 이 방에 없는 사람들에 대해 계속 이야기하고 있는지 물었습니다.

"왜냐하면 그들이 듣고 있으니까, 키." 당신이 말했습니다. "그들은 네가 쓰는 모든 글을 읽고, 네가 뭘 입는지도 보고 있어. 계속 너를 지켜보고 있어. 넌 백인들이 너를 깎아내리기 쉽게 만들고 있어. 너는 진심으로 자유롭다고 믿는 것 같구나. 그게 너의 가장 사랑스러운 점 중 하나지. 그런데 그들이 매번 네가 진짜 어떤 사람인지 상기시켜줄 때마다 너는 무너지고, 그 무너진 걸 감추기 위해 또 거짓말을 하잖아. 나는 그저 네가 스스로를 보호하길 바랄 뿐이야."

"누가로부터 저를 보호하라는 거예요?"

"'누가로부터'가 아니라 '누구에게서'라고 해야지. 난 여전히 널 그 사람들에게서, 이 세상에게서 너를 지켜주려고 하고 있어. 하지만 난 실패했어."

나는 결코 무너지지 않았다고 말했고, 내가 나 자신을 당신으로부터도 지켜야 했던 거냐고 물었습니다.

"넌 이미 나로부터도 스스로를 보호했잖니." 당신은 그렇게 말하며 다시 한번 문 쪽으로 시선을 돌렸습니다.

"왜 하나뿐인 아들이 나를 보러 오지 않는지, 전화를 해도 안 받고, 이메일에도 답이 없는지 사람들이 물어볼 때 내가 어떤 기분인지 너는 알아?"

"아뇨," 내가 말했습니다. "전 그런 걸 겪어본 적이 없어요."

"키." 당신이 마침내 말했습니다. "난 그냥 내가 뭘 했든 간에, 네가 이렇게까지 나를 원망하게 만든 거, 그 점에 대해 용서해달라고 말하고 싶었어."

지금도 나는 당신과 마주앉아 진실을 말할 수 있는 어딘가를 찾아 헤매고 있습니다. 카지노는 수치심에 잠긴 부모나 자식이 서로에게 왜 그렇게 아프게 했는지를 묻기엔 지나치게 환하고도 어두운 곳이니까요. "우리, 그냥…… 거짓말만은 하지 말아요." 내가 말했습니다. "진심으로 묻는 거예요. 거기서부터 시작하면 안 될까요? 서로, 거짓말은 하지 않겠다고 약속하면 안 될까요?"

당신은 고개를 숙여 가슴에 얼굴을 묻었습니다. 그러고는 가방을 집어들고, 문 쪽으로 걸어갔습니다. 그러다 돌아서, 다시 내게로 왔습니다. 나는 침대 가장자리에 앉아 있었고, 당신은 내 앞에 서 있었습니다. 나는 고개를 들어 당신의 얼굴을 바라보았습니다. 내 몸은 기억하고 있었습니다. 하지만 움찔하지 않았습니다. 떨리지도 않았고, 긴장하거나 움츠러들지도 않았습니다. 나는 당신이 무릎을 꿇고 내 얼굴을 두 손으로 감싸안아주기를, "우리, 우리가 어디를 지나왔는지 솔직하게 말해보자"고 말해주기를 바랐습니다. 나는 당신이 부드럽게 대해주길 바랐습니다. 내가 당신의 아이였던 때를 다시 떠올려주기를 바랐습니다.

"우리 그냥 더는 거짓말하지 말아요."

"그래, 그러자." 당신이 말했습니다. "약속할게. 그저 내가 할 수 있는 만큼은 했다는 것만 알아줘, 키. 그게 내가 말하고 싶은 전부야. 더 나은 방법을 몰랐어. 그냥, 내가 할 수 있는 선에서 최선을 다한 거야."

"근데 왜, 엄마는 제가 그걸 알아야 한다고 생각하세요? 혹시 최선을 다하지 않은 거라면요? 사실은 더 잘할 수 있었던 거라면요?"

"무슨 뜻이니?"

"사람이 언제나 최선을 다할 수는 없잖아요. 그리고 우리가 겪은 일, 실제로 했던 일들을 솔직히 들여다보는 게 두렵다면 정말 최선을 다했는지는 알 방법이 없어요. 저는 우리 둘 다 최선을 다하지 않았다고 생각해요. 저는 확실히 아니었고요. 엄마는 정말, 그게 최선이었다고 믿으세요?"

당신은 대답하지 않았습니다. 그 대신 내게 왜 글을 쓰는지 물었지요. 왜 그림이나 노래, 춤, 요리, 조각이 아니라 하필 글을 택했는지 말입니다. 나는 당신 때문이라고 했습니다. 당신이나 아버지처럼 될까봐 두려워서 글을 쓴다고 했습니다. 그리고 나는 교단에 선 지 10년이 지나서야 깨달았다고 말했습니다. 학생들이 나를 좋아했고 함께한 시간을 소중하게 여겼지만 나처럼 되고 싶어하지는 않았다는 걸요. 나는 당신이 흑인들을 정말 아꼈다는 걸 알지만, 누군가가 인생에서 가장 힘든 순간에도 당신을 사랑할 수 있다는 사실은 당신이 믿지 못한 것 같다고 말했습니다. 나는 내가 그런 사람 중 하나라고 당신에게 말했고, 할머니도 마찬가지라고 했습니다.

나는 당신이 열한 살이었을 때『두 도시 이야기』를 들고 할머니 집 피칸나무에 오르는 모습을 상상한다고 말했습니다. 당신은 거기서 책을 읽으면서 아래를 내려다봅니다. 분홍색 외벽의 할머니 집 마당에서는 당신의 오빠가 두 여동생에게 피칸을 던지고 있습니다. 당신은 현관에서 혼자 흔들의자에 앉아 앞뒤로 흔들고 있는 할머니와 눈을 마주칩니다. 할머니가 나무에서 떨어져 팔을 다치기 전에 내려오라고 하자, 당신은 미소를 짓고 있습니다. 할머니가 그저 자식들이 다치지 않기를 바란다는 것을 알고 있기 때문입니다. 당신은 호기심이 많고, 좀 별나고, 사랑받고 있고, 대담합니다. 지금 이 순간 당신은 가장 안전합니다. 내일은 당신과 할머니가 덜 안전할 것이라는 걸 알고 있지만, 오늘, 주일학교 시작까지 20분 남짓 남은 지금, 책을 들고 피칸나무에 안전하게 자리잡은 당신은 자유로워 보입니다.

"나는 계속 보고 있었어요." 내가 말했습니다. "특히 엄마가 완벽하게 숨었다고 생각할 때요. 어쩌면 엄마도 저를 보고 있었겠지요."

당신은 내 말을 고치지 않았습니다. 왜냐하면 고칠 수 있는 말이 아니었으니까요. 당신은 내 손을 잡았고, 우리는 30년 만에 처음으로 오래 껴안았습니다. 나는 어른이었지만, 여전히 당신의 아이였고, 그날 나는 다시 당신을 사랑하게 되었습니다.

우리는 손을 잡고 호텔 방을 나왔습니다. 엘리베이터를 타고, 카지노 로비를 지나, 밖으로 걸어나왔습니다. 당신은 내 목을 끌어안으며 놓고 싶지 않다고 말했습니다. 나는 정말이지 자유롭고, 황홀하고, 구원받은 느낌이었습니다.

"네가 항상 내가 집에 있는 것처럼 느끼길 바라." 당신이 말했습니다. "그리고 제발 몸무게 좀 줄일 수 있을까? 다이어트 할 거지?"

"그럴게요." 내가 말했습니다.

"약속하는 거지?"

"약속해요."

"상처 줘서 미안해, 키. 혹시 더 하고 싶은 말 있니?"

"우린 다 어딘가 부서졌잖아요." 내가 말했습니다. "어떤 사람들은 그렇게 부서진 채로 살면서도 다른 사람에겐 상처주지 않으려고 무던히 애써요. 우리도 어차피 부서진 채 살아야 한다면, 이제부터는 그렇기 때문에 더더욱 그런 사람이 되도록 노력해야 하지 않을까요. 상처 입은 채로도 도움을 구하면서, 동시에 다른 사람은 다치게 하지 않는 거, 그게 가능하다고 저는 믿어요."

"널 무너뜨려서 미안해." 당신이 말했습니다.

"엄마가 절 무너뜨린 게 아니에요." 내가 말했습니다. "엄마는 날 만들어준 사람이에요. 나도 엄마를 만드는 데 한몫했고요. 우리가 서로를 어떻게 만들어왔는지, 그 이야기를 이제는 좀더 솔직하게 나눌 수 있지 않을까 싶어요. 내가 하고 싶은 말은 그게 전부예요. 사람이라면 할 수 있는 일이잖아요."

"키, 오늘 우리 관계에서 새로운 장을 넘긴 것 같아."

"정말 그렇게 생각하세요?" 내가 물었습니다.

"물론이지." 당신이 말했습니다. "제발 나를 보러 와줘. 설탕이랑 탄수화물은 좀 줄이고. 네 몸은 하나뿐이야. 소중히 여겨 줘."

나는 당신이 택시에 타는 걸 지켜봤습니다. 택시 문이 닫히고, 당신은 굽이진 길 너머로 천천히 사라졌습니다. 나는 플로라의 기아를 건물 반대편 주차장에 세워둔 터라, 카지노를 가로질러 차까지 걸어가야 했습니다. 가는 동안 블랙잭 딜러들과 눈을 마주치지 않았고, 빛을 번쩍이는 슬롯머신들에게 욕을 하지도 않았고, 조니 로켓, 벤 앤 제리, 크리스피 크림을 향해 혀를 쯧하고 차지도 않았습니다. 그저 속으로 작별 인사를 건네고, 플로라의 차까지 무사히 도착했습니다.

나는 이것이 내 인생 마지막 카지노가 될 것을 알았습니다.

나를 포기하지 않아줘서 고마워. 4분 후에 당신이 내게 문자를 보냈습니다.

힘들게 번 돈 그 기계들에 넣지 마. 나보다 더 나은 사람이 되어줘. 나는 도움을 받을 거야. 제발 잠시 멈추고 장미 향도 맡아줘. 반드시 체중을 줄이겠다고 약속해줘.

약속할게요. 나는 답장을 보냈습니다.

결혼도 고려해보고, 아이 낳는 것도 생각해봐. 넌 훌륭한 아빠가 될 거야. 네 아이는 복 받은 아이가 될 거고, 넌 네 부모가 남긴 실패보다 훨씬 나은 사람이야. 올해 안에 결혼해서 아이 갖는 걸 진지하게 생각해봐. 약속해줘.

나는 당신에게 말하고 싶었습니다. 언젠가 내가 아이를 갖게 된다면, 그 아이는 딥사우스에서 키우고 싶다고, 그 아이가 발밑에 펼쳐진 자유로운 땅 위에서, 살아가기 위해 마법처럼 특별해질 필요도, 고통을 신화처럼 떠받들 필요도 없다는 걸 알기를 바란다고, 또 흑인 아이들을 사랑하는 사람이 되기 위해 어떤 존재가 되고 싶은지 아이 스스로 고민해보고, 결국 우리 모두가 흑인 아이들이라는 사실도 깨닫게 되기를 바란다고, 그 아이가 자신이 그런 사랑을 할 수 있는 사람인지 말로 표현해보길 바라고, 자기 자신이나 우리를 사랑하는 데 실패하더라도, 세상에서 도망치지 않기를, 스스로를 가두지 않기를 바란다고 말입니다.

너무 많이 바란다는 걸 알고 있습니다.

그렇기에 나는 당신에게 말하고 싶었습니다. 나는 이 세상에 아이를 데려오는 것이 두렵다고, 그 아이를 삶으로부터, 당신으로부터, 이 나라로부터, 그리고 나 자신으로부터 어떻게 지켜야 할지 모르겠다고 말입니다. 나는 우리의 흑인 아이가 내 손길을 위해로 느낄 수도 있다는 사실이 두려웠고, 내가 두려움에 잠긴 순간 그 아이가 내 얼굴에서 어떤 표정을 보게 될지, 내가 화가 난 순간 그 아이가 내 입에서 어떤 말이 흘러나오는 걸 듣게 될지, 그런 생각이 자꾸만 맴돌았습니다. 내가 당신을 통해 간접적으로 배운 것은, 우리가 스스로를 감추고 도망치는 삶을 습관처럼 반복한다면, 그 누구도 특히 미국에서 흑인 아이들을 책임감 있게 사랑할 수 없다는 것입니다. 그리고 나는 내 안의 어떤 부분은 아직도 숨고 싶어하고, 도망치고 싶어하고, 스스로를 해치고 싶은 충동을 겨우 억누르고 있는 건 아닐까 생각합니다. 하지만 아이가 생긴다면 그렇게는 더이상 살 수 없겠지요.

이 모든 말을 문자로 쓸 용기는 없었습니다. 그래서 대신 이렇게 적었습니다.

약속할게요. 우리는 돌아가기엔 너무 멀리 왔어요.

정말 그래. 당신이 답장을 보냈습니다. 내 말대로 꼭 해주겠다고 약속해줘. 과거는 거기 두고, 후회 없이 앞으로 나아가겠다고 약속해줘. 절대 뒤돌아보지 않겠다고 약속해줘.

약속할게요. 나는 썼습니다. 엄마 말이 맞아요. 내일은 우리의 인생의 새로운 첫날이에요. 나는 아이를 이 세상에 데려오기 위해 노력할 거예요. 그리고 그 아이에게 절대 뒤돌아보지 말라고 가르칠 거예요. 과거에 빠져 허우적대는 한, 우리는 지금 이 순간을 온전히 살아낼 수 없으니까요.

지금 네가 한 말, 정말 진심으로 약속하는 거지, 키?

그건 약속할 수 없어요.

제발 약속해줘, 키에스. 제발.

잠깐 동안 나는 이 나라에서 가장 폭력적인 부분이란, 어제를 집요하게 잊고 내일이라는 가능성만 팔아넘기는 방식일지 모른다는 생각이 들었습니다. 우리가 여기까지 이른 것은 함께 정직하게 기억하기를 거부했기 때문이란 생각도 했습니다. 기억하거나, 책임지거나, 바꾸는 일보다 약속하는 일이 훨씬 쉽다는 생각도 들었습니다. 하지만 어쨌든 지금만큼은 구원받은 듯한 기분을 계속 느끼고 싶었습니다. 판타스틱한 기분에 사로잡혀 있고 싶었습니다. 자유를 찾은 기분에 붙들려 있고 싶었습니다. 그리고 당신과 나, 우리 둘 모두로부터 다시 사랑받고 싶었습니다.

그래서 나는 천천히 문자를 보냈습니다. 약속해요. 우리는 너무 멀리 왔어요. 약속해요. 우린 원점으로 다시 돌아갈 수 없어요.

휘어진

그 수많은 약속들로부터 3킬로미터쯤 떨어진 곳, 우리의 마지막 진부한 대화에서 3분쯤 떨어진 시점에서 나는 깨닫게 될 것입니다. 카지노에서는 어떤 의미 있는 약속도 이루어지거나 지켜지지 않는다는 것을. 나는 카지노로 돌아가서 플로라의 아파트에서 훔친 마지막 10달러를 써버릴 것입니다. 나는 카지노를 떠나 배서대학에 들를 것입니다. 나는 집이 어디인지 모를 것입니다. 장미 향기를 맡지 않을 것이고, 과거를 흘려보내지 못할 것입니다. 나는 학생들을 가르치며 글을 쓰고 고칠 것입니다. 나는 지친 선생, 두려움에 시달리는 흑인 작가가 될 것입니다.

기차를 타고 워싱턴 D.C.로 가서 버락 오바마의 〈내 형제를 지키는 자〉* 프로그램의 책임자들과 이야기를 나눌 것입니다. 나는 헌신적인 교차성 페미니스트** 그룹과 함께, 이 나라의 흑인 아이들에게 존재하는 사회 구조적 장애물에 대한 효과적인 해결책이 필요하다고 주장할 것입니다. 우리는 흑인 남성들과 소년들처럼, 흑인 소녀들과 여성들도 더는 기다릴 수 없다고 말할 것입니다. 플로라와 함께 포킵시로 돌아오는 기차 안에서 흑인 소녀들과 여성들을 위해 싸우는 것에 뿌듯함을 느낄 것입니다. 그러나 집으로 돌아오는 길에 나는 흑인 여성이며 어린 시절 어머니를 잃은 플로라에게 거짓말을 할 것입니다. 그녀는 나를 용서하지 않을 것입니다.

나는 계속해서 연단과 강연대, 커다란 위장 무늬 카고 반바지와 검은색 맨투맨 뒤에 숨을 것입니다. 당신이 중독에 대해 이야기하는 것을 들을 것입니다. 당신이 4,000달러를 송금해달라고 하면 거절할 것이고, 당신의 부탁을 거절한 벌로 모레 카지노에 가서 마지막 남은 4,000달러를 다 날려버릴 것입니다.

나는 집이 어디인지 알지 못할 것입니다.

나는 잠들기 싫어질 것이고, 잠에서 깨는 것도 싫을 것입니다. 총은 사지 않을 것입니다. 내가 총을 쓸 걸 알기 때문입니다. 나

---

* 2014년 버락 오바마가 시작한 프로그램으로 미국 내 소수 인종 청소년들의 교육과 직업 기회를 확대하고 그들의 성공을 지원하는 것을 목표로 한다. 이 프로그램은 특히 흑인 및 라틴계 소년과 청년들에게 초점을 맞추고 있다.

** 성별뿐 아니라 인종, 계급, 성적 지향, 장애 등 다양한 차별이 겹쳐서 작동함을 인식하고, 이러한 교차된 억압에 대응하는 페미니즘을 지향하는 사람. 흑인 여성 법학자 킴벌리 크렌쇼가 제안한 개념에서 출발했다.

는 밖에서 상상력을 발휘한 이유로 타미르 라이스*의 몸을 살해하는 그들을 보게 될 것입니다. 나는 볼티모어 폭력 시위 동안 아들의 머리를 때리며 그를 시위 현장에서 끌어낸 흑인 어머니 토야 그레이엄**을 '올해의 엄마'라고 부르는 그들을 보게 될 것입니다. 나는 미국으로부터 다섯 살 된 흑인 아이를 보호하기 위해 목소리와 총을 들었던 코린 게인즈***의 몸을 살해하는 그들을 보게 될 것입니다. 나는 필란도 캐스틸†을 그의 연인 다이아몬드 레이놀즈와 그녀의 어린 딸 앞에서 총격하는 그들을 보게 될 것입니다. 그리고 그 흑인 아이가 또다른 흑인 아이인 자기 엄마에게 "엄마가 총에 맞는 거 싫어요. 내가 엄마를 안전하게 지킬게요"라고 말하는 것을 듣게 될 것입니다.

---

* 2014년 11월 22일, 미국 오하이오주 클리블랜드에서 경찰에 의해 총격을 받아 숨진 열두 살 흑인 소년. 당시 라이스는 공원에서 장난감 총을 가지고 놀고 있었고, 경찰이 도착한 지 단 이 초 만에 총격을 받았다.

** 2015년 볼티모어에서 프레디 그레이라는 젊은 흑인의 사망 사건 항의 시위중 토야 그레이엄이 현장에서 아들을 발견하고 그를 끌어내어 때리는 모습이 카메라에 포착되었다. 이 사건은 미디어에 널리 보도되었고, 많은 사람들이 그녀를 '올해의 엄마'로 칭송했다.

*** 2016년 8월, 미국 메릴랜드주 볼티모어 카운티에서 경찰과의 대치중 총격으로 사망한 흑인 여성. 다섯 살 아들과 함께 있었으며, 그녀의 사망은 경찰의 과잉 진압과 인종차별 문제를 둘러싼 논란을 불러일으켰다.

† 2016년 7월, 미국 미네소타주에서 교통 단속중 경찰의 총격으로 사망한 흑인 남성. 그의 연인이 사건 직후 페이스북 라이브로 상황을 생중계해 큰 파장을 일으켰고, 이는 블랙 라이브스 매터 운동의 주요 계기가 되었다.

내가 엄마를 안전하게 지킬게요.

나는 아직 총을 쏘지 않은 흑인 아이들의 몸을 공포로 몰아넣으면서 우리를 조롱하고 자신들을 무죄라 주장하는 사람들을 보게 될 것입니다. 그들이 우리를 배은망덕하고, 무책임하며, 무모하고, 폭력적이라 부르면서 스스로를 결백한 미국인, 기독교인이라고 부르는 걸 듣게 될 것입니다.

나는 총을 사지 않을 것입니다. 내가 총을 쓸 걸 알기 때문입니다.

나는 더기, 라톤, 도니 지, 애비, 응졸라, 레이 건, 그리고 많은 나의 학생들이 그들의 아이들을 키우는 모습을 지켜볼 것입니다. 나는 내가 너무 무거워지고, 아이가 없다는 사실이 부끄러워서 그들 모두를 피할 것입니다. 나는 당신처럼 혼자 살고 잠들 것입니다. 나는 당신처럼 매일 거짓말을 하고 싶어질 것입니다. 나는 굶고 싶고, 폭식하고 싶어질 것입니다. 나는 내 검은 몸을 벌하고 싶어질 것입니다. 왜냐하면 흑인의 몸을 성적 대상화하고 벌하는 것이야말로 미국에서 우리가 줄곧 훈련받아온 일이기 때문입니다.

나는 계속 글을 쓰고, 다시 고쳐 쓸 것입니다.

배서대학을 떠나기로 결심할 때, 나는 〈더 칼리지 드롭아웃〉*

---

* 카니예 웨스트의 2004년 데뷔 앨범으로 힙합 음악의 역사에 큰 영향을 미쳤다.

『자비』* 〈크릿츠 여기 있었어〉** 〈더 일렉트로닉 레이디〉*** 『빈
민가의 예언자들』† 〈착한 아이, 미친 도시〉†† 『바람의 잔해를 줍
다』†††를 만난 것을 기억할 것입니다. 내가 상상할 수 있었던 가
장 독특하고 열정적인 호기심을 지닌 학생들을 가르치고, 그들에
게서 배웠던 것을 기억할 것입니다. 나는 그들에게 실패한 것을
사과할 것입니다. 배서대학의 모든 동료들이 그들 앞에 있는 학생
들을 사랑하고, 지원하고, 지원하고, 가르치기 위해 노력했다는

---

* 노벨 문학상 수상 작가 토니 모리슨의 2008년 소설로, 17세기 후반 미국 식민
지 시대를 배경으로 한다. 작품은 노예제도, 인종, 성별, 계급 문제를 다양한 인
물의 시선으로 그리며, 흑인 소녀 플로렌스의 여정을 통해 사랑, 자유, 상실, 생존
이라는 주제를 탐구한다.

** 미국 미시시피 출신 래퍼 빅 크릿(Big K.R.I.T.)의 2010년 믹스테이프 앨범. 남
부 흑인 청년의 삶과 사회적 현실을 진술하게 담아내며, 그를 힙합계에 알린 대표
작이다.

*** 자넬 모네가 2013년에 발표한 콘셉트 앨범으로, 미래적 세계관과 사랑, 자유,
정체성, 사회 비판을 주제로 한다.

† 미국 학자 이마니 페리(Imani Perry)가 2004년에 출간한 힙합 문화 비평서. 저
자는 힙합을 단순한 음악 장르가 아닌, 문학적이고 정치적인 표현 수단이자 흑인
정체성과 사회 현실을 반영하는 예술 형식으로 분석한다.

†† 2012년에 발매된 켄드릭 라마의 두번째 정규 앨범으로 그의 성장 과정과 콤
프턴에서 삶을 다룬다. 이 앨범은 청소년 시절 흑인 소년으로서의 경험과 마주한
사회적 문제들을 생생하게 묘사하며, 범죄, 폭력, 가족, 그리고 구원에 대한 이야
기를 담고 있다.

††† 두 번의 내셔널 북 어워드를 수상한 유일한 미국 흑인 여성 작가인 제스민
워드가 2011년에 출간한 장편소설. 허리케인 카트리나가 휩쓴 미시시피주의 한
시골에서 한 흑인 가족을 중심으로 주인공 에슈와 그녀의 가족이 자연재해 속에
서 생존을 위해 싸우는 모습을 그리고 있다.

것을 이해할 것입니다. 그리고 나처럼 그들도 자주 실패했다는 걸 알게 될 것입니다.

나는 30년 전 할머니의 현관에서 시작한 책을 마저 고치기 위해 다시 미시시피로 돌아가는 길을 찾게 될 것입니다. 나는 뷰라 보퍼드의 집, 밀샙스대학, 세인트 리처드, 세인트 조지프, 라톤의 집, 자바리의 집, 레이 건의 아파트, 잭슨주립대, 도니 지의 집, 익숙한 주차장과 식료품점, 고속도로와 농구장 옆을 지나게 될 것입니다. 내가 부러 잊고자 했던 방들과 장면들, 냄새들과 소리들 속을 천천히 걸어갈 것입니다. 미시시피 옥스퍼드의 어느 현관에 앉아 내가 가진 축복을 다 내어주고 싶어질 때 나는 할머니의 목소리를 들을 것입니다. "얘야, 거긴 네가 마음을 다 쏟아부을 곳이 아니야."

그날 나는 무릎을 꿇고 웃을 것입니다. 웃고 웃다가 마침내 울 때까지 웃을 것입니다. 나는 포레스트로 차를 몰고 가 할머니 집 현관에서 이 책의 초고를 처음부터 끝까지 읽어줄 것입니다. 할머니는 내가 읽는 동안 가끔씩 졸면서도 "참말로 좋은 거 같다, 키"라고 말할 것입니다. "이 많은 말들 참말로 고맙다." 할머니는 깰 때마다 말할 것입니다. "그리고 너희가 나 위해 해주는 모든 일들도 참말로 고맙다."

내가 책 읽기를 마치면, 할머니는 나더러 집안으로 휠체어를 밀어달라고 할 것입니다. 그러고는 할머니가 전화번호부라 부르는, 30년은 된 낡고 금색과 은색이 섞인 기계를 찾아달라고 할 것입니다. "지미 얼, 네 번호 한번 더 줘봐라." 할머니는 내 얼굴을 똑바로 보며 말할 것입니다. "어젯밤에 전화해봤는데 여기 있는 번호가 맞는지 모르겠다."

나는 전화번호부에서 내 번호가 J가 아니라 K 밑에 있다는 걸 보여줄 것입니다.

"아, 그래." 할머니는 말할 것입니다. "그럼 내가 벌써 번호는 갖고 있는 거네, 키?" 할머니는 전화기를 들고 지미 번호라며 그 번호를 누를 것입니다. "지미가 전화를 안 받네." 할머니는 말할 것입니다. "좀 있다가 다시 걸어야겠네."

나는 몇 년 전 할머니가 부엌 바닥에서 약물 과다복용으로 숨진 첫째 아들, 지미 얼 알렉산더를 발견한 일을 상기시키지 않을 것입니다. "나랑 지미 얼이 말이지." 할머니는 말할 것입니다. "그 전화기로 수다 떠는 거 참 좋아했지."

나는 내가 이 책을 쓰기 시작해서 다 끝낼 때까지, 할머니가 어디다 두었거나, 잊었거나, 아니면 그냥 잃어버렸을지도 모르는 기억들에 대해 생각하게 될 것입니다. 나이들어도 남아 있는 기억들은 더 의미가 있어서 잊힌 기억들보다 더 무겁게 느껴지는 건지, 아니면 우리 몸도 이 나라처럼 우리가 진실이라고 믿기 싫었던 기억들을 결국엔 밀어내는 게 아닌지 나는 생각하게 될 것입니다. 또 아흔 살의 할머니가 그토록 많은 걸 기억하고 젊어지고 살아온 후에도, 새로운 기억들을 담을 공간이 몸 안에 남아 있을지 생각하게 될 것입니다.

비록 할머니는 대화하는 동안 나를 지미 삼촌으로 헷갈려 했지만, 내가 마흔셋이고, 몸이 무겁고, 아이가 없다는 건 기억할 것입니다. "아직 누군가의 아빠, 누군가의 남편이 될 시간은 남았지, 키" 할머니는 말씀하실 것입니다. "근데 뭐가 그렇게 무서운 건데?"

나는 웃으며 누구에게도 상처주고 싶지 않다고 말할 것입니다.

할머니는 내가 거짓말하고 있다는 걸 알면서도 나를 믿는다고 말할 것입니다. 나는 무릎을 꿇은 채 할머니의 목을 안고, 모든 자식들을 책임감 있게 사랑해주었고 나를 단 한 번도 다치게 하지 않았던 일에 대해 감사할 것입니다.

"난 그냥 너희에게 내가 지나온 길을(where I been) 보여주고 싶었던 것뿐이야." 할머니는 말할 것입니다.

"나는 그냥 너희를 내가 휘어졌던 곳으로(where I bend) 데려가고 싶었던 것뿐이야." 나는 그렇게 들을 것입니다.

나는 내 첫번째 튼살을 할머니에게 보여주고, 30년 동안 그게 어떻게 변했는지 이야기할 것입니다. 나는 슬램덩크를 하려고 애쓰던 시절 생긴 내 오른쪽 손목의 긁힌 자국 여섯 개를 보여줄 것입니다. 오른쪽 눈 아래에 있는 얼룩진 흉터를 보여줄 것입니다. 아랫입술을 당겨서 넘어졌을 때 생긴 반흔을 보여줄 것입니다. 왼쪽 눈의 속눈썹 세 가닥이 위로가 아니라 아래로 말려 있는 것도 보여줄 것이고, 왼쪽 엉덩이의 운동 기능을 잃은 후, 오른쪽 엄지발가락에 굳은살이 훨씬 더 많이 박인 것도 보여줄 것입니다. 건강을 돌볼 만한 가치가 있다고 믿지 않았기에 지금 이가 빠져 있는 자리를 보여줄 것입니다. 사라지고 싶던 시절을 지나며 내 허벅지가 얼마나 부드러워졌는지도 보여줄 것입니다. 내 넓은 손바닥과 짧은 손가락들을 보여줄 것입니다. 내 배꼽과 그 주변에 새로 생긴 두 개의 튼살도 보여줄 것입니다.

할머니는 내가 괜찮은지 물어볼 것입니다. "아뇨." 나는 대답할 것입니다. "우리 중 누구도 괜찮지 않은 것 같아요."

할머니는 나를 품에 안고, 그 어느 때보다 오래도록 안고 있을 것입니다. 울음을 터트릴 것입니다. 그러고는 몇 년 동안 거울을 제대로 들여다보지 못했다고, 이제 거울 속에 보이는 그 검은 몸은 자기 기억 속 그 몸이 아니라고 말할 것입니다.

"그래도 그건 할머니의 검은 몸이에요." 나는 조용히 말할 것입니다. "그 몸이 지나온 시간들을, 우리는 여러 가지 방식으로 기억할 수 있어요."

"나는 오직 한 가지 방법으로만 기억할 줄 안다." 할머니는 속삭이듯 말할 것입니다.

"아니에요, 할머니." 나는 말할 것입니다. "그건 거짓말이에요. 할머니도 그게 거짓말인 거 아시잖아요. 그렇게 많은 세월을 지나 여기까지 온 사람이 단 하나의 방식으로만 기억했다면 여기까지 못 왔겠죠. 내가 할머니를 사랑하는 거 알죠? 하지만 지금은 거짓말이에요."

할머니는 웃을 것입니다. 웃고 또 웃을 것입니다. 그렇게 계속 웃다가 끝내 미안하다고 말할 것입니다. 나는 그 말이 정확히 무엇을 향한 사과인지 묻지 못할 것입니다.

하지만 나는 알게 될 것입니다.

나는 내가 당신의 아이임을 기억할 것입니다. 그리고 사실, 당신도 나의 사람입니다. 우리는 모두 할머니의 아이들이고, 할머니는 우리의 할머니입니다. 당신은 나를 때리고, 휘두르고, 깎아내렸던 과거를 후회한다고 말할 것입니다. 스스로 외롭고, 수치스럽고, 무서울 때, 그 감정들을 참지 못하고 자신을 벌주던 시간들을 후회한다고 말할 것입니다.

나는 이 책을 당신에게 바치는 이유가 단지 당신이 흑인 여성이라서도, 미국 남부 출신이라서도, 내가 글을 읽고 쓰게 된 데 결정적인 역할을 했기 때문만도 아니라고 말할 것입니다. 이 책을 당신에게 쓴 진짜 이유는, 우리가 미국이라는 나라에서 부모와 자식으로 살며 서로에게 상처를 주기도 했지만, 당신은 언제나 이 나라와 이 주(州)가 가장 연약한 아이들을 해치지 못하도록 할 수 있는 모든 것을 다했던 사람이기 때문입니다. 나는 또 말할 것입니다. 어린 시절, 백인들과 백인 권력이 종종 나를 역겹게 하고, 범죄자 취급하고, 화나고, 두렵게 만들었지만, 내가 당신의 아이였기에 그 누구도 나를 지적으로 무가치하다고 느끼게 만들 수는 없었다고.

당신이 나와 학생들에게 준 것은 단순히 글쓰기나 고쳐 쓰기, 읽고 다시 읽기라는 선물 이상의 것이었습니다. 나는 당신이 이 책을 덮기 전에 그걸 꼭 알았으면 좋겠습니다. 당신은 미시시피를 향한 거칠지만 진실한 사랑을 보여줬고, 우리가 바라는 해방은 연민과 조직, 상상력과 직접적인 실천 위에 세워져야 한다고 말해왔습니다. 당신은 '집에서부터 배우는 것'을 소중히 여겼고, 우리에게 근본적인 도덕적 상상력을 길러야 한다고 가르쳤습니다. 나는 이제야 알겠습니다. 고쳐 쓰기, 다시 읽기, 연민, 가정 교육, 상상력, 그리고 흑인 아이들을 향한 사랑. 이것이야말로 미국 사회에서 어떤 아이에게든 줄 수 있는 최고의 선물이라는 걸. 당신은 우리에게 그 사랑과 삶을 흑인 아이들의 해방을 위해 바치라고 가르쳤고, 나는 지금도 그 일을 하고 있습니다. 그리고 마침내 나는 완전히 이해하게 되었습니다. 우리가 가장 깊이 사랑하는 관계들이 속임수와 학대, 왜곡, 반흑인성, 가부장제, 뻔뻔한 거짓말에 기대고 있는 한 진짜 해방이 올 수는 없다는 것을. 당신이 그 진실을 나에게 가르쳐주지 않았더라면, 그거야말로 가장 심각한 학대였을 것입니다.

나는 당신에게 내 마음을 내어줄 것입니다. 내 생각도, 내 몸도, 상상도, 기억도 내어줄 것입니다. 당신에게 우리가 진짜 치유로 나아가는 길을 함께 걸어갈 수 있게 해달라고 부탁할 것입니다. 혹여 우리가 넘어지게 되더라도, 정직하고 따뜻하게, 서로를 안고 쓰러질 수 있도록 해달라고 말할 것입니다. 지금 이 형태로 존재하는 이 나라는, 우리가 서로에게 진실하고, 관대하며, 다정했던 어제나 내일을 한 번도 감당해본 적이 없습니다.

하지만 그런 날은 올 것입니다. 이 나라는 개혁되지 않을 것입니다. 이 나라는 휘어지고, 부서지고, 무너지고, 다시 세워질 것입니다. 우리가 마땅히 살아야 할 나라를 휘고, 부수고, 다시 세우는 그 일은 당신이나 나에게서 시작되거나 끝나지 않겠지만, 그 일에는 반드시 흑인 가족을 사랑하는 마음이 필요할 것입니다. 그 가족이 얼마나 낯선 모양이든, 얼마나 많은 퀴어, 트랜스, 시스젠더*, 젠더 비순응적인 엄마, 아빠, 이모, 동지, 조카, 할아버지, 할머니가 함께하든, 우리는 반드시 배워야 할 것입니다. 서로에게 말 걸고, 귀기울이고, 조직하고, 상상하고, 전략을 세우고, 흑인 아이들을 위해, 그리고 흑인 아이들과 함께 싸우고, 싸우고, 또 싸우는 법을.

내 몸 위에도, 내 몸속에도 당신이 나를 다치게 했던 자리엔 늘 흉터가 남아 있을 것입니다. 당신의 몸 위에도, 당신의 몸속

---

* 성별 정체성이 출생시 지정된 성별과 일치하는 사람.

에도 우리가 당신을 다치게 했던 자리의 흉터가 언제나 남아 있 겠지요. 우리에게는 부끄러워할 것이 아무것도 없고, 동시에 모 든 것이 있겠지만, 나는 이제 당신이 만들어낸 이 무겁고 검은 몸을 부끄러워하지 않습니다. 나는 이 아름답고 멍든 검은 몸이 야말로 우리가 휘어지는 자리라는 걸 알고 있습니다.

이 책이 다 되었다고 생각되면 당신에게 초고를 보낼 것입니 다. 당신이 빼야 한다고 말하는 것 중 몇 가지는 뺄 것입니다. 당 신이 내 몸무게에 대해 던지는 질문을 무시하지 않겠습니다. 나 자신을 벌하지 않을 거고, 그 사람이 누구든 또 몇 살이든 간에, 특히 나를 사랑해서 상처받을 수 있는 사람들을 조종하거나 잘 못된 방향으로 이끌지 않겠습니다. 나 자신에게도 그런 일을 하 지 않겠습니다. 옷을 입고 있으면서 벌거벗었다고 말하지 않을 거고, 속으로는 화나 있으면서 겉으로 미안하다고 하지도 않을 것입니다. 내게 주어진 축복들을 함부로 내어주지 않을 것입니 다. 사랑에 실패했을 땐, 그 실패를 인정할 만큼은 나 자신을 아 끼며 살 것입니다. 흑인 아이들이 경제적 불평등, 주거 차별, 성 폭력, 이성애 중심의 가부장제, 감옥과 퇴거의 위협, 그리고 부 모의 학대로부터 쉽게 회복되지 못하리라는 걸 받아들이겠습니 다. 하지만 그 아이들 모두가 이 세상에 존재해온 가장 깊고 풍 요로운, 인내심 많고 책임감 있는 사랑과 해방을 누릴 자격이 있 다는 것도 나는 믿습니다. 그리고 우리 역시, 이 땅의 모든 상처 입은 아이들과 그 사랑과 해방을 나눌 수 있는 존재라는 걸요.

우리는 흑인 아이들의 사랑과 해방, 기억과 상상력에 헌신하는 교회, 회당, 모스크, 그리고 앞마당을 찾아낼 것입니다. 우리는 나눌 것입니다. 우리는 흑인 아이들의 사랑과 해방, 기억과 상상력에 헌신하는 심리학자들을 찾아낼 것입니다. 우리는 나눌 것입니다. 우리는 흑인 아이들의 사랑과 해방, 기억과 상상력에 헌신하는 교사들을 찾아낼 것입니다. 우리는 나눌 것입니다. 우리는 흑인 아이들의 사랑과 해방, 기억과 상상력에 헌신하는 치유자들을 찾아낼 것입니다. 우리는 나눌 것입니다. 우리는 흑인 아이들의 사랑과 기억, 상상력에 헌신하는 예술 공동체, 협동조합, 교육과정, 정의와 노동 단체들을 찾아낼 것입니다. 우리는 나눌 것입니다. 우리는 우리가 찾을 수 없는 것을 기억하고, 상상하고, 만들어나갈 것입니다.

혹은, 어쩌면 우리는 기억하지 못할 수도 있습니다

우리는 상상하지 않을 것입니다.

우리는 나누지 않을 것입니다.

우리는 되돌아가지 않을 것입니다.

우리는 조직하지 않을 것입니다.

우리는 정직하지 않을 것입니다.

우리는 다정하지 않을 것입니다.

우리는 너그럽지 않을 것입니다.

우리는 미국인들이 하듯이 할 것입니다.

우리는 미국인들이 학대하듯 학대할 것입니다.

우리는 미국인들이 잊듯이 잊을 것입니다.

우리는 미국인들이 사냥하듯 사냥할 것입니다.

우리는 미국인들이 숨듯이 숨을 것입니다.

우리는 미국인들이 사랑하듯 사랑할 것입니다.

우리는 미국인들이 거짓말하듯 거짓말할 것입니다.

우리는 미국인들이 죽듯이 죽을 것입니다.

우리는 본래 이렇게 될 필요가 없었습니다.

우리는 앞으로도 이렇게 살아야 할 필요가 없습니다.

나는 거짓말을 쓰고 싶었습니다. 당신은 그 거짓말을 읽고 싶어했습니다. 그러나 나는 그 대신, 이 글을 당신에게 썼습니다. 나는 당신의 아이이고, 당신은 나의 사람이기 때문입니다. 당신은 또한 나의 어머니이고, 나는 당신의 아들입니다. 엄마, 부디 나에게 화내지 마세요. 나는 그저 당신을 내가 휘어지는 그 자리에 두고 싶었을 뿐입니다. 우리를 우리가 휘어지는 그 자리에 놓고 싶었을 뿐입니다.

『헤비』, 말할 수 없던 것들의 고백
—몸, 고통, 비밀을 기록하다

키에스 레이먼의 『헤비』는 억압받는 몸과 기억, 언어, 사랑을 통해 미국 사회의 구조적 폭력을 정면으로 파헤친 문제작이다. 〈뉴욕 타임스〉는 이 책을 "감정의 무게에 짓눌린 회고록"이라 했고, 〈타임〉은 "개인 서사와 사회 비평이 만나는 가장 높은 수준의 글쓰기"로 평가했다. NPR 역시 "몸에 대한 혐오 문화를 고발하는 동시에, 미국 남부를 향한 찬가"라며 극찬했고, 여러 매체가 이 책을 동시대 가장 중요한 회고록 중 하나로 꼽는다.

소설가이자 에세이스트인 레이먼은 이미 전작을 통해 독창적인 문학 세계를 구축해왔다. 첫 소설 『기나긴 분열』에서는 흑인 청소년의 언어와 정체성, 역사적 기억을 실험적 서사 안에 녹여냈고, 에세이집 『미국에서 자신과 다른 사람들을 서서히 죽이는 방법』에서는 자전적 경험과 사회 비평을 예민하게 직조했다.

『헤비』는 그런 그의 문학 여정에서 결정적인 전환점이다. 허구의 틀로는 담아낼 수 없던 고백과 침묵, 수치와 실패를 날것 그대로 드러냄으로써, 작가는 사회가 강요해온 성공 서사를 거부하고 진실과 마주하려는 의지를 천명한다.

'헤비(Heavy)'라는 제목은 곧 이 책의 핵심이다. 이는 작가가 짊어져야 했던 몸의 무게이자, 그 몸에 새겨진 상처와 억압의 총합이다. 그는 이 무게를 벗으려 하지 않는다. 오히려 그것을 떠안고 언어로 바꾸며, 글쓰기를 통해 다시 살아낸다. 그렇게 써내려간 이 회고록은 단순한 개인의 고백을 넘어선다. 작가가 부제를 '미국인의 회고록'이라 붙인 이유도 여기에 있다. 아메리칸 드림의 이면에 밀려난 흑인, 빈민, 여성, 성소수자, 이민자 들의 목소리를 담은 이 책은, 미국 사회가 누구를 기억하고 누구를 지워왔는지를 묻는 증언이 된다. 그리고 이 질문은 침묵과 억압 속에서 살아온 세계 곳곳의 이들에게도 유효하다.

책은 어머니에게 보내는 편지 형식을 취하고 있다. 이 독특한 2인칭 서술은 '당신'을 향한 고백이자 호소이며, 동시에 독자를 직접 호명하는 화법으로 확장된다. 말할 수 있었던 자와 침묵을 강요당한 자, 기억된 존재와 지워진 존재를 함께 호출하는 이 구조는 독자를 이야기의 증인으로 세우는 동시에, 어머니와의 관계를 통해 드러나는 사랑과 통제의 이중성을 부각시키는 장치이기도 하다. 작가는 그 복합적인 감정의 결을 정면으로 응시하며,

관계 속에 얽힌 상처와 침묵을 하나하나 해체해나간다. 그렇기에 '당신'에게 말을 건다는 것은 곧 자신을 구성한 근원을 다시 묻는 일이자, 자기 이해와 회복의 여정을 가능하게 하는 출발점이다.

『헤비』를 읽는 데 가장 중요한 키워드는 '몸'이다. 키에스 레이먼은 자신의 몸을 사회적 억압과 내면의 상처가 교차하는 장소로 드러낸다. 반복되는 체중 감량과 폭식, 단식은 '존중받을 몸'에 대한 갈망이자 자기 자신에 대한 처벌이다. 이는 어머니와의 긴장된 관계, 생존의 불안, 그리고 권력의 그림자를 반영한다. 그의 몸은 단순한 물리적 실체가 아니라, 사회 질서에 의해 규정되고 길들여지는 공간이다. 음식 역시 생존을 넘어서, 사랑과 통제, 상처와 회복이 얽힌 감정의 언어로 기능한다. 만약 당신이 미국 사회에서 흑인 소년의 몸을 지녔다면, 그 몸은 이미 해석되고 판단된 대상이며, 두려움과 통제의 대상이 된다. 체중, 근육, 피부색, 걸음걸이마저 감시받고 규정된다. 몸은 스스로를 정의하기보다 타인의 시선 속에서 형성되고, 때로는 거부당하며 길들여진다. 몸은 결국 개인과 세계가 충돌하는 표면이자, 권력과 억압, 인종과 계급, 젠더와 욕망이 새겨지는 사회적 지도인 셈이다.

이러한 서술은 록산 게이의 『헝거』와도 강하게 공명한다. 게이 또한 몸에 새겨진 폭력과 공포, 생존의 흔적을 고백하며, 체중과 음식이 때로는 자신을 보호하기 위한 장벽이었음을 털어놓는다. 두 작가는 고백이라는 방식으로 억압된 몸과 기억을 되살리며, 이를 통해 새로운 언어를 획득한다. 『헤비』와 『헝거』는 서로 다른 몸을 지닌 두 작가가, 어떻게 침묵 대신 고백을 선택하고, 몸의 기록을 통해 더 넓은 공동체의 윤리와 기억을 복원해 가는지를 보여준다. 이 책들을 읽는다는 것은 단지 누군가의 고통을 들여다보는 일이 아니다. 그것은 어떤 몸이 말할 수 있고, 어떤 몸은 침묵해야 하는지를 묻는 일이며, 이 질문은 지금 이 사회를 살아가는 우리에게도 유효하다.

『헤비』에서 빼놓을 수 없는 또하나의 축은 폭력이다. 학교 안 팎에서 일상적으로 벌어지는 인종차별, 가정 안에서의 폭력, 친구 사이의 권력 관계 속에서 벌어지는 성폭력, 그리고 교육 제도에 스며든 위선은, 작가의 사적인 고백을 넘어 그가 속한 공동체의 구조적 폭력을 가시화한다. 초반부에 등장하는 '기차 운행'이라 불리는 성폭력 장면은 독자의 숨을 잠시 붙들어 매는 강렬한 충격을 안긴다. 그 순간 작가는 행위자가 아니었지만 목격자였고, 침묵자였으며, 따라서 방관자였다. 하지만 그는 동시에, 그 장면의 상처를 평생 몸에 새기고 살아야 했던 피해자이기도 하다. 폭력은 그를 가해와 피해의 경계에 서게 했고, 그 침묵은 씻을 수 없는 죄의식과 자기혐오로 응고되어 그의 몸과 글 위에 그림자처럼 드리운다.

그림자는 쉽게 걷히지 않는다. 그는 회피하는 대신, 그 어둠을 끝까지 응시하기로 한다.

　나는 거짓말을 쓰고 싶었습니다.
　당신이 그 거짓말을 읽기를 바랐습니다.
　나는 당신에게 이 책을 썼습니다. _33쪽

바로 이 지점에서 우리는 작가의 반복적인 고백, "나는 거짓말을 쓰고 싶었습니다"를 마주하게 된다. 그것은 글쓰기를 통해 진실을 회피하고 싶었던 절박한 충동의 고백이다. 그 충동을 거슬러 진실을 기록하겠다는 윤리적 결단의 표현이다. 진실을 쓴다는 것은 그에게 과거의 폭력을 되살리는 일이고, 자기 안의 부끄러움을 버리는 일이다. 고백은 면죄부가 아니라, 스스로에게 가하는 가혹한 질문이다. 그는 고백을 통해 자기 자신을 단죄하고, 그 단죄를 회피하지 않음으로써 문장을 죄책감의 도구가 아닌 윤리의 장소로 만들어낸다.

『헤비』의 미학이 거기에 있다. 기억을 미화하거나 재구성하는 글쓰기가 아니라, 자신이 가장 숨기고 싶었던 진실을, 끝내 외면하지 않고 기록한 글이기 때문이다. 레이먼은 쓰는 자의 윤리란 무엇인가를 우리에게 묻는다. 그는 결국 거짓말을 쓰고 싶은 충동을 진실의 문장으로 밀어붙인다. 그 과정에서 '몸'과 '폭력',

'침묵'과 '쓰임'은 하나의 서사로 얽히고, 우리는 그 잔해 위에서 인간성과 윤리를 다시 묻게 된다.

이 책을 번역하는 동안 나는 여러 번 멈춰야 했다. 어떤 문장은 말하지 못했던 감정을 어루만졌고, 어떤 장면은 오래 묻어두었던 고통을 불러냈다. 『헤비』는 단지 미국 흑인 작가의 자전적 이야기가 아니다. 혐오와 침묵, 폭력과 두려움, 그리고 그 속에서 피어난 사랑과 연대는 지금 이곳의 현실과도 깊이 연결되어 있다. 번역은 단순한 언어의 옮김이 아니라, 저자의 목소리를 어떻게 진실하게 전달할 것인가를 끊임없이 되묻는 과정이었다.

그 질문의 중심에는 '할머니의 현관(porch)'이 있었다. 집과 거리 사이, 보호와 위협 사이, 침묵과 말하기의 경계에 놓인 이 공간은 작가에게 숨쉴 틈이자 기억이 살아나는 장소였다. 그는 그곳에서 들은 이야기들을 붙들고, 자신을 지탱하는 언어를 길어올렸다. 나는 그 현관에 앉아 그의 긴 이야기를 듣는 심정으로 문장들을 옮겼다. 『헤비』는 그렇게 혐오와 침묵, 폭력과 연대의 경계 위에서 말할 수 없던 것들을 끝내 말하려는 고백으로 이루어진 책이다. 이제 그 고백의 무게를 독자와 함께 나눌 수 있음에 조심스럽게 안도한다.

끝으로, 이 책이 출간되기까지 오랜 시간 기다려주신 교유당 신정민 대표님, 그리고 원고의 결을 누구보다 세심하게 읽어주신 강건모 편집자님께 깊은 감사의 마음을 전한다.

2025년 8월,

트리니티대학교 연구실에서

장주연

헤비

미국인의 회고록

초판 인쇄 2025년 9월 16일
초판 발행 2025년 9월 26일

지은이 키에스 레이먼
옮긴이 장주연

편집 강건모 이고호 | 디자인 윤종윤 유현아
마케팅 김다정 박재원 | 저작권 박지영 형소진 주은수 오서영 조경은
브랜딩 함유지 박민재 이송이 박다솔 조다현 김하연 이준희 복다은
제작 강신은 김동욱 이순호 | 모니터 이원주 | 제작처 상지사

펴낸곳 (주)교유당 | 펴낸이 신정민
출판등록 2019년 5월 24일 제406-2019-000052호

주소 10881 경기도 파주시 회동길 210
문의전화 031.955.8891(마케팅) | 031.955.2680(편집) | 031.955.8855(팩스)
전자우편 gyoyudang@munhak.com

홈페이지 www.gyoyudang.com
인스타그램 @gyoyu_books | 트위터 @gyoyu_books | 페이스북 @gyoyubooks

ISBN 979-11-94523-79-6 03840